U0433415

WIN THE
ANNUAL BUSINESS
WAR

打赢年度经营大战

向国华 ◎著

目标是企业管理的一种思想、一种文化，是整个企业共同奋斗的语言。目标文化是经营活动的基石，年度目标是经营的靶心。目标只是一个底线，是用来超越而非讨价还价的，企业需要用这样一种信念来牵引目标的达成。《打赢年度经营大战》基于作者在华为公司多年的实战经验，结合麦肯锡的优秀方法论，提出适配绝大部分中小企业的经营方法。本书聚焦于“年度经营”这个核心主题，指导中小企业运用科学有效的方法实施目标制定—目标分解—过程管理—绩效管理—结果应用这一闭环管理，最终达成年度经营目标，实现高质量发展。

图书在版编目（CIP）数据

打赢年度经营大战 / 向国华著 . -- 北京 : 机械工业出版社 , 2024. 10. -- ISBN 978-7-111-76422-9

Ⅰ. F272.3

中国国家版本馆 CIP 数据核字第 2024JT2546 号

机械工业出版社（北京市百万庄大街22号　邮政编码100037）

策划编辑：孟宪勐　　　　　　　　责任编辑：孟宪勐　高珊珊

责任校对：肖　琳　张　征　　　　责任印制：郜　敏

三河市宏达印刷有限公司印刷

2024年10月第1版第1次印刷

170mm × 240mm · 18.75印张 · 1插页 · 248千字

标准书号：ISBN 978-7-111-76422-9

定价：79.00元

电话服务　　　　　　　　　　网络服务

客服电话：010-88361066　　机　工　官　网：www.cmpbook.com

　　　　　010-88379833　　机　工　官　博：weibo.com/cmp1952

　　　　　010-68326294　　金　　书　　网：www.golden-book.com

封底无防伪标均为盗版　　机工教育服务网：www.cmpedu.com

FOREWORD

推荐序

作者编写了《打赢年度经营大战》一书，邀请我作序，我受此委托，有幸先睹为快，对此书留下了深刻印象。总体感觉这是一本既有理论高度，实战性又很强的、基于企业经营战略目标的范式读物。对于当今社会的各类企业高管来说，理解企业战略，并准确实施企业的战略目标是一项非常重要、专业性很强的工作。

浏览全书，作者从企业经营面临的现实环境出发，将企业的经营目标上升到战略的高度。作者基于多年的华为工作实践，试图通过总结企业经营的底层逻辑和经营思想，达到助力企业战略落地，顺利实现年度经营目标的目的。本书的主要内容体现在以下几个方面。

第一，这本书提出了企业目标文化的概念，我们从最一般的角度出发，大家都应该知道，中国的政治基础、企业实践以及独特的文化环境决定了企业管理的中国元素。毫无疑问，我们需要深入中国企业的实践与治理模式，扎根中国传统的正式与非正式制度交互的视角，探究其对企业管理目标的影响，这将是企业经营战略的灵魂。

第二，书中详细分析了企业目标的制定，具体涉及全面预算管理、预算执行、绩效管理和薪酬激励等，从而形成一套目标管理的闭环体系。众所周知，建立年度目标是企业预算管理的核心，著名会计学教授齐默尔曼（Zimmerman）认为："预算是一项可以对企业中的各项活动进行协调的决策制定工具，同时也是对行为实施控制的一项工具。"简单来说就是"决策与控制"。决策是指通过预算过程，将高层组织中的知识和信息传递到组织中的各个不同的部门，以便做出资源配置的决策；控制是指以设定好的并层层分解的预算目标为标准，对组织内的活动进行监督和评价，并将绩效与报酬挂钩，起到最终控制组织行为的目的。本书对预算管理的这两大功能做了非常详细的解读，对于各类企业实现既定的经营目标是一个经典的范例读物。

第三，在现实中预算的决策与控制两大功能经常会发生冲突，导致目标管理失灵。齐默尔曼认为，由于预算体系同时服务于决策与控制的多种目标，当我们在设计预算体系以及预算目标发生变动的时候，两大功能可能相互影响或产生相互替代作用。不可否认，预算目标必然成为对实际的经营业绩进行评价的标准。过高的预算目标可能导致管理者的预算松弛，反之，过低的预算目标又偏离了投资人的利益取向。鉴于此，相当长的一段时间，学术界与实务界一直在争论究竟什么才是科学的预算目标。这本书向我们全面展示了目标结果导向的企业预算目标管理，解决了预算管理长期存在的决策与控制两张皮的问题。

习近平总书记在党的二十大报告中指出："高质量发展是全面建设社会主义现代化国家的首要任务。"我国管理会计伴随着企业实践而发展，当前企业面对难以预测的环境变化，企业制定与执行战略目标的难度进一步加大，因此，推动预算管理、收入成本控制、业务模式与绩效管理的创新实践显得尤为重要。作者向国华总结多年在华为工作的实践，坚持问题导向原则，通过系统的总结，创建对管理会计实践有用的目标管理体系，并将新颖的解决方案综合为一般的形式，从组织文化、组织目标、组织过程管理、组织绩效管理以及结果的应用等角度，将企业战略目标设计成真正能成功落地的闭环系统，为我国各类企业的预算管理提供了有价值的借鉴！

我非常高兴地看到我国一批具有理论与实践的企业管理精英正奋战在各条战线上，你们代表了我国企业的未来，只要坚持不懈地努力，我们必将我国建设成社会主义现代化强国。

读完全书，欣喜之余，提笔缀于卷首，以为序。

潘飞

上海财经大学会计学院教授、博士生导师

2024 年 7 月 6 日

PREFACE

前言

战略是做取和舍，是用今天的利润换取明天的利润。战略关注的是增长和未来，它为组织设定新的方向、寻求新的机会，为组织提供决策框架，目标是带来增量效益和市场份额。而经营是将宏观、长远的战略目标转化为切实可行的日常行动，是年度内实现从目标到结果的全流程闭环管理。经营负责执行，因此经营需要使命必达、说到做到。

目标文化是经营活动的基石，年度目标是经营的靶心。目标是企业管理的一种思想、一种文化，是整个企业共同奋斗的语言。很多人对年度目标的认知是“目标不一定都是拿来完成的，目标是一个天花板”，而我认为目标只是一个底线，目标是用来超越的，而非用来讨价还价的，我们需要用这样一种信念来牵引目标的达成。从年初开局的时候就建立起“首战即决战”的信念，从精神上战胜目标，从行动上达成目标。老板的战略方向感、高层主管的目标使命感、中层主管的目标责任感以及基层员工的目标饥饿感共同构成了一个企业的目标文化体系的核心。

目标制定是年度经营活动的起点，涉及对企业总体年度目标的制定，总体年度目标包括战略目标、经营目标和市场目标等。企业根据市场状况、内部资源和长远发展规划，确定来年的总体目标。这些目标是企业未来一年内努力的方向和将要达到的标准，是推动企业持续发展的原动力。年度目标既要反映自下而上的业务实质，又要能体现自上而下的管理意图。销售订单目标是源头，由战略目标与市场空间“握手”而来，行业领袖或强者都是用竞争思维（如市场占有率）来确定年度目标的。目标制定既要确保目标的合理性，又要保障目标的挑战性，这是一门艺术。

目标分解是一个复杂的工作。总体目标确定之后如何分解下去？目标分解的原则和导向是什么？如何把各个组织的积极性都激发出来？研发要不要承担订单指标？目标分解要不要层层加码？组织/个人不接受目标怎么办？目标分解是鞭打快牛还是“大锅饭”均摊？这一系列的问题涉及组织的定位、职责、战略意图、管理诉求、评价体系和分配机制等多个方面，目标分解不好是正常现象。研发组织是作战部门，是利润中心，一切为了前线，一切为了业务，一切为了胜利，需要和销售一起冲锋陷阵。销售组织是最有“势力”的部门，是推动公司进步的最大动力，传达客户意见，倒逼各部门进步。研发组织与销售组织形成互锁关系，既有平衡，也有制衡。

目标过程管理是一个体力活，是把目标变成结果的行动，体现组织执行力。达成目标是一件非常难的事情，靠大家自觉是很难完成目标的，基于人性，超乎人性，强逼、倒逼、不设退路才有可能实现目标。市场不相信眼泪，没做好就是没做好，没有任何借口，只有失败者才不断找理由，这是一个强硬但必要的策略。结果是衡量成功最直接和明显的指标，无论我们的计划、策略或过程如何精巧，最终的结果是衡量成功的唯一标准。结果不好，就是不好，执行力不讲“如果”，只讲“结果”，以结果论英雄。正如华为不认可茶壶里的饺子，因为茶壶里的饺子倒不出来，大家吃不到，那这个饺子就没有价值。华为同时认为“把煤炭洗白”就是在磨洋工，完全不产生任何价值，这样的工作也没有意义。因此，执行是目标与结果之间的桥梁，没有执行力，一切目标都是空谈。

目标评价/绩效管理基于责任结果导向，结果是评价的产物，绩效是评价结果背后的行为和努力，因此团队要完成组织绩效目标，员工要贡献大于成本。价值评价导向高绩效文化、绩效改进和人均效益提升。因此，学历、认知能力、工龄、社会荣誉、工作中的假动作以及内部公关，不能作为价值评价的依据，责任结果是员工获得回报的唯一基础。那什么样的绩效方案是一个好的绩效方案呢？对管理者来说，是一个简单、实用、适用的绩效方案；对客户来说，是一个聚焦客户，服务客户，为客户创造价值的绩效方案；对员工来说，是一个能够让员工“挣到便宜”的绩效方案。绩效方案必须让员工能够清晰地看到他的努力如何转化为个人利益，让他能够清晰地计算出他的利益。例如，员工在干活之前就知道，干多少活，可以拿多少钱。利益可以是更高的薪酬、晋升以及其他形式的认可等。

目标结果应用基于责任结果贡献和多劳多得的原则，导向企业可持续发展，导向冲锋和不让奋斗者吃亏，不能让组织里坐车的人比拉车的人拿得多，否则拉车的人没有干劲，不愿意艰苦奋斗。将年度目标与薪酬、奖金、晋升等直接挂钩，可以有效激励员工努力达成目标。这种做法能够让员工看到自己的努力与企业目标紧密联系，从而提升员工的工作积极性。获取分享制，可以让每个员工都明白在企业奋斗的方向，自己的幸福只能靠自己来创造。奖金源于企业上下一起努力创造的成果，老板的奖金都是员工发的，这激发了员工对企业整体业绩的责任感。获取分享制的精髓就在于，每位员工都觉得是在给自己奋斗，自己努力就会得到回报。企业应该用心衡量每一份努力，公正地评价每一次付出，让每一位奋斗者感受到他们的努力是被看见的，是被珍视的。年终奖不应仅仅是数字游戏，而应成为企业文化的体现，成为激发员工“多挣钱、多成长、多获荣誉”的动力源泉。正如任正非所言，“钱分好了，管理的一大半问题就解决了。”薪酬分配的公正性和合理性是管理的基石，是企业长期有效增长的不竭动力。

CONTENTS

目　录

CHAPTER 1

第1章

关于经营

企业经营困局

战略制定时公司上下都热血沸腾，对未来充满信心。战略规划是美好的，有战略规划就有宏伟的目标来牵引，但战略规划到底如何实现呢？没有战略目标，没有业务设计，没有战略解码，没有经营策略，没有目标分解和落地等举措，这样的目标就成了一个口号，会导致年度经营踏空，最终年度目标就是脚踩西瓜皮，滑到哪里算哪里，目标也就成了纸面数字游戏。

我们通过服务上百家企业发现，最近 5 年都能完成年度目标的企业不到 30%。为什么 70% 的企业不能实现年初制定的目标，为什么不能“说到就做到”呢？我们经过分析，发现以下几个主要原因。

年度目标制定比较随意，目标基本都是老板“拍”出来的

每年年底制定下一个年度的全面预算时，没有找到全面预算的“根”，这个“根”就是客户。不了解客户的需求、市场的变化、客户投资计划（客户的全面预算案）等，仅凭过去的经验判断，凭对市场的片面认知，

就对未来一年下结论。

在制定全面预算时，没有充分匹配一线业务实质，不尊重市场规律，认为是业务员不希望承担过高的目标，最终导致数据脱离业务实质。

最理想的效果，就是制定出来的目标既符合公司战略发展诉求，又能匹配一线业务实质。因此，目标制定的过程一定是反复沟通、反复确认的过程。

年度目标分解没有章法，摊派意识强

公司总体目标确定之后，如何分解到各个部门，是一个难题。哪些部门需要承担经营指标？为什么它们需要承担这些指标？比如，研发部门是否需要承担订单或销售收入指标？研发是否需要对销售毛利率负责？研发部门承担这些指标背后的管理动机和管理诉求是什么？

如果公司下面有多个事业群，那么事业群之间是按照平均增长率均摊，还是“鞭打快牛”（上年度完成比较好的事业部就继续加码）？如何激发各组织潜力，号召大家主动担责，挑战更高的目标？这些都是目标分解的挑战。

年度目标实现过程没有管理，完成与不完成都没关系

目标确定之后，如何促进目标达成？是靠一线自主自发管理，还是关键时刻老板拍桌子？有没有一套科学的管理体系，再配合每个季度、每个月、每周、每天紧逼的方式，促成目标的达成？

如果目标出现偏差，就要做深入的根因分析，分析到底是什么原因导致的，以此明确改进举措，来支撑目标缺口管理。如果是主管的思想问题，就要从岗位责任、目标使命、评价激励等方面做深入引导，鼓励大家敢于面对困难、勇于挑战。

年度目标结果评价没有标准，不知道谁在做贡献，谁在摸鱼

到年底时，目标结果评价的依据不明确，有的以年度目标完成结果论

功劳，有的以加班熬夜论苦劳。评价不合理，必将伤害先进者的心，也会让落后者心存侥幸。

科学的评价依据，是科学分钱的基础。这个评价依据，不是年底才确定的，应该在年初干活之前就确定下来并签字确认，让每个组织、每个成员都知道自己的责任和使命所在，驱动主管率领团队全力以赴。

到年底激励时，把目标和结果都抛之脑外，发钱“随性”

一年辛苦到头，对员工来说，这是收成季。年初和年中的预期，到年底是否能兑现，兑现值跟自己年初期望值的差异，这都是需要管理的。超过预期和不及预期，也需要引导和管理。

对员工来说，最关心的是能否兑现，是否按照先前约定的规则兑现。如果兑现了，是马上兑现，还是滞后几个月甚至 2 ～ 3 年以递延奖金的方式兑现。对公司来说，我们要求各级主管说到做到，但是分钱的时候老板是否也可以“说到做到”呢？今年的不兑现，势必影响第二年的战斗力。

从目标制定、目标分解、目标管控、目标评价、目标应用这 5 个环节来看，它们是紧密衔接、相互影响的。只有建立一套系统的、科学的管理体系，才能促成目标达成，并且每年都能达成目标，通过年复一年持续打胜仗，构建组织活力。

战略与经营

什么是战略

1．战略是有限资源下的取舍

资源不是无穷无尽的，企业的资源都是有限的，如账上现金流有限、工厂产能有限、干部数量有限、员工数量有限、固定资产数量有限，这些都是企业发展的约束，而战略就是在有限资源下做出的最优选择。

战略是不断地做取舍。在“取”和“舍”之间，容易抉择的是取，难抉择的是舍。做战略规划，要敢于舍，大胆地舍，只有无所为，才能有所为。舍的目的是聚焦，只有足够聚焦，才能形成竞争力。先做减法（舍），再做加法（取），这不是一个容易的决策。

2. 战略是用今天的利润换取明天的利润

今天牺牲一分钱，是为了赚取未来的五分钱。战略具有长期导向性特征，为了确保明天和未来的更大盈利和成功。企业和个人可能需要在今天做出某些短期的牺牲，如产品研发、对外投资、人才发展与培训或其他先行支出，这样的战略投入会减少当前的利润，但目标是博得未来更大的回报。真正的战略家不仅要看到眼前的收益，还要看到未来 3 ～ 5 年的机会。这需要勇气、远见和耐心，因为只有真正信仰并投资于长期目标的人，才能在未来收获更大的成功。

3. 不要用战术上的勤奋来掩饰战略上的懒惰

工作忙，是一些企业家的真实写照，然而为什么另一些企业家忙于打高尔夫球，因为他们的很多业务在球场就谈完了，前者忙于具体事务，经常沉浸于短期、日常的工作，给自己带来忙碌的错觉，而忽略了长期、战略性的目标。简言之，我们可能沉溺于处理眼前的事务，而忘记了为何开始这一切。这句话提醒我们，单纯的勤奋并不等同于真正的进步，要想取得实质性的成功，我们不仅要在日常工作中努力，还要确保自己的努力方向与长期战略目标一致。无论我们工作多么勤勉，如果忽视了战略规划，那么这种勤奋可能只是徒劳，我们可能会在错误的方向越走越远。

什么是经营

1．经营是年度内实现从目标到结果的全流程闭环管理

经营是通过日常管理和操作，确保企业或组织在一个财务年度内顺利达成既定目标的过程，旨在实现当年设定的业务目标和预期结果。日常经营活动包括客户研究、产品开发、市场活动、销售管理、生产发货、客户服务等方面。

经营是使命必达、说到做到。秉承这个信念，公司全员克服一切困难都要努力达成年度目标。比如，在年初制定全面预算时承诺实现 100 亿元的销售收入；在年中加强销售管理、计划集成管理、质量管理、产能供应等，并根据经营环境调整销售策略、产品策略、市场策略、服务策略、采购策略、定价策略等；在年底通过全公司努力顺利达成 100 亿元销售收入的目标，并且还超额完成 20 亿元，如图 1-1 所示。

	2024 年 12 月 制定目标	2025 年 4 月 预测	2025 年 7 月 预测	2025 年 10 月 预测	2025 年 12 月 实际完成
年度金额 （亿元）	100	90	95	102	120

图1-1 年度经营过程示意图

2．经营是将战略目标具体化、操作化，并确保得到预期的业绩

经营是将宏观、长远的战略目标转化为切实可行的日常行动。当我们说“经营”，意味着要把高层次的、笼统的目标分解为具体的、可衡量的任务，然后制订相应的实施计划。同时，经营也要确保在实施过程中能达到或超越预期的业绩。这就需要对各种内外部因素、市场变化进行持续监控，并进行必要的调整。简而言之，经营是将战略思考转化为行动，同时确保这些行动能够产生期望的结果。

战略与经营的关系

战略为组织设定长期目标和方向，经营则通过具体的日常活动来实现这些目标。**战略提供决策框架，经营负责执行，确保战略顺利落地。战略决定“做什么”，经营关注“怎么做”，两者互补，通过不断互动和调整，共同推动业务成功。**

1．战略是理想主义，经营是现实主义

战略，如同理想主义，站在未来牵引现在发展，站在后天看明天，描绘了一个长远、理想化的发展蓝图，设定了组织未来的方向和目标，它基于对未来的预测和期望，而不仅仅是现在的情况。而经营，则如同现实主义，要考虑赚钱，要考虑活在当下，好好地活下来，它关注的是如何在当前的实际环境中做出决策，并采取具体的行动，以实现远大的战略意图。经营考虑资源制约、市场环境等具体因素，调整并执行策略。因此，战略提供了方向，而经营则确保组织沿着这个方向稳步前进。

2．战略是展现领导力，经营是展现执行力

战略是关于未来、关于方向的。它需要领导者具备前瞻性的眼光，能够在复杂的市场环境中捕捉到机遇，为组织设定一个明确而有远见的目标。真正的领导者能够看到大局，为组织指明方向，并团结队伍，形成共同的目标追求。经营则更加具体，是将战略转化为日常的行动。这需要高效的执行力，确保组织的每一个部分、每一个成员都在为实现战略目标而努力。战略与经营的关系像是一枚硬币的两面。战略赋予组织方向和意义，经营则是实现目标的关键。领导力和执行力是两种必要且互补的能力，共同确保组织的成功与持续发展。

3．战略是增量，经营是全量

战略关注的是增长和未来，它为组织设定新的方向、寻求新的机会，希望带来增量效益和市场份额。而经营涉及组织的日常运作，它处理组织当前的全量业务，确保组织高效、稳定地运行。简言之，战略是为了让组织走得更远，而经营则确保组织每天都能稳健地前进。两者结合，使得组织在追求长期增长的同时，也能够高效地管理当下，确保每一步都踏实而有力。

华为倡导的方向大致正确，组织充满活力，也阐述了战略与经营的关系。在战略选择上不追求 100% 正确，商业上也没有绝对正确的战略。只要基本符合企业长远目标、当前市场、环境的需求，选择的路径和目标在理论与实际操作中是合适的，虽然战略可能不完美，但基本正确，就能够指引组织向预定的方向和目标前进。通过年复一年的目标牵引，全员表现出高涨的士气，不断创新，快速响应客户需求，帮助实现客户价值最大化，在商业竞争中构建作战能力，最终在经营结果上持续高速增长，通过一场场胜仗激发组织活力。

企业经营的本质

企业经营的本质是利益驱动机制。一个企业的首要目标通常是创造利润和增值，这背后的推动力是对利益的追求。这种利益可以是经济上的销售收入、利润和现金流，也可以是市场份额、市场格局、技术领先、品牌影响力等。

单纯追求企业的经济利益往往是短视的。长远来看，一个成功的企业需要考虑三个维度的利益平衡：客户、员工和企业。首先，满足客户利益是企业生存的根本，客户是企业赖以生存的基础。只有提供有价值的产品或服务，企业才能持续吸引和保留客户。其次，人才是企业的核心资产，员工的满意度和忠诚度直接影响到企业的生产力和创新能力。最后，企业利益关乎投资者、股东和其他利益相关者。

首先确保客户利益

“谁来养活我们？只有客户。不为客户服务，我们就会饿死。不为客户服务，我们拿什么给员工发工资？因此，只有以客户的价值观为准则，华为才可以持续存活。”这是华为对待客户的态度。

在华为看来，华为是生存在客户价值链上的一环，唯有一条道路能让企业生存下来，就是让客户的价值最大化，因此为客户服务是华为存在的唯一理由。这是任正非对客户价值的深刻解读。“以客户为中心”是华为核心价值观的第一条，这一条30年来没有改变，未来也不会改变。我作为一名在华为工作20年的“老兵”，“以客户为中心”也是刻在我的骨子里的，是我思考一切问题的起点。

为客户提供有效服务，是工作的方向和价值评判的标尺，成就客户就是成就企业自己。如果不能为客户提供价值，一元钱都是高价。如果能助力客户价值最大化，一万元都不贵。这就是价值与价格的区别。华为产品开发的基本原则之一就是客户需求导向，在为客户提供产品和服务的过程中，理解客户需求，帮助客户解决问题，客户不断督促华为成长，促成华为的今天。

因此以客户为中心，确保客户利益，帮助客户实现价值最大化是经营的根本。

其次确保员工利益

准确地说，华为确保的不是员工利益，而是“奋斗者”利益。奋斗者不以学历、工龄、职称和社会荣誉等为标签，而是基于岗位责任的贡献。“把煤炭洗白”的人是奋斗者吗？不是，他们这是身体上奋斗，而不是思想上艰苦奋斗。2个小时能干完的活，为什么要加班14个小时来干？这不仅没有创造客户价值，反而浪费了公司运营成本。

我们永远强调在思想上艰苦奋斗。它们的不同点在于：**思想上艰苦奋斗是勤于动脑，身体上的艰苦奋斗只是手脚勤快。尽心做事与尽力做事是两个有根本性差异的概念，思想上艰苦奋斗就是尽心。尽力不是好干部，是中低层干部，尽心才是好干部。**比如，一个优秀的员工被外派到非洲，如果没有很好的业绩产出，只是在非洲“待”了几年，那么不会得到提拔和重用，因为这只是身体上的艰苦奋斗。

这里的员工利益，不是指员工福利。员工福利是薪酬中的一种保健因素，华为以当地劳务规定为参照，而不追求高福利，因为高福利可能会滋生懒惰，同时助长“不劳而获”的思想。华为倡导的员工利益，是奋斗者在绩效责任结果导向下的获取分享制，就是多劳多得，少劳少得，不劳不得。

在华为，为什么大家踊跃去艰苦区域奋斗，如非洲？因为在艰苦区域更容易“升官发财”，比如工作容易出成绩、各种补助高、干部成长提拔快、岗位机会多等，华为从精神和物质两个方面导向员工去艰苦区域。我当初选择去南部非洲外派常驻，也是基于公司这样的政策牵引，在非洲常驻了近 6 年。

最后才是企业利益

为什么不是把企业利益放在第一位呢？把企业利益放在第一位是华尔街投资者的做法。他们将实现股东利益视为企业经营的首要目的，要确保股东权益的核心地位和投资回报的要求。

在华为看来，以客户为中心，是企业生存的根本。以奋斗者为本，是企业发展的驱动力。因此，关心客户和关心员工可以使企业在公众眼中建立起积极的品牌形象。好的声誉会吸引更多的客户和顶尖人才，从而提升企业的市场份额和竞争力。当企业与客户和员工建立了坚实的关系，它就更有可能经受住经济震荡和行业变革的考验。

客户利益和员工利益是企业利益的基石。在战略制定和执行过程中，真正明智的企业会首先考虑客户和员工的利益，然后再追求企业的长期稳定增长和企业利益。

企业经营的目的

企业经营的目的是什么?《价值为纲：华为公司财经管理纲要》一书中明确了华为经营的主要目的是实现“长期、有效、增长”。下面我们一起来解读这 6 个字的含义。

什么是“长期”

我们通过当期、中期和长期三个视角的对比来理解“长期”。

当期经营视角：相当于碗里的饭，对当期而言，主要看三个维度的财务指标：销售收入、利润、现金流，即经营金三角模型，如图 1-2 所示。

销售收入、利润和现金流这三个核心指标是判断企业当期财务稳健与经营健康程度的关键。某一个指标发展得很好，整体经营不一定健康，如何均衡发展至关重要。华为在拓展海外市场早期，经历了海外大量由于合同质量引发的在客户界面开票困难、回款困难、盈利不可持续等情况，因此华为明确提出了不同经营环境下的两个诉求。

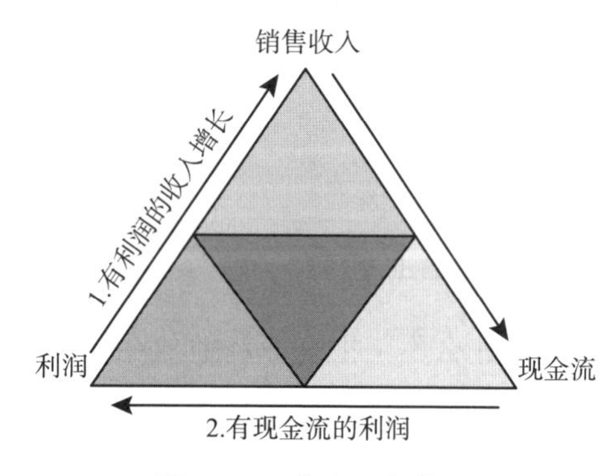

图1-2 经营金三角模型

（1）有利润的收入增长。

有利润的收入增长显示出企业在成本控制、定价策略和资源配置等方面的良好管理。这表明企业能有效利用资源，减少浪费，优化运营流程，从而在激烈的市场竞争中占据优势。

华为在拓展亚非拉市场的早期，为了能够快速切入运营商市场，进入了并不擅长的无线基站土建工程和光缆土建工程领域，这种交钥匙的Turnkey 工程[㊀]给华为的经营造成了很大的困扰。例如一个 2 000 千米的光缆土建工程项目，项目合同金额 1 亿美元，但华为自产的光网络设备金额占比不到 10%，剩余 90% 都是土建工程和配套材料。而土建工程和配套材料的市场价格相对公开透明，销售毛利率非常低，加上华为早期并没有土建施工和项目管理经验，于是导致大量项目亏损。这种增收不增利的项目，在经营上不可持续，让华为在出海初期交了很多学费。

（2）有现金流的利润。

利润是纸面富贵，现金才是真金白银，现金流是企业经营稳定性的保障，企业要有将利润转化为现金流的能力，这是企业的自我造血能力，也是评价其经营健康与否的重要指标，它意味着企业所产生的利润不仅仅是账面上的数字，还能够为企业带来实际的现金。这实际的现金流入表明企业的经营活动真实、有效，有将销售转化为现金的能力，从而支付日常开销、投资扩张、还债或分红。

2006 年，华为在埃及、沙特阿拉伯、土耳其、西班牙、印度尼西亚等国家，都碰到一个非常严重的问题，项目交付完毕了，现场开不出来发票，甚至客户都嘲笑华为活儿干完了不要钱。每个合同的金额都是近亿美元，其实我们也非常希望马上开票、马上回款，那为什么会这样呢？不是因为公司没有开票人员，也不是没有发票，而是因为合同配置清单、国内发货清单、现场安装清单、验收清单不能完全匹配，算不清楚开票的配置和金额，导致现场不知道应该开多少钱的发票。当时全球每年几十个这样

㊀ Turnkey 工程是一种集设计、采购、施工于一体的工程总承包模式，简称交钥匙工程。

的项目，给公司的经营性现金流造成巨大压力，这种场景就是典型的有利润但没有现金流。

为了系统性地解决这个问题，华为决定从业务后端（开票和回款）往前（销售和产品设计）来梳理，且实现全流程拉通，于是在 2007 年成立了集成财经服务（integrated financial service，IFS）变革项目，由孟晚舟女士任项目群经理，从合同质量改善、统一合同数据源、全流程配置打通、业务触发开票、客户信用管理、应收账款争议管理和回款管理等方面解决 PO（采购订单）打通，项目组花了 5 年时间，最终解决了“开不出来票”的问题。很荣幸，我作为 IFS 这个变革项目的项目经理，参与了华为这个重大的变革项目，并因此获得“蓝血十杰”的奖励。

当下很多企业都在轰轰烈烈地出海发展，在海外面临的营商环境复杂多变，“有现金流的利润”是一条经营准则，更是合同签约评审的主要审视点。只有严格审视现金流和利润的平衡，才能确保经营健康。

以上讲解的销售收入、利润和现金流，这三者彼此制约与平衡，共同构成了企业的经营金三角。**华为要求全球的 100 多个代表处，每年都要实现经营上的“三正”，正的利润、正的现金流和正的人均效益增长，这是财务稳健和经营健康的保障。如果出现“双负”，即负的利润和负的现金流，那么代表处的一把手将面临“下课”的风险。**

中期经营视角：相当于仓里的米，对中期而言，主要看企业两项核心能力的提升——对内的内部管理能力和对外的客户获取与选择能力。

（1）独具一格的内部管理能力。

一个企业的生命不应等于企业家的生命，企业是可以延续发展的。而有一些企业面临的情况是，一旦企业家没有了，随着他生命的结束，企业生命也结束了。一个企业的魂，如果是企业家个人，那么这个企业是悲惨的、没有希望的和不可靠的。

华为最值钱的是什么？不是土地，不是厂房，不是实验室资产，而是管理体系、人才和知识产权。早在 1998 年，任正非就提出“未来的竞争就是管理的竞争”。随即华为开始了 20 多年的变革之旅，先后启动了一系列大型变革项目。通过持续不断的内部管理改进，不断向先进公司学习，累计支付的管理咨询费用近 500 亿元，通过“拿钱买能力”的方式，促成华为成为一个万亿级的全球性公司。

在一个充满不确定性的商业世界里，管理的质量、敏捷性和创新性将决定一个企业是否能够持续成功。如果一个企业能够建立起对手难以模仿的内部管理能力，防止竞争对手的迅速学习与复制，那么它将具备一定的竞争优势，至少会在相当一段时间内让竞争对手无法追赶。

（2）客户获取与选择能力。

客户获取能力，是企业的一项核心能力，它不仅仅是由销售队伍决定的，企业的研发产品力、供应产能、商务定价、服务质量、融资能力、品牌力等都是关键影响要素。企业需要通过构建以客户为中心的管理体系，挖掘和满足客户需求，实现客户价值最大化。

那么谁是我们的客户，谁不是我们的客户？在国内很好回答这个问题，大部分企业都很清楚。但是在海外，这个问题就需要甄别。2004 年我在非洲常驻的时候，本地员工告诉我，非洲某大国的宽带通信牌照只需要 2 000 美元就可以申请到手，这个金额在当时仅相当于我在非洲一个月的外派补助。如果是这样的客户，我们敢跟他做生意吗，敢把价值上千万美元的通信设备卖给他吗？

2003 ～ 2006 年，在非洲有很多如时任地区部总裁陶景文所总结的三“1”客户，即 1 张通信牌照、1 个人（整个公司只有 CEO 这个光杆司令）和 1 个在非洲实现通信帝国的梦想。这样的“客户”要什么没什么，如果我们选择和这样的客户做生意，将面临巨大的交付和回款风险。

在客户选择上，我们需要从对当期和未来的贡献，对规模、利润、品牌和竞争的贡献，对成长能力的贡献，以及战略匹配度等视角综合审视，最终识别出价值客户和普通客户，并依此匹配对应的资源。在欧洲，跨国运营商如英国电信、法国电信、西班牙电信等是华为的价值客户。

长期经营视角：相当于田里的稻，企业的发展体系是一套复杂的生态系统，不仅包括内部运营能力，也涉及外部环境和市场变化。以下两点需要持续耕耘，才能不断提升企业的竞争力

（1）产品研发与创新能力。

2023 年，华为研发费用支出为 1 647 亿元，占全年收入的 23.4%。华为近十年累计投入的研发费用超过 11 100 亿元。截至 2023 年 12 月 31 日，华为研发体系的员工约 11.4 万名，占总员工数量的 55%，在全球共持有有效授权专利超过 14 万件。㊀

华为持续、高强度的研发投入，取得了显著的成果，这是华为坚持长期经营的原则之一，也是支撑未来发展的基础。

（2）财务稳健和经营健康。

财务稳健基于企业长期发展，能够保障企业在极端条件下经营结果不会出现断崖式下跌。我们应站在企业内部看财务稳健，而不是从外部银行和投资者视角，财务稳健的衡量标准随业务变化而变化。比如合理的现金储备，资产与负债结构弹性和红线控制（华为约定资产负债率不能超过 70%），等等，以应对未来投资和业务的不确定性。

经营健康是经营管理的根本，经营结果、经营质量、经营风险是经营管理的三驾马车。经营健康是指企业在上述 3 个方面都处于良好状态，并以此支撑长期发展。做好经营健康管理，就是要对当期控结果、重质量、管过程；对未来有分析、有预判、有推演。最终实现经营结果可预期、经营质量强管理、经营风险有预判。

㊀ 数据摘自华为 2023 年财报。

何为“有效”

“有效”指的是企业在扩张业务规模的同时，也是有质量地增长，而不是无序地增长，通过提升产品和服务的质量、客户满意度、盈利能力、市场地位和合同质量等，确保增长是可持续和盈利的。简单来说，有质量的增长不仅注重速度和数量，更注重增长的实际效果。华为在海外拓展初期，合同质量就是影响经营有效性的关键点，让企业不停地交学费。

华为在2006年之前是野蛮式增长，因为那个时候，不管是在国内市场还是在海外市场，市场机会都很多，行业销售毛利率都不错，只要产品好、服务好、价格低，就有机会在市场上分一杯羹。因此在那个时期，就是抢份额和抓规模，那时对全球各代表处的考核指标主要是销售订单和回款金额两个指标。然而随着海外业务的拓展，遇到的土建交钥匙工程和代维项目越来越多，就屡屡遭遇失败。失败的主要原因是没有控制合同质量，以及不懂海外土建项目和代维项目。

比如，南太平洋地区部某运营商的无线基站交钥匙工程，合同金额超过1亿美元，工程已经交付80%，而项目只回款了不到10%，项目垫资严重。客户因为各种原因不给已经完工的站点验收，不在已经验收的站点文档上签字，发票在客户那里需要19个人审批，合同履行中发生任何问题的解释权都归于客户等，导致项目交付举步维艰。这主要是因为华为早期不懂如何界定项目范围、客观评估工期、规避项目风险等，导致不能签署一个可交付的合同。这样的合同就不是“有效”的，事前没有对合同条款进行仔细评审，事后交付困难重重，卖得越多，亏得越多，长此以往，经营不可持续。

为了长期性地解决这个合同质量的问题，华为成立了销售领域的线索到回款（lead to cash，LTC）变革项目组，梳理客户采购流程，明确高风险合同条款和禁止条款，优化合同模板，加强项目概算，建立合同评审与决策流程，通过长效机制解决了合同质量问题，实现有效的增长。

怎么理解“增长”

企业对“增长”的诉求，源自企业的战略规划。从内部来看，持续增长可以为组织提供动力和激励，为员工提供更多的发展机会和成长空间，吸引与挽留人才，一旦企业停止增长，员工可能失去信心，组织可能丧失活力。

从外部来看，持续增长可以为企业积累更多的资源和竞争优势，包括财务资源、技术能力、市场份额等。如果停止增长，将会使企业失去市场的信心，变得被动，逐步失去资源整合的能力，被竞争对手落得越来越远，从而失去市场地位和企业存在的价值。

华为在近 30 年中，除了 2002 年和 2020 年之后，其余年份都保持了 20% 以上的销售收入复合增长率，利润也保持了同步增长，但是人员增幅明显低于业绩增幅，所以人均收入得以大幅度改善，这才是高质量的增长。

“长期有效增长”不仅关注短期的财务指标，还要考察这些指标背后的中期能力，以及长期发展的核心竞争力。当期关注的是即时的财务表现，中期关注的是通过这些财务成绩反映出的内部管理能力和外部客户获取与选择能力如何增强，而长期则更加重视整体商业环境的优化和可持续发展。在商业管理中，需要平衡现在与未来、短期与长期的利益，这是管理者在追求商业成功的过程中必须解决的问题。

经营的闭环管理体系

年度经营的核心是实现年度目标，年初制定全面预算时的承诺，到年底就要“说到做到”，实现目标的达成。为了确保目标的达成，我们设计了一套目标闭环管理体系，通过目标文化的引领，实现从年度目标制定、目标分解、目标过程管理、目标评价绩效管理，到目标结果应用的闭环管理，以此来全方位驱动年度目标的达成，如图 1-3 所示。

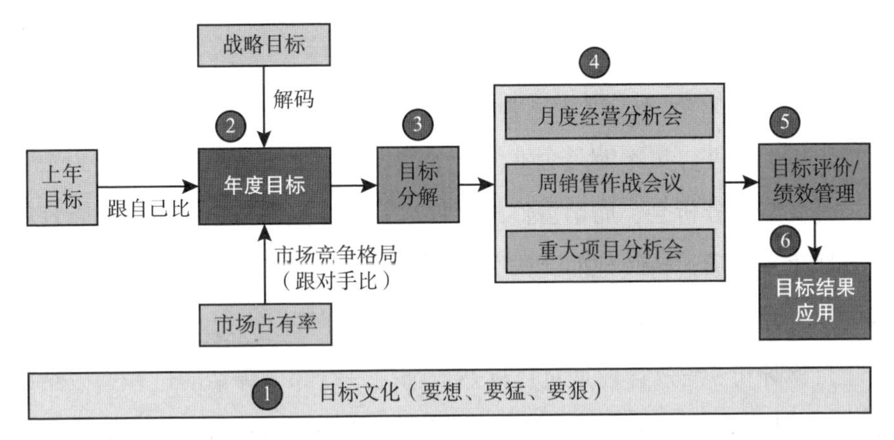

图1-3 目标闭环管理体系

目标文化作为整个经营管理全景图的依托，贯穿始终，是驱动目标达成的关键因素，是碰到困难时的精神食粮。企业的目标文化要引导员工敢于设立雄心勃勃的目标，狠抓落实，直面困难，敢于突破。企业的文化价值观是激发员工的内在动力，会使他们在企业年度目标的实现过程中充满热情和动力。

年度目标制定是年度经营的起点。首先要从战略角度进行考虑，将战略规划里的战略目标进行有效分解，年度目标要衔接战略意图和承接战略目标。其次，结合上年度的业绩，在自我评估的基础上，勇于提出今年的新追求，敢于跟自己比。同时，要考虑外部环境，如市场竞争格局，与竞争对手进行对比，确定市场占有率目标。从这三个方面综合考虑而生成的年度目标，既能符合企业实际情况，又具有挑战性和指导性。

目标分解是一门科学，而不是按照简单的数学公式分解。通过对年度目标按照责任主体、时间维度分解，形成具体的各组织目标，以支撑过程管理。企业层面的总体目标一般按照责任部门维度进行分解，在部门维度下，目标分解至各一层组织后，各一层组织通常根据不同的组织定位和职责进行目标分解，最终确保企业的每一个目标都有对应的组织承接，形成一棵“目标树”。

目标过程管理是实现年度目标的关键环节，目标制定之后不能是放在柜子里的文件，更不能是企业的一个摆设，需要全体员工竭尽全力去达成。月度经营分析会、周销售作战会议以及重大项目分析会是过程管理的主要抓手。要通过持续地监测与分析，了解目标的实际执行情况，及时发现问题，并采取相应的措施进行调整，从而保证目标执行的有效推进。

目标评价/绩效管理是对目标达成情况进行综合评估的过程，以结果事实为依据，看看到底哪个部门完成得好，哪个部门没有完成。通过对组织和个人绩效的评价，发现执行过程中的问题，并为下一阶段的目标制定和过程管理提供参考。目标评价的下一个环节是价值分配，它是物质激励和精神激励的依据，需要客观公正地评价，确保评价结果无争议。

目标结果应用是对目标达成情况的实际运用。在物质上，根据绩效评价结果进行有效分配，表现优异的团队和个人将获得更多的奖金分配。在精神上，通过褒奖、赞誉或调岗、调级等方式来表彰取得优异成绩的员工。物质激励和精神激励相结合，可以更好地鼓励员工为实现年度目标做出更大的贡献。

这些环节在年度经营全景图中形成了一个紧密关联的体系，每个环节都相互依赖，形成一套完整的管理逻辑。目标文化管理为目标过程管理提供动力，年度目标制定和目标分解为目标过程管理提供具体指标和方向，目标过程管理支撑年度目标的达成，目标评价对目标执行情况进行衡量，目标结果应用对目标达成过程中的团队和员工进行激励。这套缜密的管理体系为实现年度目标提供了有力的支撑。

CHAPTER 2

第2章

目标文化管理

企业经营风格评估

分析企业的经营风格对于内部和外部利益相关者都具有重要意义。对于内部，了解经营风格可以帮助员工更好地适应和融入企业文化，提高团队协同效率；对于外部，尤其是合作伙伴和投资者，了解企业的经营风格可以预测其决策模式和风险承受能力，从而做出更为明智的合作或投资决策。

经营风格是企业的灵魂，是经营团队在进行战略抉择、战略意图确定、年度目标设定、年度资源配置、销售合同决策等重大经营活动时的决策风格，通常会反映在企业的关键决策、组织文化、风险偏好和创新程度等方面。企业的经营风格是决定一个企业目标文化的关键因素。

我们把经营风格分为三类：保守型、客观型和激进型。在企业经营与管理过程中，这三种经营风格没有绝对的好与坏，在不同的行业、不同的企业规模、不同的企业背景下可以选择不同的经营风格。

（1）保守型经营风格。

此风格偏重于稳健、谨慎，尽量避免不必要的风险，有以下典型特征：①在面对新机会或新市场时，这类企业往往采取观望策略，不轻易尝试未经验证的新事物，等其他企业跑通之后再跟随；②常常以历史数据和过去的经验为决策依据，不容易被新趋势所影响；③在进行决策时，更多地考虑潜在的风险，而非潜在的收益；④不追求快速、急剧的增长，而是追求稳定、持续的盈利，如按延长线思维设定年度增长率，今年增长 5%，明年同样增长 5%；⑤不轻易对内部流程和组织结构进行大的调整。

（2）客观型经营风格。

此风格注重数据分析、事实依据和逻辑决策，有以下典型特征：①决策主要基于详尽的数据分析和研究，而非直觉或情感；②追求事实，在面对争议或决策时，强调收集事实、证据和客观信息；③系统性思考，考虑全局，关注各种因素如何互相影响，而不只是以局部或单一的视角；④在决策前，进行详细的风险评估，预测可能的结果；⑤注重流程化和标准化，强调流程的重要性和标准化的执行。

（3）激进型经营风格。

此风格倾向于积极进取、迅速行动和愿意承担高风险，有以下典型特征：①寻求快速增长，更愿意追求市场份额，哪怕这意味着更高的风险，如按照市场占有率思维设定年度增长率，要跑赢行业，敢于提出超越能力和资源限制的目标；②在面对新机会时，能够快速决策并付诸行动；③鼓励尝试新的方法和策略，重视研发和创新；④决策更多基于预测和趋势，注重潜在的高回报；⑤更容易进行组织调整和流程优化，以适应变化。

如图 2-1 所示，这三类经营风格涵盖四种风格区间：“保守 -”“保守 + 至客观 -”“客观 + 至激进 -”“激进 +”。不同企业和管理者的经营风格归属不同的经营风格区间，若企业沿用传统的商业模式且极少具有创新力与变革意识，企业文化偏保守，则此企业的经营风格属于“保守 -”；若企业使用创新的商业模式，管理者在企业经营上有一定的创新与变革，且管理层的决策速度偏快，则此企业的经营风格属于“客观+至激进−”。

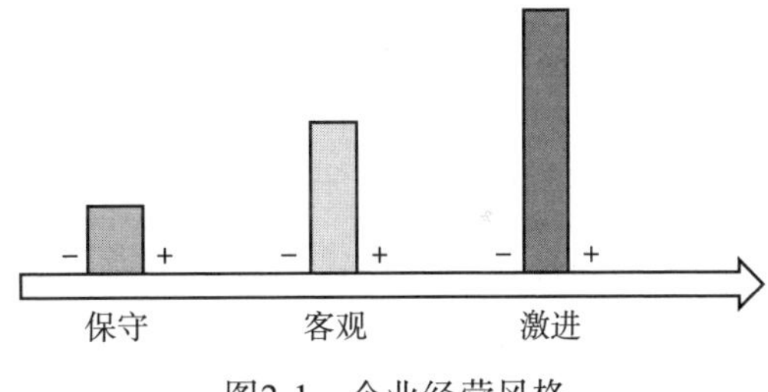

图2-1　企业经营风格

我们可以通过以上标准判断自己的风格、整个企业管理层的风格以及老板的风格。在企业经营与管理过程中，如何选择适合自己的经营风格，我们可以从以下方面分析。

根据不同发展阶段来匹配经营风格

初创期：这一时期企业往往采取激进的经营风格，依靠几个关键角色的“超级英雄”，开发出有创意和有竞争力的产品，快速获得市场突破，验证最合适的商业模式。在这个时期，决策过程短，对机会响应迅速，同时也伴随较高的风险。比如2017年的共享单车市场。

突破期：随着业务逐渐稳定，企业可能转向比较客观的经营风格，快速扩张和抢占更多市场份额是主要诉求，通过对市场进行深入的洞察分析，识别企业增长的护城河，大张旗鼓地开启扩张之旅。比如2021年的短视频市场。

成熟期：在这一时期企业常常采取保守的经营风格。由于已经占据了稳定的市场份额，企业往往专注于维护现有客户，提高运营效率，以及针对现有产品或服务进行细微的优化。比如2023年的外卖市场。

衰退期：企业可能需要重新采取激进或客观的经营策略，寻找业务的再生之路，如转型、创新或探索第二增长曲线。若未能及时调整，企业可能面临退出市场的命运。比如2024年的传统汽车制造业面临智能驾驶的威胁。

根据不同的经营活动来匹配经营风格

1. 年度目标设定建议“激进+”

倡导每个员工打破原有的能力认知，追求更高的价值贡献，设定有挑战的绩效目标，企业提供对应的资源和支持以及对等的回报，促进组织和个人达成年度目标。

2. 销售合同评审与决策建议“客观+”

在进行签订销售合同前的合同评审时，为了确保合同可契约化交付，应采用以数据和事实为基础的决策，进行技术方案、商务价格、法务法规、税务、保险、回款等方面的综合评审，充分评估这个合同该不该做（战略决策）、值不值得做（财务决策）、能不能做（风险决策），确保合同盈利可预期和风险可控。

3. 产品开发建议“保守+”

在技术开发中，坚持客户需求驱动，与客户充分沟通，以实现客户价值最大化为产品开发目标。确保产品开发从无序到有序状态，从偶然成功到必然成功，构建产品竞争力和保持持续领先。

4. 年度资源配置建议“保守-”

在拟制下一年度全面预算的资源配置时，人力资源、费用开支和固定资产购置上的策略要尽可能保守，履行在资源配置上“对内部要狠，对客户要好”的思想，确保该花的花，不该花的每一分钱都要节省，确保使用最小的资源创造最大的价值。

5. 融资或筹资活动建议“客观+”

很多企业不关心筹资，不重视银行信用额度，认为自己经营很好且账上有钱，不需要贷款，更不需要银行授信额度。我们服务过的企业中，江苏一家制造业上市公司，2020年销售收入100亿元，公司账上趴了19亿元现金，老板非常自豪没有一分钱贷款，银行来找他都不搭理。深圳一家高科技上市公司，2021年销售收入6亿元，账上常年趴着12亿元现金，老板认为自己赛道很好，经营底子很好，不需要金融机构提供服务。杭州一家建筑类培训机构，2022年销售收入4亿元，账上常年趴着6亿元现金，老板也是上述观点。

很多制造业的企业家没有意识到资本市场的残酷性，资本大多时候只做锦上添花的事情，基本上不会雪中送炭，它们就是“晴天送伞、雨天撤伞”的营利性机构。如果我们平时不与融资平台持续连接，它们对企业没有系统的评估，怎么保障企业的授信额度呢？一旦企业遇到“雨天”需要资金，这时候想要获得银行或投资机构的支持就很困难。企业形势越好，越要和金融机构加强业务联系，信用越用才会越高，这样才能够建立一个稳定的授信额度，以保障不时之需。

2019年9月，华为首次在国内通过工商银行和建设银行各发行30亿元债券，有人认为是华为缺钱，其实不然，这是在测试国内资本市场对华为的认可度，营造筹资环境。

经营决策风格决定了企业如何应对机遇和挑战，进而影响企业的经营稳定性、增长速度和创新能力。激进型企业往往会快速抓住市场机会，但可能会面临很大的风险波动；客观型企业通过数据驱动的决策确保稳健运营，但可能在增长速度和创新上稍显缓慢；保守型企业在追求稳定和风险最小化时，可能错过某些市场机会。决策风格也会影响团队文化，如集中式决策可能加快执行速度，但会限制团队创新，而分散式决策可能增加团队的参与感，但在紧急时刻可能导致决策迟滞。选择哪种经营风格需根据企业环境和战略目标进行权衡。

综上，经营风格在企业的发展过程中具有指导性作用。判断与选择何种经营风格，对企业目标文化起着举足轻重的作用。

企业为什么需要目标

什么是目标

本书提及的目标是指拟制下一年度全面预算时制定的年度经营目标，它从战略目标出发，是下一年度设定的各种经营活动预期达成的结果。它包括财务目标的销售收入、利润和现金流，市场目标的市场占有率，人力目标的人均效率改进率，产品目标的降本率等。

从经营角度来看，**目标是企业经营的靶心，是企业共同奋斗语言**，是需要通过企业所有员工一起努力而实现的一个结果，它不仅是一个数字，更是组织自下而上的一种承诺。

目标像灯塔，为组织和个人指引前进的方向，帮助它们规划和定位自己的发展路径，实现自己的期望。市场环境变化莫测，企业在市场竞争中如履薄冰，面对种种困难与挑战，组织和个人很容易失去方向，设定明确的目标，可以帮助组织和个人在纷繁复杂的信息中了解自己的现状，找到未来的方向。

目标是信念，是推动一切行动的原动力。目标是管理者为了实现战略目标和管理意图制订的行动计划，它可以激发员工的热情和内在动力，推动他们全身心地投入到工作中，发挥出更大的潜力。

目标是结果，是希望，是欲望的具体表现形式。目标是企业希望未来达成的结果，是对未来的信心和期望，制定目标是为了将企业与员工的欲望转化为具体的行动计划。明确的目标可以为员工提供激励和动力，促使他们不断进取，实现更好的发展。

为什么需要目标

对于任何企业，目标是它的罗盘。没有这个罗盘，企业就如同一艘航行在波涛汹涌大海上的大船，没有方向和目的地，不知何去何从。这样的企业容易做出短视、缺乏考虑的决策。没有明确目标，企业可能就会盲目投资各种不相关的产品和服务，浪费资源，损害当期竞争力和长期利益。从经验上来看，那些完不成年度目标的企业，往往不明白目标的重要性，不知道为什么要有目标，也不懂目标对企业管理的作用。所以，企业必须明确目标，才能稳健前行，才不会迷失方向。

（1）没有目标，就没有方向，没有锚点，就容易“脚踩西瓜皮”。

目标是企业的发展方向，没有目标就意味着没有锚点，便难以规划和定位企业的发展方向，让企业容易“脚踩西瓜皮”，导致整个运营体系坍塌，使企业陷入短视和盲日发展的困境，从而导致负面效应和风险的加剧。没有明确的目标和发展方向，企业可能会在产品上盲目追求多元化和规模化，导致资源的浪费和效益的下降；其库存可能因为销售目标的缺失而大幅上升，导致没有利润与现金流，没钱给员工发奖金，从而打击员工的积极性。

（2）没有目标，就容易找不到自我存在的价值和意义。

心中有理想，就会激发你的内在动力和追求，推动你不断向着理想前进，就会感到自身的存在有了更深层次的意义。如果这个理想是由一个个目标组成的，那么你就会觉得为目标付出努力是有意义的，就会为了这个目标而持续奋斗，通过挑战一个个目标，最终实现自己的理想。

（3）没有目标，就没有评价依据，不知道谁干得好、谁干得不好。

目标为企业、组织和个人提供明确的工作标准和评价依据，是确定工作方向和期望结果的基础，是实现价值的具体表现形式。如果没有目标，就无法对企业、组织和个人的表现进行客观的评价和比较，无法确定谁干得好、谁干得不好，也达不到企业对员工激励的预期。

总的来说，年度经营目标不仅为企业提供了方向和动力，还为企业提供了一个结构和框架，确保其资源、计划和策略都与年度经营目标一致。

如何构建企业目标文化

目标文化管理的业务环节中，哪个环节最为关键，是目标制定、目标分解、目标过程管理、目标评价 / 绩效管理，还是目标结果应用？在我们看来，以上都不是。员工从思想上理解和认同目标管理方式，敢于直面困难，敢于接受挑战，大胆提出新追求，即使屡战屡败也要屡败屡战，这种作战的精气神，就是一个企业的目标文化，这是目标管理中最为关键的环节。

“相信‘相信的力量’”是目标文化的核心，企业应该用这样一种信念来牵引目标的达成，从年初开局的时候就建立起“首战即决战”的信心，在精神上战胜目标，在行动上达成目标。

目标文化是企业内部形成的一种价值观、信仰和行为准则，其在结构上分为三层，分别是企业核心价值观、各层级人员的目标感、目标复盘文化，每一层都有其独特的作用和意义。

如图 2-2 所示，企业的核心价值观是一组基本的信念和原则，它定义了企业的文化和行为准则，引导企业及其员工的行为和决策。这些价值观反映了企业的精神文化和战略目标，是企业内部决策和对外交往的重要依据。因此，目标文化依附于企业核心价值观，是企业的灵魂和精神，是企业的文化特色和价值观念。比如华为核心价值观中的“以客户为中心，以奋斗者为本”，其中“以客户为中心”是以“质量好、服务好、价格低”为宗旨虔诚地服务于客户，以客户为目标，建立创造客户价值最大化的目标文化。“以奋斗者为本”，就是强调基于岗位责任结果的评价体系和

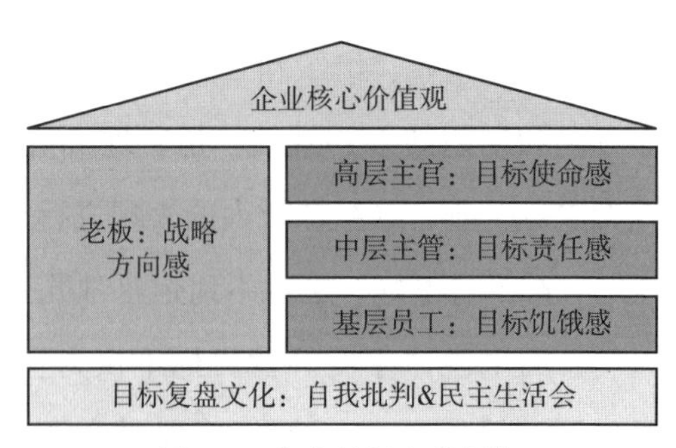

图2-2　企业目标文化框架

分配体系，只要完成了目标就一定可以得到应有的物质和精神上的回报。

老板的战略方向感、高层主管的目标使命感、中层主管的目标责任感以及基层员工的目标饥饿感共同构成了目标文化的中间部分，是组织中不同层级对目标的追求和分工。

目标复盘文化是目标文化的基础，是企业对目标计划和达成过程的反思与总结，形式包括但不限于关键事件复盘会、项目复盘会等，它能够帮助企业形成良好的反思和改进机制，帮助员工不断总结经验、吸取教训，推动个人和组织不断进步和发展，为实现下一阶段目标提供指导和参考。

目标文化的结构是一个相互关联、共同构成的体系，每一层都是构成目标文化的重要组成部分，企业需要注重构建和弘扬目标文化，不断优化和完善目标文化。

如何构建老板的战略方向感

我有幸与近百位20世纪80年代创业的老一辈企业家交流过，我能感受到他们在创业和发展过程中面临的挑战和机遇是空前的。西子联合控股有限公司王水福先生描述他们这一代企业家的特质是胆识过人、艰苦奋斗、足智多谋和敢于担当。“胆识过人”意味着在当时尚未完全确定的经济环境中，他们敢于突破传统的束缚，捕捉商机；“艰苦奋斗”体现了他们从零开始的创业精神，面对困难不屈不挠；“足智多谋”揭示了他们对复杂商业环境的应变能力，巧妙驾驭市场的变革，善于抓住机遇；“敢于担当”展现了他们的责任心，无论成功或失败，都敢为自己的决策承担责任。这四大特质成了他们面对挑战、开创事业的坚实基础，也塑造了他们在商界的独特地位。

在当今全球化和技术快速发展的背景下，当代创业者和年轻企业家所面临的环境与老一辈有所不同，他们的优秀特质为持续创新、理性开放、长期主义、战略聚焦。“持续创新”体现了当今快速变化的市场对新思维、新技术的渴求，在竞争激烈的环境中，只有不断创新才能保持领先；“理性开放”指的是在全球化的背景下，他们秉持开放的心态学习、合作，同时确保决策基于事实和数据，不盲目拍板；“长期主义”强调对未来的承诺，而不是短期的回报，这有助于企业持续稳定地增长；“战略聚焦”表示在众多的机会中，他们能够清晰识别并集中资源在最具潜力的方向。

不管是老一辈企业家还是年轻企业家，都是企业的带路人，他们有坚定的方向感。“方向感”指企业家对发展方向的判断与把控，以及对未来市场趋势和竞争环境的敏锐洞察，企业家的个人方向感和企业的发展方向紧密相关。在实际经营过程中，需要具备高度的自我认知和自我管理能力，用辩证性思维分析自己，清晰地定位自己的个人目标和价值观，保持个人价值观与企业价值观的一致，同时反省自身的不足，通过分析与反思自己，对企业的发展方向不断审视和修正，引领企业朝着正确的方向坚定不移地前进。

那么，一位优秀的企业家如何保持战略方向感呢？我们对企业家有如下建议。

- 保持战略定性和战略耐性，不偏离创业初心。企业家需要保持对企业长远目标的坚定信念，并在战略方向上持续稳健地推进，不被市场波动和短期利益所左右，同时也要有耐性和恒心，不轻易放弃或改变创业初心。
- 经常拜访客户，多听取客户意见。坚持“以客户为中心的”经营理念，客户是企业发展的根本，企业家需要时刻关注客户的需求和不满，及时调整经营策略和产品服务，以提高客户满意度和企业的市场竞争力。
- 善于抓主要矛盾和矛盾的主要方面，管理“不撒胡椒面”。企业家要善于识别和抓住企业内外部环境的关键矛盾，有效地管理和解决核心问题，同时不要过于松散或一刀切地管理，以保证企业管理的高效性和灵活性。

- 甩掉签字笔，加大对业务、财务和人事的授权。经常看到企业员工排队找老板签字，老板需要适时、适度地授权给高管，让员工在职责范围内有更大的自主决策权，同时减轻老板的工作负担，让老板有更多时间和精力关注战略和决策，以增强企业的执行力和协作效率。
- 在自我批判方面，做到率先垂范、身先士卒。不断自我批判，自我觉醒。多留一些时间总结过去，不断革新自我，才能引领企业打造更强的竞争力。企业家做出榜样，会让整个组织都具备自我批判思想。持续地自我批判，是组织进步的核心驱动力。

如何建立高层主管的目标使命感

高层主管的目标使命感是指他们对组织目标的坚定承诺和追求，是组织进步的引擎。目标使命感驱使他们做出明智的决策，塑造积极的团队氛围，“不达目标不罢休”，并确保资源的高效使用。通过持续的战略执行和团队激励，高层主管强烈的目标使命感不仅能够推动组织不断前进，跨越挑战，还能够实现卓越的自我成就。

（1）要让打胜仗的思想成为一种信仰，没有退路就是胜利之路。

“要让打胜仗的思想成为一种信仰，没有退路就是胜利之路”，这是美军马丁·邓普西上将的名言。这句话被刻在了华为松山湖基地的石墙上面，员工上下班和来访的嘉宾都能看到，都能感受到这样的文化氛围。

面对目标，干部别无选择，只有义无反顾带领团队不断努力去达成。只有不断打胜仗，才能有质量地活下去。面对巨大的外部压力和目标的挑战，宁可向前一步死，绝不后退半步生。在思想上要首先战胜自己，才能最终战胜困难，达成年度目标。

这样的干部从哪里来？华为从 2010 年开始就很少使用从外部空降的

高管，**坚持“猛将必发于卒伍，宰相必取于州郡”的理念，以“上过战场，开过枪、受过伤”为基础，基于责任结果，优先从具有一线成功实践经验、从影响公司发展的关键事件中、从长期坚守艰苦地区和艰苦岗位的人员中选拔干部。**这样的干部基本都是华为内生出来的，业绩也是靠干部自己打出来的。

（2）干部是第一位的，干部的战斗意志、战斗意愿所起到的作用大于能力，干部因素大于资源因素。

干部是组织的核心力量，只有强烈的决心才能使团队不断突破乌江天险，取得胜利。他们的战斗意志和战斗意愿，直接决定团队的执行力和凝聚力。**将军是在实战中打出来的，没有艰苦的战斗磨难不会产生将军。干部要用内心之火点燃希望之光，以“自燃型”人格，用个人的内心之火点燃组织对目标达成的热情。**

（3）越是在困难的时候，干部就越要在黑暗中发出生命的微光，发挥主观能动性，鼓舞起队伍必胜的信心，引导队伍走向胜利。

目标一定是极具挑战性的，在达成目标的过程中一定会困难重重，领导力被置于考验之中。他们则宛如黑夜的明灯，为团队指明前进的方向。此时的主观能动性，代表着面对困难时的主动出击，而不是被动等待。他们的坚定与鼓励，是激发团队战斗力的关键，能够确保每个成员都心怀必胜之志，勇往直前。干部需要具备这样的觉悟，认识到自己在团队中的核心作用，持续地提供方向和信心，将挑战视为通往胜利的必经之路，从而引领团队达成年度目标。

如何建立中层主管的目标责任感

中层主管的目标责任感是他们对实现年度目标的坚定承诺和行动力。他们在组织中扮演着关键角色，负责将高层战略转化为具体任务，并确保团队按计划执行。这种责任感使他们能有效组织和激励团队，使团队的工作方向与组织目标保持一致，及时纠正偏差，确保团队在正确道路上前进，从而推动组织持续发展和成功。

（1）这个我来负责，这个我来领导，虽然这很难，但我们可以搞定。

中层主管应当积极承担责任，无论是对自己、依赖他的人，还是整个组织。他们需要展现出决断力和领导才能，明确团队的方向。在遇到挑战时，他们应鼓励团队合作，共同寻求解决方案，而不是回避问题，通过充分沟通，保证团队成员对目标有清晰的理解，并获得必要的资源与支持。中层主管应坚信，尽管目标难以达成，但有自己的引领和团队的努力，目标一定是可以实现的。

（2）要么带头，要么跟上，要么离开。

这句话强调了对责任和效率的追求。中层主管首先应主动带头且承担领导角色，推动团队落实年度目标。面对新的经营策略，他们需要迅速学习并适应，同时确保团队也能跟上步伐。如果发现自身或团队成员无法满足要求，应立即进行坦诚沟通，寻找解决方案或做出相应决策。作为中层主管，不仅要对自己严格要求，还要引领团队不断前进，实现企业目标。

（3）基于岗位责任的首问负责制，基于绩效结果的干部选拔制（能上能下），基于组织绩效的获取分享制。

基于岗位责任的首问负责制，要求中层主管对其岗位的目标和发生的问题承担首要责任；基于绩效结果的干部选拔制，则依据中层主管的业绩和表现进行选拔和晋升；基于组织绩效的获取分享制，将年度目标设为衡量中层主管所在组织绩效的关键，结合企业的奖金方案获取对应的激励。这三种制度都旨在将个人收益与组织成果挂钩，从而增强中层主管的目标责任感，促进组织目标的达成。

如何建立基层员工的目标饥饿感

基层员工是企业中数量最多的群体，对企业目标的实现和长期发展至关重要。员工的目标饥饿感是指他们对企业和个人目标的追求与渴望。为了培养这种饥饿感，基层员工应在企业目标的指引下努力工作，不断挑战自我、突破极限。通过这种方式，他们不仅能实现个人目标，还能帮助企业达成宏伟目标，这是激发基层员工动力和承诺的关键因素。

（1）先过思想这一关：敢想才敢干，敢干才能赢。

基层员工从战斗一开始就要在思想上树立“敢想才敢干、敢干才能赢”的战斗精神和战斗意志，如果缺乏这种意志导向，他们就会缺乏积极性和创造力，从而影响企业目标的顺利完成。这种意志能够驱动他们相信自己、相信组织、相信企业。如果看到目标的第一反应就是摇头，就是抵抗，那就是思想这一关还没有过，就会有畏难情绪。

（2）市场没有眼泪，只有战斗和血性。

在激烈的市场竞争中，销售人员面临严峻的挑战和销售目标压力。市场不会对个人努力展现同情，只看重结果。因此，销售人员必须不断战斗，保持旺盛的斗志和对销售的热情，即所谓的“血性”。为了实现销售目标，他们需要不断自我超越，创新销售方法，深入理解客户需求，“死磕”客户并优化销售策略。我辅导过的一家企业，在一次销售例会上，我痛斥其某子公司销售组织太“面”，第二个月他们的作战会议室就拉上了“市场没有眼泪，只有战斗和血性”的横幅，以警示团队要随时进入战斗状态。

（3）目标只是底线，目标是用来超越的，而不是用来讨价还价的。

很多人对年度目标的认知是“目标不一定都是拿来完成的，目标是一个天花板”。而我们所主张的是，“目标是一个底线，目标是用来超越的，而不是用来讨价还价的”，企业只有在企业自上而下对目标的认知达成这样一个共识后，员工才会通过自我驱动去实现目标，而非通过领导压制来实现。

目标饥饿感是员工自发追求更高目标的驱动器，可使他们在面向目标的时候能有挑战自我的精神。如果说一个目标伸手就能摸到，那么这个目

标是不具备挑战性的。只有不断突破自己，才知道自己到底有多大能量，才知道自己能不能完成这样一个目标。

企业要从管理机制上驱动组织和员工自我挑战、自我管理，激发员工的饥饿感。这套机制就是基于绩效的获取分享制，“在干活之前就知道，干多少活，可以拿多少钱”，干得多拿得多，干得好拿得更多，通过这样一套机制来让整个企业的目标管理形成闭环。人的惰性是天生的，企业不要指望员工生来就会艰苦奋斗。通过这样一套机制可以保障基层员工基于结果导向去做过程管理，用目标来倒逼自己。

例如，四川某机床制造企业今年整体销售收入目标 5 亿元，销售部门总奖金包 1 500 万元，整个销售团队 40 人。业务员小李年度业绩指标是 2 000 万元，如果达成此目标，可以分到 60 万元奖金，但因为客户资源与订单的积累，为了追求个人成就且同时满足自己买房需求，小李希望拿到 100 万元奖金。在年初时小李主动将个人今年的年度业绩指标调整为 3 000 万元，企业整体的销售收入目标也随之调整。正因为小李的个人成就驱动，驱使他挑战更高的目标，也拉高了企业整体目标值。这就是基层员工目标饥饿感自我驱动的力量。

目标复盘文化

目标复盘文化强调企业整体不断围绕目标进行反思、总结、改进和提升的工作习惯。成功时，应识别并复制成功因素，并将其转化为组织行为，增强组织能力，以便未来做得更好。失败时，则应避免沮丧，找出问题根因，目标是在下一次尝试中取得进步。这种文化是通过不断复盘和总结来迭代提升组织能力的。

目标复盘文化的核心是自我批判，整个团队倡导一种敢于自我批判和善于自我批判的理念。为什么叫批判，而不叫批评？批评是指出不足之处，自我批判不是为了批判而批判，也不是自我否定。我们今天做得很好了，但明天还可以做得更好。**只有优秀的人才会做自我批判，成功的人总是在找自己的原因，失败的人一直都在找别人的原因。**

华为任总最担心的是没有人批判公司，最欣慰的是员工对公司的批判，让公司认清自身存在的问题和不足并及时改正。自我批判贵在高层领导率先垂范、身先士卒，难在认真、较真和坚持，它是个人和组织进步的驱动力。提高自我批判能力，是尽快成为合格干部的必由之路。干部带头进行自我批判，树立起企业自我批判的文化氛围，激发员工的批判精神，让整个组织都能够积极参与到自我批判中来，从而推动整个组织向更高水平发展。

华为每年1月中旬最大的盛会即市场大会，就是一次年度复盘和规划大会，一级部门总裁都会上台就上一年工作进行复盘总结并对下一年工作进行展望。在市场大会之后的一个月内，公司各级组织的管理者都需要进行年度述职，这也是一次复盘总结和规划大会。每一次客户拜访、每一次展会、每一个项目分析会，华为员工都会自发进行复盘总结。基于目标的复盘文化，已经融入华为员工的日常工作行为中。

月度经营分析会和每周销售作战例会是目标复盘的主要战场，第4章将就此展开详细讨论。

“说到做到”和“科学分钱”是构建目标文化的两大核心元素。这种文化强调，只有先创造价值，才能进行分配。具体来说，分配机制建立在目标达成的基础上：如果未能完成年初设定的经营目标或战略目标，那么理论上就没有“粮食”可供分配。这种做法强调了先有创造再有分配的原则，即“先打粮才有粮，有粮才能分”。

为了强化目标文化，需要在各级管理者和员工之间建立强烈的目标感。这要求大家围绕目标展开工作，聚焦目标、聚焦客户和聚焦问题，将达成目标视为使命，优先解决外部矛盾，尽量减少内部纷争和责任推诿。通过一次次战役，不仅能建立战斗友谊，还能通过持续胜利激发组织活力。

这种目标导向的文化促使各级管理者和员工明确他们的责任和努力方向，强调实际行动与结果的一致性。通过这种方式，组织不仅能有效地管理和激励人员，还能确保每一个环节都贡献于企业的整体战略和长远发展。这种文化下的组织，倾向于使用明确的绩效指标来衡量成功，并以此为基础进行公正的资源分配，从而保证企业资源的最优配置和使用效率。

CHAPTER 3
第3章
年度目标制定

目标制定和目标分解是两个动作，它们共同确保企业的战略规划（strategy planning，SP）和年度业务计划（business planning，BP）得到有效实施。

目标制定是年度经营活动的起点，涉及对企业总体年度目标的制定。总体年度目标包括战略目标、经营目标和市场目标等。目标制定通常在每年年底的全面预算季进行，届时企业将根据市场状况、内部资源和长远发展规划，确定来年的总体目标。这些目标是企业未来一年内努力的方向和将要达到的标准，是推动企业持续发展的原动力。

目标分解则是在企业总体年度目标确定后进行的，它是将这些总体目标细化到各层级组织的过程。这一过程要考虑到各层级组织的定位、职责、战略解码、管理需求、存在的痛点以及自我提升需求等因素。通过这种分解，每个组织和个人都将承接明确的子目标，确保总体目标的实现不是空中楼阁，而是有具体实施路径和责任人。这样，从企业到个人，每个层级都能对照自己的任务和目标，合理配置资源、调整策略，确保整个组织协调一致，努力达成目标。

目标制定的问题与挑战

年度目标制定是一件容易的事情，还是困难的事情？企业每年的年度目标怎么确定的？是老板拍板决定的，还是销售业务员自己报的，或者是吵出来的？整个目标制定过程很轻松，还是很艰难？

每年制定的目标挑战性如何，是很容易完成，还是从来没有完成过？跟自己往年的目标相比，同比增长率如何，有没有实现每年的战略目标追求？跟对标的标杆企业相比，有没有跑赢标杆企业？

作为企业管理者，制定的年度目标让大家乐于接受，同时又富有挑战性，这是非常困难的事情，主要是因为，目标制定面临如下问题与挑战。

市场预测的不确定性

市场是变化多端的，提前一年把下一年的业务看清楚是很困难的。这可能会受到宏观环境、行业政策、竞争态势、客户需求变化等因素的影响，这些因素都可能在未来发生不可预测的变化，使得依赖当前信息的市场预测存在误差。企业可能会基于错误的市场预测设定过高或过低的销售目标，从而导致资源配置不当或业绩目标难以实现。

历史数据的依赖性

很多企业在设定销售目标时会依赖历史业绩数据，但如果历史数据不够全面或者市场条件发生了显著变化，如新竞争者的出现或消费者消费偏好的改变，过度依赖历史数据可能导致目标设定不符合实际情况。设定一个相对于历史数据的“同比增长率”作为目标的方式，缺乏业务依据，也不能反映业务实质。

内部资源的限制

销售目标的设定需要考虑企业的内部资源，包括人力、财力、生产能力、研发能力、销售能力等。这些资源的限制可能会阻碍高销售目标的实现。理想很丰满，现实很骨感，如果忽视这些限制，设定的销售目标可能超出企业的实际承受能力，导致执行过程中的资源紧张、管理困难。

团队动力与目标一致性问题

销售团队的动力和积极性直接影响目标的实现。如果销售目标设定得过高，可能导致团队压力过大；如果设定得过低，则可能缺乏挑战性，影响团队的积极性。不适当的目标可能导致团队士气低落，打击成员的参与感和归属感，进而影响销售业绩和员工留存率。如何让目标既有挑战性，又有完成的可能性，这是一个难题。

销售策略和目标的匹配问题

销售目标需要与企业的销售策略紧密匹配。如果策略和目标不匹配，即使目标被设定出来，也难以有效执行。比如，销售目标偏重于市场渗透率，需要覆盖更多的客户，而销售策略又是集中于大客户销售，这两者是不匹配的。策略与目标不匹配会导致执行混乱和资源浪费，影响目标的达成和整体业务效率。

在制定年度目标时，不同的行业、不同的经营风格、不同的发展阶段的企业，制定目标的方式方法可能都存在差异，这些方法没有绝对的对与错。作为企业的管理者，需要认知到目标是企业经营的一个靶心，是组织由下而上的一种承诺，是企业共识锚定的一个锚点。因此，目标制定的原则、方法、接受度、挑战性，都对目标达成非常重要。

目标制定的原则

前面提到，目标是依据一定的规则来制定的，那么，在企业制定年度目标的过程中，我们需要掌握和遵循哪些原则?

目标制定的原则主要有四个方面：第一，衔接战略目标；第二，目标能反映自下而上的业务实质；第三，目标能体现自上而下的管理意图；第四，目标的制定需要人人参与。

年度目标制定原则一：衔接战略目标

战略规划时制定的战略目标和年度目标是紧密关联的，战略目标是牵引企业实现长期可持续发展的目标，而年度目标则是落实战略目标的年度分解。

通过图 3-1 可以看出从战略规划到年度目标是一个系统性的框架，包括战略目标制定、战略解码、战略举措 / 关键任务、战略衡量指标和年度目标制定。

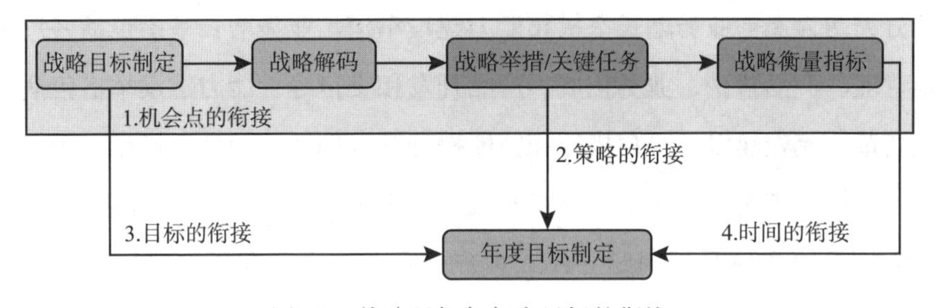

图3-1　战略目标与年度目标的衔接

“战略目标制定”是战略规划的一项核心活动，它涉及确定和规划企业在未来中长期（通常是 3 ～ 5 年）内需达成的关键成就，以实现企业愿景。这些目标不仅反映了企业的方向性和综合性规划，还明确了企业的“下一步行动”。在制定战略目标时，企业会考虑核心竞争力、市场趋势、技术进步、客户需求等多方面因素，确保所定目标既富有远见，又能有效推动企业持续成长。例如，深圳永亿豪电子有限公司在其2023年的战略规划中提出，未来五年内要成为“国产工业散热风扇第一品牌”，这表明公司将专注于提升其在工业散热风扇领域的品牌影响力和市场占有率。

“战略解码”是将企业的宏观战略目标转化为具体的、可执行的行动计划的过程。这一过程涉及战略对齐和落地，确保企业的战略意图被具体化并分解到组织的各个层级，再从组织单元分解到个人。**战略解码包括制定关键战略举措、确定战略指标和设定重点工作任务，通常利用工具如战略地图和平衡计分卡来实现这些目标。**例如，深圳永亿豪电子有限公司要实现其成为“国产工业散热风扇第一品牌”的战略目标，就需要从多个维度进行战略解码，如提升市场地位、提高市场占有率、拉大产品竞争差异、增强商务竞争力、保持全面质量控制、确保产能支持等。通过这些具体的策略和行动指南，公司能够系统推进各项计划，从而实现战略目标。

“战略举措”是实现企业战略目标的具体方法和手段，涉及深入理解商业本质、识别关键矛盾和明确成功路径后制定的关键任务。**战略举措通常分为两大类：业务增长举措和能力建设举措。业务增长举措包括客户关系管理、产品营销、业务拓展、产品开发和交付等；能力建设举措包括组织变革、流程建设、平台搭建和技能提升等。**例如，深圳永亿豪电子有限公司为提高市场占有率，可能采取分级管理客户、优化主打产品选择、建立大客户销售体系、构建立体式客户关系、设定匹配年度目标的激励机制、着力减少重大质量问题等战略举措。这些举措合理地支撑了企业的战略目标，助力企业在竞争中获得优势。

“战略衡量指标”是用于评估企业是否成功实现其战略目标的关键绩效指标（KPI）。这些指标直接源自战略解码过程中定义的关键任务和目标，是绩效考核的主要来源，大部分会被直接纳入绩效考核体系。战略衡量指标的设计旨在提升作战效率、强化责任担当、促进团队合作、强调核心价值以及衡量战略贡献。例如，深圳永亿豪电子有限公司的战略目标之一是提升企业在国产市场上的影响力，相应的战略衡量指标可能包括国产市场占有率达到20%及以上，行业TOP10客户的销售收入占比达到50%及以上。这样的战略衡量指标有助于明确和量化公司在追求其战略目标过程中的具体成就和进展。

在战略目标制定之后，如何保障战略目标与年度目标之间有效的衔接呢，我们认为主要有以下4个方面的衔接：机会点的衔接、策略的衔接、目标的衔接和时间的衔接。

1. 机会点的衔接

战略规划的主要目的就是找机会点，包括存量市场的机会点，以及增量市场或第二增长曲线的新机会点，并思考如何抓住这些机会点。

如何找机会点，可以使用战略规划时"五看"的市场洞察方法，"五看"即看宏观环境、看行业趋势、看客户、看竞争对手和看自己。

以深圳永亿豪电子有限公司为例，在做市场洞察时就采取"五看"的方法论找各种存量机会点和潜在机会点，以此识别企业的增长点和爆发点在哪里：

- 看宏观环境，目前工业散热风扇领域的国产率不到10%，市场长期被德国EBM、日本Nidec、意大利SPAL等国外高端品牌占据，国产替代是未来3～5年最大的机会窗。
- 看行业趋势，目前工业散热风扇国内市场每年有1 000亿元的规模，随着新能源汽车、光伏、AI大模型、智能制造等产业的高速发展，每年行业增长率超过15%，行业空间巨大。比如汽车座椅通风系统，未来单价10万元以上的汽车都将安装座椅通风系统，这一个变化趋势就为工业散热风扇领域带来近100亿元/年的市场机会。
- 看客户，客户对产品性能、生产质量和商务价格越来越敏感，期待质量好、服务好、价格低的供应商。同时从供应连续性来看，行业大客户都在引入国产供应商，并增加国产供应商的份额。

- 看竞争对手，目前市场上国外巨头占据行业头部位置，用高品质和高价格抢夺最优质的客户。国产设备商群龙无首，国内竞争对手年销售收入规模都在 1 亿元以下，企业普遍规模不大，行业还没有实现充分竞争，处于“打群架”的状态。
- 看自己，企业自身要充分聚焦特定行业，如新能源汽车行业、光伏储能行业和 AI 行业的大客户，提升大客户的市场占有率是迅速占领头部位置的关键。通过管理变革全面提升管理水平，通过吸纳行业优秀人才改变内部人才结构，通过数字化转型提升内部运营效率，这一切都是迎接国产替代窗口的基石，要做好行业大爆发的全面准备。

以上是战略规划时做出的机会点分析，战略规划时对企业的发展充满信心和期待，到了做年度规划的时候，不能忘记了这些机会点，要以这些机会点为基础，在下一个年度里老老实实地落地实施，确保抓住这些机会点。

2. 策略的衔接

这里的策略是指实现战略目标和年度目标的方法和路径。因此，策略分为两类，一是实现战略机会点的策略，二是实现年度经营目标的策略，两者之间需要握手，做好衔接，确保战略规划时的想法在年度经营里落地。

以深圳永亿豪电子有限公司为例，在战略规划时识别国产替代是一个巨大的机会窗，未来 3 ～ 5 年一定要抓住这一个风口。那么通过什么样的策略去抓住这一波红利呢？

- 产品品质是基础，确立产品质量方针，明确质量目标，设置企业质量红线，贯彻质量是企业的生命线的理念，全面推行“质量免费”

活动，把“一次性把事情做对”作为每个员工的行为准则。

- 确保技术的先进性，通过引入优秀人才改变现有人才结构，加大研发投入，在核心技术上跟随国外同行，在非核心技术上领先国外同行。与国内高校哈尔滨工业大学、深圳大学等成立联合实验室，共同研究新技术、新产品。把研发中心从工厂里搬到地铁口，吸引优秀人才加入企业。
- 改变客户结构，聚焦行业大客户，服务好大客户。虽然企业自身能力与大客户差距较大，但大客户这位导师会带着企业往前跑，通过2～3年的沉淀，企业的综合能力将得到巨大提升。大客户销售占比是决定企业经营的底盘，帮助企业抵御经济周期的棉袄。
- 提升企业品牌价值，参加各种高端技术论坛、展会，通过直播平台进行各种科普知识宣传，优化企业官网，优化企业形象，自购物业、改善办公环境，增加专利数量、体现产品优势，积极策划IPO，期待成为工业散热风扇第一股。
- 推动全面组织变革，对准标杆企业学习，提升内部管理水平，把个人经验变成组织能力，在持续打胜仗中提升组织战斗力，通过物质文化和精神文化建设来激发组织活力，时刻准备好迎接更大的战役。

实施以上策略3～5年，目的就是抓住工业散热风扇国产替代的机会窗。这一战略目标一旦确立，就需要逐年分解，2024年做什么，2025年做什么，制定每年的年度业务规划时围绕这些策略反复研讨，不断审视和修正，确保逐年实施这些策略，最终实现战略目标。

3．目标的衔接

企业在做战略规划时，一定要制定战略目标，并且战略目标需要用数字量化表达，因为没有数字的战略规划就是在讲故事，是在吹牛，最终只是纸面战略，很难落地。如果战略目标只有数字，没有业务逻辑，那么这

些数字就仅仅是一个个电话号码，喊喊口号而已，也难以落地。

我们评审过很多企业的战略规划报告，有的企业整个报告 PPT 有 100 页以上，大量篇幅都在讲述各种机会点，市场前景一片大好，但是要用数据来量化目标的时候就用一两页 PPT 带过，或者拍板定一个数据，这样的战略规划本质上就是在讲故事，是没办法去支撑战略目标达成的。

那么应该如何制定战略目标，以及做好战略目标和年度目标的衔接呢？

以深圳永亿豪电子有限公司为例，2023 年战略规划时制定未来 5 年的战略目标，立下了未来 5 年要成为国产工业散热风扇第一品牌，销售收入翻 2 倍的宏伟目标。将这一战略目标按照年度分解下去，2024 年销售收入同比增长率至少要达到 30% 以上。结合战略目标的诉求，最终根据市场占有率、客户投资计划、竞争态势和自我追求等综合评估，2024 年的年度目标同比增长率定在 40%。这就是战略目标和年度目标的握手。

4．时间的衔接

在一个完整年度里，什么时候做战略规划，什么时候做年度业务规划，在时间上是有讲究的。

华为每年从 5 月到 9 月审视和制定“5 年 8×× 战略规划[㊀]”，每年 9 月中下旬开始第二年度的全面预算开工会，从时间上看战略规划和全面预算是衔接的，但事实上两者之间的数据差别较大。

每年在做战略规划时，各业务部门都充分打开了想象空间，对未来充满信心，承诺要做到多大规模，而在做全面预算时却感觉处处都是困难，于是就出现了战略目标与年度目标数据的较大差距。9 月做完战略规划，

㊀ 8×× 规划，是华为每年战略规划的编号。华为 2002 年第一次做战略规划时，希望在 2008 年时做到 100 亿美元，然后把公司卖了，因此第一年战略规划编号为 801，第二年为 802。近几年，已经调整为按照年度来编号，比如 2024 年启动的战略规划，则命名为 824 规划。

10 月底做出全面预算第一稿数据，前后就相差一个月，战略目标和年度目标相差巨大，为什么数据会出现这么大的差异，这一个月到底发生了什么，做战略规划时所有吹过的牛在制定年度目标时就忘记了吗?

将战略规划与年度规划在时间维度上做一个完美的衔接，做战略规划的最佳时间是 5 ～ 9 月，花 3 ～ 4 个月的时间充分了解宏观环境、行业趋势、客户、竞争对手以及评估自我，从而生成战略规划报告。9 月做完战略规划之后，10 月开始启动第二年的年度规划。在间隔的这一个月的时间里，要防止出现战略规划和年度规划“两张皮”的现象，不能在做完战略规划后就将报告放到抽屉里，年度规划时又另起炉灶，完全按照另外一套思路来做，要确保在时间上完全衔接战略目标和年度目标。

年度目标制定原则二：目标能反映自下而上的业务实质

- 生成目标的依据从哪里来？从订单中来。
- 谁给企业订单？客户给企业订单。
- 为什么客户给企业订单？因为企业给客户创造了价值。

以上三个简单的问题没有回答清楚，是很多企业年度目标靠拍脑袋的主要原因。客户是目标制定的基础，订单是目标制定的源头。

对 ToB 企业而言，客户每年的投资计划是企业年度目标制定的主要依据，是目标制定的业务实质。客户投资计划是指客户每年对特定产品和服务的预定采购量和采购金额。这包括了计划购买的数量和单位购买的预算金额。例如，如果 A 企业计划每年采购 10 万台办公电脑，每台电脑价格为 8 000 元，那么 A 公司在办公电脑上的年度投资计划是 8 亿元。这种计划对于供应商来说，是制定年度目标和进行资源配置的重要依据。

是否能拿到客户的投资计划，是衡量销售人员和客户关系好不好的主要标准。每年制定年度目标时，明确要求销售人员摸清楚客户的投资计划，结合客户的投资计划和企业期望的市场占有率，计算针对这个客户的订单目标。比如A企业每年在办公电脑上的投资计划为8亿元，B企业希望在A企业办公电脑的市场占有率达到20%，那么从A企业这个客户应该获取的订单金额是8亿元 ×20%=1.6亿元。

进行年度业务规划时，每个销售组织和销售业务员都需要逐一拜访客户，尤其是大客户，根据客户投资计划和市场占有率，得出每个客户的订单目标，汇总起来就是企业层面的订单目标，如图3-2所示。

序号	客户名称	本年业绩		客户投资计划			
		本年年销售额（万元）	本年市场占有率	下一年需求数量	下一年投资计划（万元）	目标市场占有率	销售目标（万元）
1	×××	2 000	20%	100	10 000	30%	3 000

图3-2　客户投资计划示例

对ToC企业而言，区域销售组织的最小经营单元可能是自有门店、电商平台、分销商等。结合行业空间、竞争态势、产品类型、上年业绩和增长诉求，制定各经营单元的目标，以此层层向上卷积，最终形成企业的总体目标。企业在不同销售模式下的目标制定逻辑不一样，后续内容将详细阐述。

年度目标制定原则三：目标能体现自上而下的管理意图

企业经营面临宏观环境影响、行业趋势变化、客户需求多变、竞争格局转变和自身经营环境迭代，处处充满不确定性，每年甚至每月都在发生变化，变化是常态。在多变的时代里，实现经营结果可预期和经营风险可管控，非常考验管理者对市场的洞察力和敏感性，要求管理者保持战略耐性和战略定性，要比员工市场看得远、问题看得深，并且要明确提出企业的管理意图，牵引企业全员为之努力奋斗。

在年度目标制定的过程中，首先，销售一线会上报第一版销售数据，第一版销售数据与企业管理层的预期都会相差很大，这是正常现象，也是人性的充分体现。即使反复让一线提交不同版本的数据，汇总金额跟管理层预期还是差距很大，这个时候怎么办呢？

对此，不同企业会有不同的处理方法。大部分企业都会选择让老板拍板，老板拍板的方式也简单粗暴，不是鞭打快牛（对业绩完成得好的人下达更多目标），就是欺负老实人（把目标分给轻松答应目标的人），或者把差额部分平均摊派给各个部门。这样目标是出来了，各一线销售负责人也都被迫接受了目标，但我们调查发现，年底大部分目标都没有完成，因为这个目标是老板拍出来的，是老板的目标，不是一线销售负责人的目标。

正确的处理方式又是什么呢？当一线上报的数据与管理者预期目标差额较大时，管理层首先要及时表达自己的管理意图，到底是希望做到100亿元，还是希望同比增长率不低于30%、不要让下属来不断试探自己的目标预期，或者不断写材料来汇报，这样很浪费时间。其次，根据企业的管理颗粒度，按照不同区域、不同产品、不同客户分开审视，力图扩大销售喇叭口（线索和机会点金额）、提升订单转化成功率，从而缩小目标差距。这样不断共同审视，把两者的差距缩小到20%以内。如果差距太大，会挫败一线销售的积极性，并且导致最终目标完成率较低。最后，如果差距小于20%，管理者按照自己习惯的经营风格拍板，确保如预期下达目标。

同时，我们反对管理者无底线地妥协。**销售人员擅长讲困难、讲问题、讲故事，只要管理层不经常见客户，不了解客户现场真相，就很容易被销售人员迷惑，就会对年度目标做出妥协。**这样会让团队认为“说服领导比搞定客户容易”，既然能通过说服领导降低目标，自己为什么还要去客户那里费劲呢，这样长久下去，就形成“以领导为中心”的文化，而不是“以客户为中心”，眼睛对着领导，屁股对着客户。

管理者期望的年度目标和一线上报数据存在差异，这是正常的。即使是华为这么成熟的运作体系，每年都还存在这样的问题。企业各级员工都要正确对待、积极应对，打开每个区域、每个产品、每个客户、每个线索、每个机会点进行分析，找到实现目标的路径，最终确立一个可实现的年度目标。

年度目标制定原则四：目标的制定需要人人参与

年度目标完成不好的一个原因就是很多销售人员不知道这个目标是怎么来的，只知道是领导定下来的，到自己这里就只能接受了，销售人员有苦说不出。同时也意味着完成年度目标这场战役怎么打，在基层是没有达成共识的，因为他们没有参与年度目标制定过程的讨论。

我们提倡年度目标的制定需要人人参与，尤其需要承担经营责任的组织和主管亲自参与到制定的过程中，主要基于以下两个原因：

- 提高目标可执行性：目标生成的过程本质上是一次目标执行的沙盘演练，是针对下一年的仗怎么打的“纸上谈兵”，让员工充分理解企业战略方向、战略目标、管理意图，才能确立自己的主战场在哪里，基于岗位的目标责任是什么，明确努力的方向。
- 增强归属感与认同感：员工参与目标制定，自然会对目标有更强的认同感，因为他们感觉自己是目标制定的一部分，不会认为这是一次简单的任务下派与被动接受。只有这样，大家才能积极地面对目标，并努力达成目标，而不仅仅是目标的执行者，这有助于提高员工的工作积极性和动力。

员工的参与不仅有助于目标制定的科学性、实际性和可执行性，还能促进团队的内部协同，加强沟通与信任，为企业的持续发展和成功创造更有利的条件。

目标制定的六种方法

年度目标的制定有很多种方法，根据我们的经验来看，最常用的是以下六种方法，同比增长率法、市场占有率法、战略目标倒推法、老板直接拍板法、基层上报法、随意法。在实际应用的时候，不会只采取单一的方法，可能会选择三四种方法组合管理。

同比增长率法

同比增长率法是指在目标制定过程中，将当前时期的指标与上一年同一时期的指标进行比较，并以此为基础来设定增长目标的方法。通过计算这一变化率，可以明确看到业绩在相同时间框架内的增长或减少情况。其主要优点在于简单易行，便于管理者分析和决策。

同比增长率法提供了一个基于历史数据的实际业绩参考点，使企业能够设定更为合理和实际的增长目标。这种方法还可以有效反映出业务的季节性变动，因为它比较的是相同季节的数据，从而能更准确地衡量业绩的自然波动。此外，**同比增长率强调与自身过去的业绩比较，体现了企业追求持续改进和发展的自我挑战精神，鼓励企业一年比一年做得更好。**

比如，某企业上一年的销售收入为 100 亿元，前三年的复合增长率是 20%，现提出下年度销售收入同比增长率不低于 20%，那么下年度的销售收入目标不能低于 120 亿元。

然而，这种方法也有局限性，主要是可能忽略了市场条件和外部环境的重大变化。因此，在使用同比增长率设定目标时，还需要结合市场趋势、经营状况、行业发展和其他相关信息，以确保目标的全面性和适应性。

同比增长率法是一种普遍适用的目标制定方法，适合各种企业和组织层面。建议将由此方法生成的目标视为基本要求，而非期望或最高目标。在目标制定初期，同比增长率法生成的目标可作为各组织制定目标的约束条件。如果上报的数据未达到这一目标，组织需先进行内部反思并达成一致后，再上报数据，以确保满足最低要求，否则即使上报也不会通过。

市场占有率法

市场占有率是指一个企业或品牌在整个市场中的销售额或销售量占该市场总销售额或总销售量的比例。这个指标用于评估企业在竞争中的地位、规模和影响力，反映了企业产品或服务在特定市场中的相对位置和市场接受度。

基于市场占有率来制定年度目标的原因在于，这种方法能够从竞争的角度出发，明确企业与市场其他参与者的相对位置。通过设定提高市场占有率的目标，企业不仅仅是在关注自身的成长，更是在积极应对和超越竞争对手，力求在市场上占据优势地位。**通俗讲，吃着自己碗里的饭，同时也要看看别人碗里吃的是什么。如果对手每天都吃回锅肉，自己每天吃野菜，那我们就要思考如何才能吃上回锅肉，这就是竞争思维。**这种竞争思维促使企业不断优化自身产品和服务，以实现市场份额的增长，从而增强企业的市场竞争力和品牌影响力。

例如，假设一家轮胎制造企业在一个 2 000 亿元规模的国内行业市场中占有 10% 的市场份额，即销售收入为 200 亿元。假设行业的年增长率为 10%，企业下一年目标是提升市场份额到 12%，则下一年的销售收入目标将是：

$$2000\text{ 亿元} \times (1+10\%) \times 12\% = 264\text{ 亿元}$$

这样的目标设定不仅追求销售增长，还着眼于提升行业排名和市场影响力，反映出企业对市场动态和竞争状况的积极应对。

战略目标倒推法

这是一种从长期战略目标出发，反向规划短期年度目标的方法。通过设定一个明确的长期战略目标，然后根据这一目标倒推出每一个短期阶段（如年度）必须达成的具体目标。这种方法不但有助于明确每个时间节点的执行任务，而且确保这些任务与长期战略紧密相关，使得战略目标的实现变得可行。

使用战略目标法倒推，是将战略目标分解为一系列短期目标，确保每一步操作都符合最终愿景，增强战略的实施连贯性和效果。同时，战略目标通常较为宏大和抽象，将其细分为具体的年度目标可以具体化任务，使得目标更加明确且易于执行和监控。

例如，广东某家电巨头设定的“十四五”期间战略目标是在当前800亿元销售额的基础上再增长一倍，即实现1 600亿元销售额，对应的年度复合增长率约为14.87%。这意味着企业每年需要至少实现14.87%的增长率，以确保五年后达到目标。这样的目标设定使得企业每年都有清晰的增长指标，团队可以针对性地制定销售策略和业务扩展计划，从而步步为营地实现长期战略目标。通过这种倒推方法，企业能够确保每一年的努力都为实现最终的战略目标铺平道路。

为了保持企业稳健经营，对于高速成长或行业竞争较为激烈的企业，推荐使用战略目标倒推法来生成年度目标，确保战略目标和年度目标的握手，从长周期的角度来确保长期有效增长。

老板直接拍板法

它是指企业的战略方向和年度目标主要由老板或高层管理直接决定，而非通过系统的市场分析或全面的战略规划过程设定的。这种方法通常基于老板对宏观经济、行业趋势以及企业自身发展状况的直觉和个人洞察。这种做法缺乏科学性和系统性，是一种较为简单直接的决策方式。

这种方法主要适用于如下类型的企业。

初创或小型企业：在这些企业中，组织结构通常相对扁平，决策链短，老板通常清楚业务的每一个细节，能够根据自己的判断迅速做出决策。比如，一个处于快速增长阶段的跨境电商初创企业，由于市场机遇突出，需要快速扩张市场份额，老板可能直接设定目标，如“今年的销售目标是去年的两倍”，以激励团队集中精力抢占市场份额。这种目标设定虽然简单，但能够迅速传达给全企业，形成较强的行动推动力。

处于高速发展阶段的企业：在这些企业中，可能需要大胆设定高增长目标以抓住行业机遇，此时老板的直接决策能够快速调动资源，集中力量实现突破。例如一个新材料的高科技企业，在技术快速迭代和市场机遇突出的阶段，可能需要每年实现 80% 的增长目标，这时需要老板直接设定激进的目标，以推动企业快速发展。

权力高度集中的企业：在这种企业文化中，决策通常高度集中，老板的直接拍板有助于快速决策。

尽管“老板直接拍板法”能够在某些情况下迅速有效地推动企业发展，但为了避免目标设定得过于理想化而难以实现，还应结合员工意见和市场数据进行调整，确保目标的科学性。

基层上报法

它是指目标从基层员工开始，逐级向上汇报并最终由高层管理层汇总和确定。这种方法充分利用了基层员工的实际工作经验和对市场的深入了解，目的是确保所设定的目标既实际又可行。因为基层员工直接面对市场和客户，他们对业务的真实情况有直观的了解，因此他们的输入可以使目标更贴合实际情况，提高目标的执行可能性。

同时，当员工参与到目标制定过程中时，他们感到自己的意见被重视，这可以增强他们对目标的认同感和执行动力，并且基层员工可能观察到管理者未能注意到的市场机会和潜在问题，这些洞见对于制定有效的战略至关重要。

这种方法主要适用于如下场景。

服务行业：例如酒店、餐饮或零售业，基层员工如服务员或销售人员直接与客户互动，他们的反馈可以直接影响服务改进和销售策略。

快速变化的市场：在快速变化的市场环境中，如科技或时尚行业，基层员工的即时反馈可以帮助企业迅速调整产品或服务以适应市场变化。

地理位置高度分散的企业：如连锁店或多地点运营的企业，这种方式可以确保各地的特定情况被考虑到总体战略中。

比如，一家连锁咖啡店计划设定下一年的销售目标。通过基层上报法，每家分店的店长根据本店过去一年的销售数据、顾客反馈以及当地市场的竞争情况，初步提出自己店的销售目标。这些数据上报至区域经理，再汇总至总部。总部分析这些来自不同店铺的数据，结合企业的整体战略目标，最终设定一个既考虑地方特性又符合总体发展战略的年度销售目标。

基层上报法结合了基层员工的实际操作经验和对市场的直接了解，是制定实际可行目标的有效方法，尤其适用于客户服务密集型行业和市场动态快速变化的行业。

随意法

它是指企业没有进行明确、系统或策略性的考虑，随意确定一个目标或者根本不设定目标。这种方法在管理学中通常不推荐，因为它缺乏科学性和前瞻性，可能导致企业浪费资源、效率低下，以及丧失战略方向。

过去我曾拜访一些中小企业管理者，问到他们今年销售收入目标是多少时，研发总监说 4 亿元，销售总监说 4.5 亿元，老板说 5 亿元，每个人上报的数字都不一样，甚至还出现当面争吵的情况。

随意法只适用于如下类型的企业。

初创企业：企业早期还处于产品或商业模式验证阶段，企业可能更注重产品或服务的市场验证而非设定固定的业务目标。

高度不确定的企业：在某些行业，如硬科技行业，产品开发和市场研究所需时间长、成本高，且成败不定，设定具体的年度目标可能看起来不具有可行性。

极小型企业或个体经营：对于某些微小企业或个人业务，由于规模小、业务简单，没有形式化的目标设定流程，小富即安，没有必要给自己那么大的压力。

总的来说，虽然“随意法”在某些情况下可能是出于无奈的选择，但长期来看，企业应逐步完善目标设定机制，确保企业能在清晰的战略指导下高效运营，降低运营风险。

以上是目标生成常见的六种方法，不同的方法适用于不同的企业以及企业发展的不同阶段，没有哪一种方法适用于企业的全生命周期。通常需要综合评估，既要匹配战略诉求，又要符合业务实质，还要确保一定的市场地位。通过六种方法组合管理的方式来制定年度目标，找到适合企业当下的最佳组合模式，最终确保制定的目标既有挑战性，又有完成的可能性。

如何评估目标的挑战性

为什么制定的目标需要有足够的挑战性呢？首先，挑战性目标可以推动员工超越常规思维，激发员工创新，追求更高效的工作方法和解决方案。其次，挑战性目标可以提升员工的积极性和参与感，使员工更加专注于目标的实现，从而提升团队的整体执行力。再次，挑战性目标有助于企业在市场中建立更强的竞争地位，领先或超越竞争对手，带来更大的市场份额和利润空间。最后，挑战性目标有助于企业持续推动自我改进和成长，持续探索新的成长机会，避免企业满足于现状。

在年度目标制定的过程中，如何评估这个目标是定高了，还是定低了？我们建议采用战略规划时的“五看”来审视，即看宏观环境、看行业趋势、看客户、看竞争对手和看自己，通过这5个方面来综合审视目标是否具有挑战性。

从宏观环境审视目标挑战性

在宏观层面，考察全球和本国经济走势，例如GDP增长率、通货膨胀率、利率水平等，这些宏观经济指标直接影响企业的运营成本和消费者购买力。跑赢“GDP增速”和“通胀水平”是两个常见的比较标准。

为什么要跑赢GDP增速？GDP增速是一个国家的大盘，**如果企业增长率低于GDP增速，可能意味着企业没有跑过国内大部分企业，也意味着企业在丧失市场份额或竞争力在减弱，将难以吸引投资和保留优秀人才，进而影响企业的持续发展能力。**

为什么要跑赢通胀？因为通胀导致企业的运营成本（如原材料和人工成本）上升，**如果企业增长率仅与通胀率持平，表明企业实际上没有实现增长，购买力和盈利能力仍会受到侵蚀。**超过通胀率的增长表示企业实现了实质性的进步，能够有效应对成本上升的压力，维持或提升利润率，从而保证企业的健康发展和市场竞争力。

对于增长率来说，以上两个指标要求是很低的，是目标制定的底线，不能被突破。我们建议年度目标增速要达到GDP增速的3～4倍，才是一个比较合适的基准。

从行业视角审视目标挑战性

在行业层面，不同行业审视的标准差异较大。通常“跑赢行业大盘”和“高于行业平均盈利能力”是常见的两个评估标准。

1. 跑赢行业大盘

它是指企业的年度目标增速超过该年度整个行业的平均增速。这表示该企业不仅实现了增长，而且其增长速度超出了行业中其他企业的平均水平，从而在竞争中占据了优势地位。实现这一目标通常意味着企业能够在市场中增加自己的份额，强化自己的市场地位和行业影响力。

为什么需要跑赢行业？首先，增长速度超过行业平均水平通常意味着企业正在从竞争对手那里夺取市场份额。这不仅能增强企业的市场主导地位，还能扩大企业规模，从而在成本控制和定价策略上拥有更大的灵活性。其次，企业如果能持续跑赢行业，会增强其品牌的市场认知度和影响力，让人觉得其产品或服务具有更高的价值。最后，投资者和资本市场偏好那些能够有效超越行业平均水平的企业。这种表现通常被视为管理优秀和业务模式有效的证明，可以帮助企业在融资过程中获得更好的条件和更高的估值。

比如，光伏行业迎来历史发展大机遇，预测未来 5 年复合增长率在 25% 以上。那么光伏行业的企业在制定年度目标时，建议增速要高于 25%，这样才能跑过行业大盘。

2．高于行业平均盈利能力

它是指企业的盈利能力（通常以销售毛利率为衡量标准）超过所在行业的平均水平。销售毛利率，即销售收入减去销售成本后的剩余部分占销售收入的比例，是衡量企业成本管理水平和定价能力的重要指标。企业的销售毛利率高于行业平均水平，通常表明企业在产品质量、成本控制、品牌价值或市场定位方面具有竞争优势。

为什么要高于行业平均盈利能力？首先，高于行业平均的盈利水平显示了企业相对于竞争对手的优势地位，反映了企业的产品或服务上可能具有更高的价值认可或企业有更有效的成本控制策略。其次，投资者和资本市场倾向于寻找那些盈利能力强的企业进行投资。高毛利率可以吸引更多投资，为企业提供资本用于扩展业务或进行进一步的研发创新。最后，高盈利水平的企业通常能提供更好的员工福利、奖金和职业发展机会，这有助于吸引和保留关键人才。

以医疗器械行业为例，如果行业平均销售毛利率为 50%，而头部企业如深圳迈瑞医疗的销售毛利率维持在 65%，则显示迈瑞在技术创新、品牌价值及市场占有率上具有明显优势。其他企业在设定自己的盈利目标时，应考虑至少达到行业平均水平，以确保不在竞争中落后。

从客户视角审视目标挑战性

在客户层面，主要是看客户结构的合理性，确保有效的资源形成更大的产出。“企业现有 TOP10 客户的销售占比”和“行业 TOP10 客户渗透率”是两个主要的衡量指标。

1．企业现有TOP10客户的销售占比

这个指标是指企业现有的所有客户里面，TOP10 客户的销售收入占总体销售收入的比重，比如企业上一年销售收入 100 亿元，其中 TOP10 客户的销售收入贡献 30 亿元，则企业 TOP10 客户的销售占比为 30%。

中小企业的这个比例一般都很小，销售情况非常不稳定。江苏某薄膜电容制造企业，销售收入 3 亿元，但客户数量达 2 500 家，其中 TOP10 客户的销售占比 10% 都不到，企业几乎没有什么大客户。年度销售收入超过 500 万元的客户只有 2 家。客户极度分散，企业没有识别出大客户，也没有做透一个大客户。

通常情况下，大客户有着更强的品牌影响力和口碑传播效应，可以带动其他小客户的购买和消费行为，大客户销售收入在整体目标中所占比例越高，企业的业绩稳定性越高，盈利能力越强。对大多数 ToB 企业而言，TOP10 大客户占企业总体目标 50% 及以上是良性的。

2．行业TOP10客户渗透率

它是指在某一个具体行业（如通信行业）排名前 10 的企业中，企业

与其中多少家有实质性的业务交易。比如全球通信行业按照用户数量排名前10的企业分别是中国移动、印度Reliance、中国电信、印度Bharti、英国沃达丰、中国联通、墨西哥美洲电信、德国电信、法国电信和西班牙电信。如果企业跟其中的6家都有深入的业务交易，那么企业在通信行业TOP10的客户渗透率是60%。

这个指标主要反映了企业的大客户策略，企业是否聚焦大客户，是否有清晰的大客户策略。华为从1996年出海发展开始，就一直以“TOP50大客户渗透率”作为终极目标，直到2010年才取得较大突破，这是一个漫长的过程，这一指标是企业综合实力的体现。

从竞争视角审视目标挑战性

在竞争层面，积极面对，不畏竞争，知己知彼，才能百战不殆。从竞争角度审视的指标很多，对准“对标企业”是一种非常高效的方式。在经营和管理方面，全面对标“对标企业”，以此作为学习和赶超的对象。相比“对标企业”而言，市场占有率和同比增长率是两个主要的衡量指标。

1．“对标企业”市场占有率

市场占有率分为总体市场占有率、行业市场占有率、区域市场占有率、产品市场占有率和客户市场占有率等。

总体市场占有率是相比“对标企业”而言，企业在所有行业中的市场占有率。以苏州正耀电子有限公司为例，它是连接器制造型企业，产品可以应用到消费者领域、工业领域、新能源汽车领域、通信领域等。2023年全球连接器市场空间大约5 000亿元，深圳立讯精密排名行业第一，市场占有率达20%以上。立讯这样的行业头部企业规模相当大了，可能对于一个还在5亿元规模的苏州正耀电子有限公司而言，还很难跟着它学习，更不用说超越了。但连接器行业市场巨大，国内已经培育出超过15家上市公司，那可以选择第 6 ～ 10 名的企业作为对标企业，以此来跟它们对比总体、分行业、分区域和分产品的市场占有率。

2．“对标企业”同比增长率

如果我们在规模上短期追不上“对标企业”，那么我们是否可以在增速上跑赢它呢？如果在增速上跑赢它，就可以防止被拉大差距，追赶上它只是时间问题，这就是看“对标企业”同比增长率的意义。

从自我追求视角审视目标挑战性

在自我层面，主要是强调自己跟自己比。同比增长率是主要的衡量指标。同比增长率相关要求见前面章节。

以上是从宏观环境、行业趋势、客户、竞争对手和自己五个方面评估如何让年度目标更具挑战性，其中关键的指标还是市场占有率，无论是看行业趋势、看竞争对手还是看客户，最终都要回到市场占有率，即企业在整个市场的占有率到底是 10%、5% 还是 1% 或 1‰，通过不同维度进行比较，回答目标是否具有挑战性。

华为每年在一线制定年度目标时，市场占有率是最主要的衡量指标。从行业、区域、产品、客户、渠道等维度来分析市场占有率，从而确立企业总体目标、区域销售目标、产业 BG 销售目标、研发产品线销售目标、客户群系统部销售目标等。

无论整体行业的空间是在萎缩还是在高速增长，我们都要以不断扩大自己的市场占有率为经营目标，确保企业在行业中的市场地位。

销售订单目标制定

年度目标的制定，主要是针对关键经营指标的制定，并不需要对所有指标都面面俱到。企业在不同发展阶段，有不同的经营诉求，所以也有不同的经营目标。

华为在早期野蛮成长阶段，只要能签下来订单，就能马上发货、马上交付、尽快回款，中后台的支撑流程比较顺畅，难点在于销售侧签单。那时区域销售的主要经营目标就只有两个：订货金额和回款金额。这两个经营目标牵引一线将士多签合同回来，同时把钱收回来，至于是否能发货、能交付、能盈利，不是当时的主要关注点。

到 2005 年，海外市场份额超过国内市场份额。海外的销售合同金额大，交付风险也大，因此合同质量直接影响经营结果，之前那种野蛮式的签署合同模式已经不再适合，区域（包括地区部和代表处）需要从一个销售型组织转变为经营型组织，要对经营结果全面负责。因此，区域的经营目标也发生了变化，主要聚焦订货金额、发货金额、销售收入和回款金额，即“订发收回”四个关键指标，要求签署的合同要能发货、能交付、能开票和能回款，要求区域对合同质量进行严格把控。

到 2013 年，区域的组织体系已经完善，中后台支撑到位，区域组织已经变成利润中心，每个区域负责人都是所在组织的总经理，对所在组织的全损益表负责，财经组织每个月都能给总经理提供完整的经营报告。这时，区域的经营目标也调整为销售收入、贡献利润和虚拟现金流，即“金三角模型”，这三个指标也直接影响区域的总奖金包。签署订单、发货、回款，都不是最直接的目标，区域需要对所在组织的规模、利润和现金流负责，从而实现自主经营、独立核算和分灶吃饭。

结合华为的实践经验，我梳理了目标制定的总体框架图，如图 3-3 所示。

从企业整体经营的角度来看，核心就是五大目标：销售订单目标、销售收入目标、销售回款目标、销售毛利目标、销售利润目标。

销售订单直接影响销售收入，更多的订单通常意味着更高的销售收入。销售收入和回款的比例可以体现客户的支付习惯和企业的催收能力。

销售收入和销售成本之间的差异决定了销售毛利，如果成本控制得当，销售毛利率将会提高。所有这些指标最终影响销售利润，即使销售收入很高，如果成本过高或回款困难，利润也可能会受到影响。这五个指标相互依赖、相互影响，它们是企业经营的关键，共同决定了企业的财务稳健性和未来发展潜力。正确理解和管理这些指标对于企业的成功至关重要。接下来我将重点围绕销售订单进行阐述。

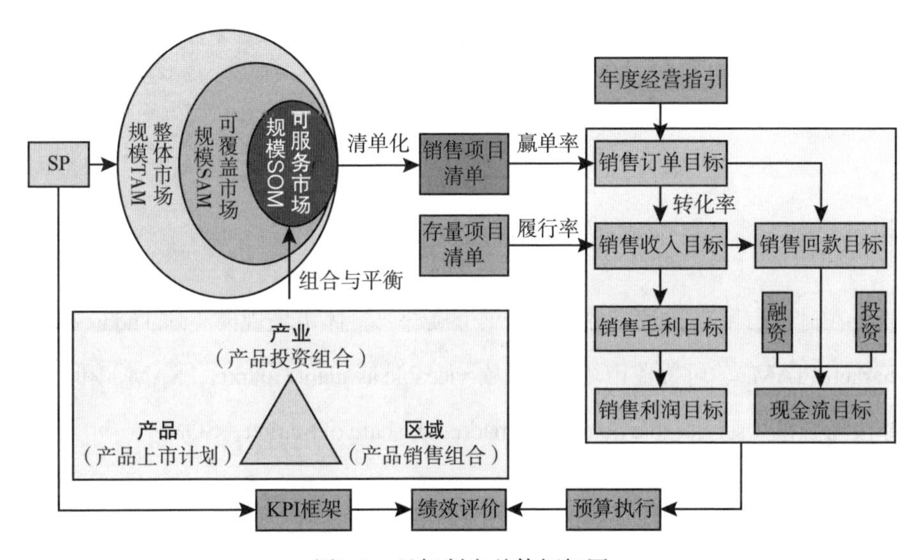

图3-3　目标制定总体框架图

销售订单目标制定，是年度目标制定的起点，后续所有的目标制定都是以销售订单为基础的，这是全面预算中最重要的一个环节，也是最费时的工作。**在华为，销售订单目标制定需要一线所有与销售相关的人员参与，经过长达 2 ~ 3 个月时间的反复研讨才能定稿，销售订单目标制定的总投入时间（总人天数量）占到全面预算总投入时间的 60% ~ 70%。**

销售订单目标制定的方法有很多种，主要从以下三个维度来考虑：行业市场空间、客户投资计划和销售漏斗。下面我们逐一分析。

通过看行业市场空间确定销售订单目标

通过战略目标与市场空间的握手来确定最终的销售订单目标。要确定年度目标定多少，首先找到整体市场规模，再看可覆盖市场规模，同时结合当下实际能力来审视可服务市场规模，最终通过战略目标与可服务市场规模的握手确定销售订单目标，如图 3-4 所示。

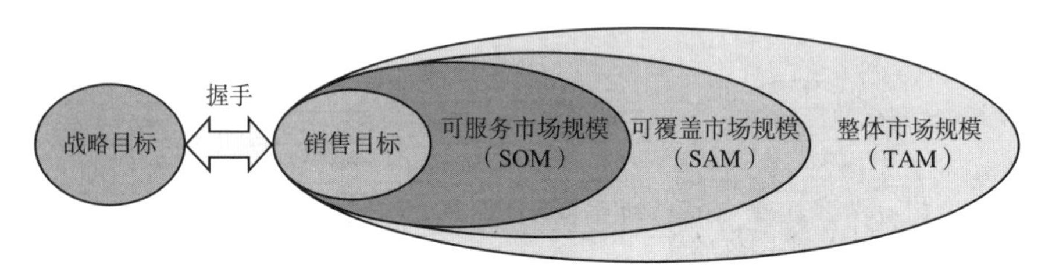

图3-4　行业市场空间分析

在讨论市场空间时，主要涉及三个概念，整体市场规模（total addressable market，TAM）、可覆盖市场规模（serviceable available market，SAM）和可服务市场规模（serviceable obtainable market 或 share of market，SOM）。

1．整体市场规模

整体市场规模（TAM）是一个用于衡量某个产品或服务在全球或特定区域中所有潜在顾客构成的最大市场规模的指标。它代表了市场的理论上限，即在假设产品或服务能够覆盖所有潜在用户的情况下，市场能够达到的最大规模。例如，2022 年全球手机市场的 TAM 为所有品牌和类型的手机的总销售额，手机市场规模 13.4 亿部，总销售额 5 000 亿美元。

TAM 对企业具有重要意义，主要体现在以下几个方面。

（1）战略规划与目标设定：企业利用 TAM 来设定长期战略和年度业务目标。理解市场的潜在规模可以帮助企业制定更符合市场实际情况的销售预测和增长目标。

（2）市场定位和产品发展：通过分析 TAM，企业可以确定其产品和服务的市场定位，选择合适的细分市场来进入。例如，如果一个细分市场的 TAM 较小但竞争少，企业可能会选择专注于这一细分市场，以避免在更大但竞争激烈的市场中分散资源。

（3）评估市场吸引力：TAM 可以帮助企业评估不同市场或产品线的潜在价值和吸引力。一个高 TAM 的市场，尽管竞争可能激烈，但高规模的增长潜力可能吸引企业投入更多资源。

TAM 不仅是企业评估市场潜力的一个重要工具，也是决定资源分配、市场定位及战略方向的关键依据。对于管理者来说，准确地理解和计算自己所在行业或区域的 TAM 是基本的职业要求，这反映了管理者对所在行业的尊重和理解深度。

2．可覆盖市场规模

可覆盖市场规模（SAM）是指企业实际能够参与的市场规模，它是从更广泛的 TAM 中细分出来的，考虑到了企业的产品或服务类型、市场定位、销售区域及服务能力等因素。SAM 可以被视为企业在特定条件下能够服务和覆盖的目标市场规模。

TAM 可能会显示一个庞大的市场规模，但 SAM 更能反映企业真正有机会参与的市场规模，从而企业可以根据 SAM 设定更实际和可达成的销售和增长目标。SAM 为企业提供了一个依据，帮助企业决定如何更有效地分配其资源，以最大化企业的市场份额。

比如 2022 年全球手机出货量 13.4 亿部，非洲区域销售量大约 2 亿部。深圳传音控股股份有限公司（简称传音公司）2022 年手机出货量为 1.57 亿部，在全球手机市场占有率为 11.7%。它的主要市场在非洲和南亚。其中，非洲区域市场空间为 2 亿部，这就是传音公司的 SAM。即使仅聚焦非洲手机市场，SAM 依然巨大。

分析 SAM 的意义在于：

（1）精准市场定位：SAM 使企业能精准确定市场努力的焦点，建立特定细分市场中的竞争优势。

（2）资源优化配置：通过明确 SAM，企业可以更有效地分配资源，确保预算和人力用于最有潜力的市场部分。

（3）实际目标设定：SAM 提供了可参与的市场规模，帮助企业设定实际可达成的销售目标和增长预期。

SAM 是企业市场分析的核心部分，它不仅能帮助企业确定目标市场和优先级，也是企业制定市场策略、进行资源配置和制定业务增长计划的重要基础。对于像传音公司这样的企业，清晰定义 SAM 是在特定市场实现成功的关键。

3. 可服务市场规模

可服务市场规模（SOM）是指在 SAM 的基础上，进一步考虑企业自身的竞争优势、技术能力、销售能力、分销网络以及人力资源等内部条件，企业可以实际争取并期望获得的市场份额。SOM 是对 SAM 的实际限制和细化，体现了企业在特定市场中的真实竞争力和市场占有潜力。

比如，传音公司主要耕耘非洲和南亚市场，非洲市场每年的 SAM 为 2 亿部。结合当前的直销能力和渠道网络，匹配的 SOM 大约为 1.2 亿部。传音公司不满足于 1.2 亿部这一 SOM，为了做深做透非洲市场，公司决定进一步加大对非洲区域的营销投入，对非洲国家全域覆盖，把非洲区域做成公司的大本营和粮仓，因此 SOM 由 1.2 亿部扩大为 1.5 亿部。这就是分析 SOM 的意义，通过提升内部运营能力争取更大的市场份额。

SOM 的意义主要表现在以下三个方面。

（1）实际市场份额预估：SOM 是对企业在现有资源和市场条件下可以实际占据的市场份额的预估，能帮助企业更准确地设定销售目标和市场策略。

（2）资源和能力对接：通过分析 SOM，企业可以评估自身的资源和能力是否与市场机会匹配，从而做出是否增资扩能或调整策略的决策。

（3）市场策略优化：通过分析 SOM，企业能够针对特定市场份额制定具体的营销计划和销售策略，如增加营销投入、优化渠道布局或提升产品竞争力，以实现市场份额的增长。

以上 3 类市场空间的预估关系为 TAM ＞ SAM ＞ SOM。企业在制定销售订单目标时，需要先明确每个行业、每个区域和每个产品的 TAM、SAM、SOM，然后根据 SOM 确定销售订单目标。

如何利用这三者来确定企业的年度销售订单目标呢？比如，苏州正耀电子有限公司是连接器制造企业，企业通过市场洞察发现连接器市场 TAM 为 5 000 亿元。企业产品主要聚焦于工业领域、新能源领域和通信领域，对应的企业 SAM 为 1 000 亿元。结合细分市场分析来看，初步判断企业的 SOM 为 100 亿元。企业上一年销售订单金额为 6 亿元，相比 SOM 而言，还有较大的提升空间。结合战略目标分解到下一年度是 7.5 亿元，企业希望同比增长率不低于 30%，因此初步确定下一年度的销售订单目标是 8 亿元。这个目标值既衔接了战略目标，又充分结合了 SOM 和同比增长率。

ToB行业通过客户投资计划确定销售订单目标

客户投资计划，本质上就是客户的采购计划，是客户层面的全面预算。对客户而言，有预算才能买单。我们需要了解客户的采购计划是什么，采购什么产品、多少数量、总金额多少。客户计划采购的产品里面有多少是我们可以参与的？我们在这个采购计划里面可以拿到多少份额？

为什么需要获得客户投资计划呢？因为了解客户的投资计划有助于销售团队明确自己的销售方向和策略，这样才能根据客户投资计划输出

销售项目清单，从而确定年度销售订单目标；这样才知道销售的主战场在哪里，炮弹朝哪个方向打，如图 3-5 所示。

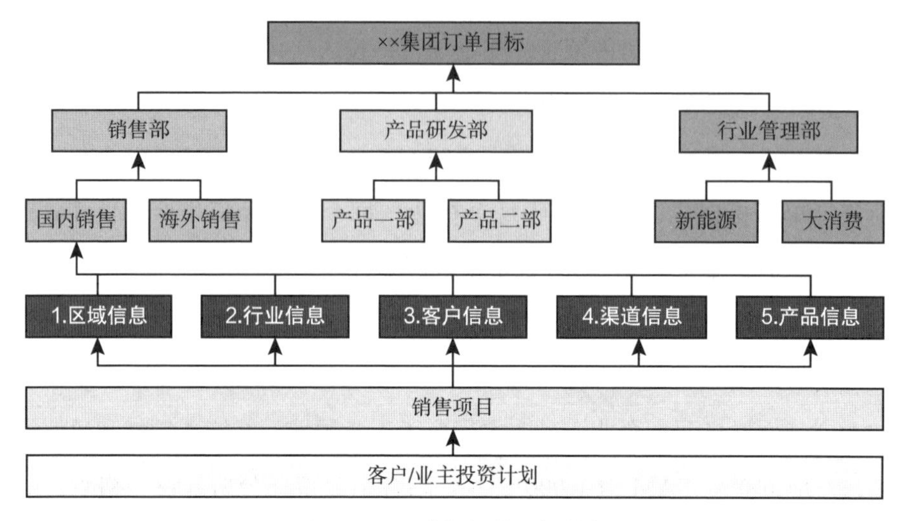

图3-5 ToB销售订单目标制定

客户投资计划是订单目标制定的起点，通过分析客户投资计划，成立一个个销售项目，每一个销售项目订单都包含区域信息、行业信息、客户信息、渠道信息（如果是渠道销售的话）和产品信息等，各个销售项目的数据通过各个维度汇总成为企业的区域订单总目标、行业订单总目标、客户订单总目标、渠道订单总目标和产品订单总目标。

由销售项目汇总“区域维度”的订单总金额，就是企业销售部的订单目标。由销售项目汇总“产品维度”的订单总金额，就是产品研发部的订单目标。由销售项目汇总“行业维度”的订单总金额，就是行业管理部的订单目标。这就是组织各层级的订单目标。

由企业销售部、产品研发部和行业管理部等部门汇总加和之后的数据，就是集团的订单目标总金额。这就是 ToB 行业订单目标制定从下而上的业务实质和逻辑关系，也反映了客户投资计划对订单目标生成的重大意义。

比如，中国三大通信运营商近几年的年度采购金额大约 9 000 亿元。以中国电信为例，采购中有通信设备及物资、非通信设备及物资和服务三类，其中通信设备与物资和服务占比超过 1/3，金额在 500 亿元及以上。如果企业是通信行业的供应商，就需要分析三大运营商的投资计划，并且将投资计划的颗粒度分解得越细越好，比如分解到每个省市、每个产品，以此来匹配企业可以参与的机会点清单，最终生成销售订单目标。

我们在实际拟定销售订单目标时，不可能拿到所有客户的投资计划表，也没有必要这么做。我们只需要拿到 TOP 级客户的投资计划表，抓住销售订单的主要矛盾。比如，我们根据企业 TOP20 客户的投资计划表得出针对 TOP20 客户的销售订单目标是 60 亿元，而针对 TOP20 客户的销售收入过去在企业整体销售中占比 60%，则倒推出企业销售订单目标为 100 亿元。

客户投资计划是企业销售策略和年度目标制定的关键。了解客户的投资计划不仅可以帮助企业明确销售目标，还可以帮助企业更好地满足客户的需求，与客户建立长期合作关系。

ToB行业通过销售漏斗确定销售订单目标

销售漏斗（sales funnel）是一个描述潜在客户从初次接触到最终购买的过程的销售模型，通常分为三个阶段：线索、机会点和合同，管理客户从有意识、感兴趣、考虑购买、意向购买、评估购买到完成购买的全过程。这个模型能够帮助企业系统地理解和管理顾客在购买过程中的转换路径，如图 3-6 所示。

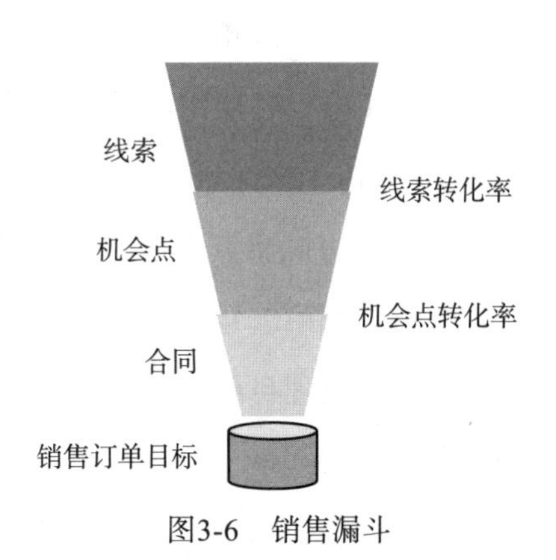

图3-6　销售漏斗

销售订单目标是通过“线索清单→机会点清单→合同清单”这样的漏斗收紧的方式来确定的，当然也可以通过销售订单目标倒推需要的线索清单与机会点清单数量。整个漏斗包括三个要素：线索、机会点、合同，数量关系依次是线索金额 > 机会点金额 > 合同金额，线索是顶端最大的喇叭口，签署合同是最终目标。

我们先澄清如下几个概念。

线索：是指特定客户在一定的时间窗中对特定产品或服务的潜在购买意愿，最终可能为企业带来商业机会。

“线索”这一阶段又可以分为 3 个阶段。

（1）收集和生成线索：从各种渠道收集信息并进行分析形成初始线索。

（2）验证和分发线索：设定验证标准，对初始线索进行筛选，对线索级别提出初始建议及提名线索负责人。

（3）跟踪和培育线索：运用解决方案、销售方法对线索进行培育，培育成熟后移交给机会点管理团队。

比如，通过朋友打听到某企业拟招聘 1 000 名新员工，这 1 000 名新员工每人需要配置一台笔记本电脑。对电脑供应商来说，这个企业需要 1 000 台笔记本电脑就是一个销售线索。

机会点：是指客户对产品或服务已有投资计划，很快（如 1 年内）会实施采购计划，或者已经在进行采购前期活动如编写标书等，而企业具备提供上述产品或服务的能力，这是企业的商业机会。

如何助力一线销售组织找到更多机会点？华为每年 9 月中下旬召开全面预算开工会，各层组织的上千位管理成员都会线上参加会议，开工会持续 4 个小时，主要内容就是各产品线总裁讲解产品规划、新产品特性和卖点、产品销售机会点，帮助一线将士找到销售的方向。全面预算工作从 9 月一直持续到第二年年初，在 3 ～ 4 个月的周期里，最大的工作量就是各个销售组织梳理自己的机会点，形成机会点清单，这是企业业务规划和全面预算的起点。

“机会点”一般分为如下 4 个阶段。

（1）验证机会点：用来验证来源于管理线索流程或直接来源于客户的机会点，并通过客户拜访、交流等活动，与客户确认信息，评估该机会点，然后申请立项决策。

（2）标前引导：项目发标前，通过理解客户痛点来影响客户购买构想，识别客户期望和企业能力之间的差距，梳理客户期望和需求，针对性地进行解决方案和商务引导。

（3）制定并提交标书：澄清方案和制作标书。申请投标决策即递交标书之前，决策团队综合考虑项目战略价值、财务和风险，根据授权对决策项进行综合判断，决策是否递交标书。

（4）谈判生成合同：与客户谈判并签约，准备合同交接并关闭机会点。评审完成后，申请合同签约决策即合同签订之前，综合考虑销售合同的战略价值、财务和风险，根据授权对合同进行综合判断，决策是否签订合同。

比如上述案例，知悉某企业拟购买 1 000 台笔记本电脑的销售线索之后，马上安排销售总监登门拜访其采购主管，通过拜访了解，该企业计划在 3 个月内分 3 批采购电脑，每台电脑预算 8 000 元，总体预算 800 万元，通过招标方式选择两家品牌供应商。这时就已经从销售线索发展成为销售机会点了，有明确的采购预算、采购时间和采购流程。

线索转化率（lead conversion rate）：是指将潜在客户（线索）转化为具体销售机会（机会点）的比例。这个指标反映了销售团队初步筛选和评估潜在客户的能力，即在接触的众多线索中，有多少被认为足够有价值，值得进一步跟进和投入资源。**较高的线索转化率意味着销售团队能够有效地从大量线索中筛选出真正有潜力的客户，为进一步的销售活动打下基础。**

机会点转化率（opportunity conversion rate）：是指将已识别的销售机会转化为最终的销售合同的比例。这一指标衡量了销售团队将潜在的销售机会推进至合同阶段的能力。**较高的机会点转化率表明销售团队在推动销**

售进程、处理客户异议、满足客户需求并成功达成交易方面表现出色。

这两个转化率共同描述了销售漏斗的效率，从初步的潜在客户接触到最终的销售成交，每一步的转化率都对整体的销售业绩产生直接影响。提高这些转化率可以显著增加企业的收入和市场份额。

如何通过销售漏斗来生成销售订单目标呢？如图 3-7 所示。

销售漏斗	线索			机会点			订单目标
	数量（条）	金额（亿元）	转化率	数量（条）	金额（亿元）	转化率	金额（亿元）
A 产品	100	20	10%	20	2	30%	0.6
B 区域	200	30	12%	50	5	40%	2

图3-7　通过销售漏斗制定销售订单目标

以 A 产品为例，看如何制定 A 产品的订单目标。首先看线索，A 产品有多少条线索（100 条），这些线索对应的总金额是多少（20 亿元），历史线索转化率基线是多少（10%），这意味着可以转为机会点的线索金额是 20 亿元 ×10%=2 亿元。

其次来看机会点，A 产品有多少机会点（20 条），这些机会点对应的总金额是多少（2 亿元），历史机会点转化率基线是多少（30%），则预计可以转化为合同的机会点金额为 2 亿元 ×30%=0.6 亿元。最后，A 产品的订单目标为 0.6 亿元。

如果已经确定了销售订单目标，也有历史线索转化率和机会点转化率的基线数据，那么可以倒推出来所需要的线索和机会点金额，再比对现有线索和机会点金额，就知道是否可以完成目标。如图 3-7 所示，B 区域销售订单目标 2 亿元，机会点转化率为 40%，则倒推出来需要的机会点总金额为 2 亿元 /40%=5 亿元。只有这样才知道需要建立多少的线索和机会点来支撑目标达成，否则制定的目标就是假大空。

ToC行业通过市场空间或销售网络确定销售订单目标

ToC 企业的订单目标制定逻辑与 ToB 企业有相似之处，但二者差别仍然很大，而且不同行业的 ToC 企业，差别也很大，因此只能做概要说明。

首先，需要确定市场空间有多大，不管是制定集团目标，还是国家 / 省份 / 地市的目标，各层级都需要先看市场空间，这是目标制定的总盘子。先确定总盘子有多大，才能根据自己的份额确定自己的目标。比如，2024 年印度尼西亚的手机市场空间是 3 000 万部。

其次，审视当下的市场占有率，以及市场占有率的改进空间。比如在印度尼西亚手机市场，上年市场占有率为 8.5%，今年预计再提升 1.5%，即 2024 年的市场占有率将达到 10%。根据上述市场空间 3 000 万部推算，今年的市场空间可以达到 3 000 万部 ×10%=300 万部。

再次，根据企业的产品类别进行匹配，比如企业有高端手机、中低端手机。预计 2024 年总销售量 300 万部手机里，40% 为高端手机，60% 为中低端手机。最终可以得出，高端手机预计销售 120 万部，中低端手机预计销售 180 万部。

最后，根据不同类别产品的客单价来计算总体目标，假设高端手机的客单价为 4 000 元，中低端手机的客单价为 2 000 元，即印度尼西亚的市场目标为 120 万部 ×4000 元 / 部 +180 万部 ×2 000 元 / 部 =84 亿元。

在全球各国市场的目标制定都可以按照此逻辑生成，最终汇总起来就是集团的总体目标，这是自下而上的目标制定，比如，汇总上来的总体目标是 1 000 亿元。同时在集团层面，也可以按照上述逻辑形成一版数据，这是自上而下的目标拟制，假设为 1 100 亿元。集团最终的总体目标数据，可以在这两者之间平衡。

华为手机的目标制定逻辑类似，只是在国家层面会做得颗粒度更细，会严格按照产品树的结构来制定目标，比如按照产品线（如手机、平板电脑、穿戴设备）→品类（如旗舰、Nova）→系列（如 Mate、Pura）→型号（如非凡大师、PRO+、PRO）→ SKU（128G+1T）。因为不同 SKU 的客单价不一样，如果制定目标时不能做到 SKU 层级，不仅会影响销售收入目标，也会影响利润目标。

使用以上方法形成总体目标之后，再来匹配现有销售资源，评估是否可以支撑目标达成。如果现有的销售网络可以支撑目标达成，那么就不需要加强门店或渠道建设。反之，则需要加强销售网络建设。这些销售网络通常包括自建销售网络、直销网络和分销网络，具体如图 3-8 所示。

自建销售网络：是指企业直接管理和控制的销售渠道。这包括企业拥有的实体店面、网站和移动应用等。通过这种方式，企业能够直接与消费者互动，建立品牌形象，提升客户体验，了解消费者习惯，并优化销售策略。比如销售华为手机的华为自营的"华为商城"在深圳、上海等地建的旗舰店和样板店等。

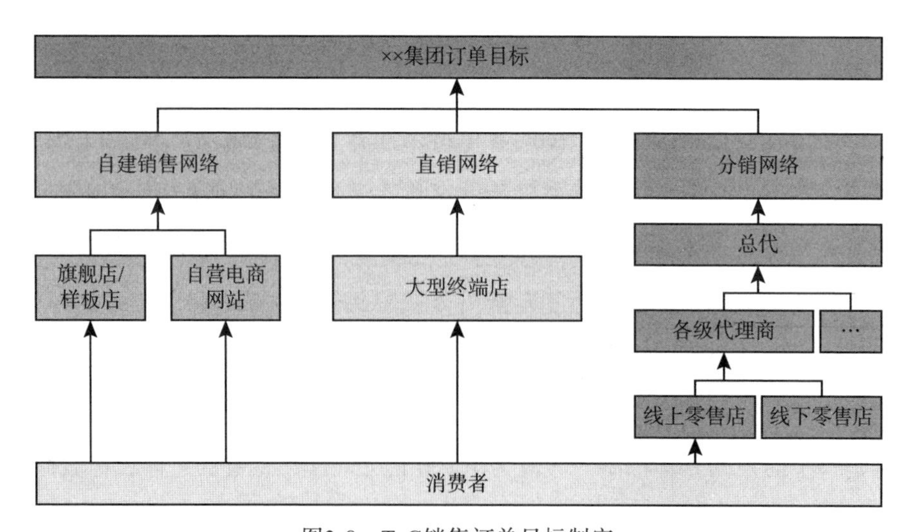

图3-8 ToC销售订单目标制定

直销网络：是指企业通过直接销售代理或代表直接销售产品给消费者的模式，这种模式不经过传统的中间商，这种模式包括京东商城、国美电器和苏宁电器上的华为直营店等。直销网络中的销售代表可以是独立承包商、业务伙伴，也可以是企业的正式员工。直销网络通常指的是通过独立的销售代表或直销商进行销售，而这些代表或直销商通常不是平台的运营者或所有者。比如，某家化妆品企业推出了一款新的护肤产品，为了扩大销售，他们决定采用直销模式。该企业招募了一批独立的销售代表，这些销售代表并不是企业的正式员工，而是以独立承包商的身份与企业合作。这些销售代表通过社交网络、家庭聚会或直接拜访潜在客户等方式，直接向消费者销售这款新的护肤产品。

分销网络：是指企业通过第三方的销售渠道如零售商、经销商或其他中介来销售产品。分销网络利用已建立的销售和分销基础设施，可以帮助企业迅速扩大市场范围。比如，第三方卖家通过京东商城销售产品的模式，属于分销网络。再比如华为手机的 FD（fullfillment distribute）资金物流平台普天太力，全服务分销商（full service distribute，FSD）中邮普泰，也都属于分销网络。

以上三种销售方式，在制定年度目标的时候所使用的方法也有所不同。

自建销售网络：目标制定应基于历史销售数据、市场趋势分析和竞争对手情况。企业可以使用数据分析工具来预测未来的销售趋势，并制定具体的增长目标。此外，应考虑潜在的市场扩展和新产品投放的影响。

直销网络：由于直销依赖于销售团队或销售代表的表现，因此目标制定应更注重考虑销售培训和激励机制。企业可以根据销售组织规模、人均销售额和市场潜力来制定目标，并通过激励计划如佣金、奖金和竞赛来驱动销售增长。

分销网络：在这种模式下，年度销售目标的制定应考虑到分销商的覆盖区域、库存能力和市场需求。企业需要与分销商协商确定销售额目标，并通过合作协议和激励政策来支持分销商达成目标。

大型 ToC 企业可以按照上述方法来制定年度总体目标，然后与销售网络进行资源匹配，最终确保年度总体目标和销售网络是对等的，即销售网络是完全可以承接年度总体目标的。而中小型 ToC 企业可能还看不清市场空间，市场占有率还非常低，产品也比较单一，这时候可以由相应的销售网络直接生成年度目标，而不需要上述这么复杂的流程。

对于 ToC 企业来说，处于不同行业和发展阶段的企业所使用的方法完全不一样，针对不同的销售网络，采用不同的策略和方法来设定和实现销售目标，这使得企业能够更有效地规划其销售战略，并驱动整体业绩的增长。这个目标制定过程要比 ToB 企业复杂很多，沟通工作量也大很多。

我们理解了行业市场空间、客户投资计划和销售漏斗这三种确定 ToB 企业的销售订单目标的方法，在实际应用中，不限于单一方法，还可以组合使用，找到适合企业的最佳方式。

那么最终销售订单目标是怎么生成的呢？大家可以参考图 3-9。

2025 年客户投资计划	2024 年实际完成值	2023 年实际完成值	企业战略增长诉求	2025 年		
				挑战值	目标值	保底值
90 亿元	80 亿元	60 亿元	25%	120 亿元	100 亿元	80 亿元

图3-9　年度销售订单目标制定

- 企业战略增长诉求：是指企业战略规划中约定的未来几年的复合增长率，这是企业在制定战略规划时提出的增长目标，是战略增长计划的核心要素。如图 3-9 所示，企业战略增长诉求为 25%，来自企业的 2024 年战略规划结果。
- 客户投资计划：来自 2024 年全面预算时，匹配主要客户的投资计划之后得出的总金额，如图 3-9 所示为 90 亿元，这 90 亿元是由客户真实需求汇总而来的，它也反映了一线业务实质，是客观存在的。
- 2025 年销售订单目标：建议设置 3 个档位——挑战值、目标值和保底值。

保底值：是企业无论如何也要完成的目标，是目标制定中的底线，是不容突破的，如图 3-9 中的 80 亿元。低于 80 亿元可能企业不会发放年终奖，不会普遍调薪。保底值的设定，可以以上一年的实际完成值作为主要参考标准。

目标值：是企业全员为之努力的奋斗目标，达到这个目标，年底可以开庆功会，可以发年终奖，如图 3-9 中所示的 100 亿元。建议目标值 = 上一年实际完成值 ×（1+ 战略增长诉求），即 80 亿元 ×（1+25%）=100 亿元。同时目标值不能低于客户投资计划金额 90 亿元，否则就太没有追求了。

挑战值：是一个牵引方向，号召大家竭尽全力，深耕客户，不放过任何一个机会点，需要全员付出 120% 的努力才能达成的值，如图 3-9 中的 120 亿元。如果达成挑战值，企业应该加大奖励力度，激发大家斗志，鼓励大家继续打胜仗。

以上是整个销售订单目标的生成逻辑，看似简单，实则复杂。只有深刻理解订单目标的生成逻辑，我们才知道如何去分解订单目标，如何在销售过程中加强管理，否则在目标全过程管理中找不到发力点，也没有共同的管理语言，容易让管理动作跑偏。

销售收入目标制定

上述章节讨论的销售订单目标制定，是指规划年度里跟客户新签署的订单，是不包含存量订单的。存量订单已经在往年统计过，即使没有发货或履行也不再重复统计订单金额。

销售收入目标的来源是销售订单，这里的销售订单分为存量订单和增量订单。存量订单是指上一年及过往年份遗留下来的还未形成销售收入的剩余订单，增量订单是指规划年度新签署的订单。

销售收入金额 = 订单金额 × 订单转化率

订单转化率是一个核心的业绩评估指标，用于衡量企业在规划年度内，将签署的订单（无论是增量订单还是存量订单）成功转化为销售收入的效率。具体来说，订单转化率的计算公式为：在同一个统计时间范围内，已交付且形成销售收入的订单金额除以总订单金额。这个比率反映了订单从签署到最终交付并确认为销售收入的完成度。

订单转化率对企业的管理意义主要有如下三点：

- 高订单转化率意味着企业将订单转为实际销售收入的效率很高，这通常与优秀的计划管理、高效的生产周期和良好的客户关系管理密切相关。这表明企业能够有效地管理资源，快速响应市场需求，并满足客户需求。
- 高订单转化率通常与高资产运营效率相关联，这意味着企业的应收账款周期（DSO）和存货周转周期（ITO）都处于较低水平。DSO 值较低则意味着企业能够更快收回销售收入，增加企业现金流；低 ITO 值则意味着存货快速周转，减少了资本占用和潜在的过时风险。
- 订单转化率还可以作为评估企业面临的业务执行风险的一个指标。低转化率可能意味着企业存在生产效率低下、客户满意度不高或内部流程存在问题等问题。

订单转化率不仅仅是一个数字指标，更是企业内部效率、客户满意度和财务健康的综合体现。管理层了解并优化这一指标至关重要，它直接与企业的竞争力和市场地位相关联。对于很多管理者来说，明确和提升订单转化率应成为提高企业绩效的一个关键焦点。很遗憾，很多管理者都不知道本企业的订单转化率是多少。

结合上述销售收入计算公式，销售收入目标的制定过程如图 3-10 所示。

来源	订单年限	订单金额（亿元）	订单转化率	销售收入（亿元）
存量	2022 年及之前订单	5	100%	5
	2023 年订单	10	100%	10
	2024 年订单	30	90%	27
增量	2025 年新增订单	100	60%	60
合计		155		*102*

图3-10　年度销售收入目标制定

在制定销售收入目标时，第一步是梳理存量订单，原则上需要把过去几年未交付完的历史订单统一清单化管理，针对历史未交付订单的管理要有一个明确原则，比如，两年内的未交付订单要全部交付完毕，超期订单要做财务处理，争取给下一年度留下一个干净年。

第二步是梳理订单转化率，以机会点或合同为基准，分区域、产品和客户来梳理订单转化率，最终形成每一个机会点或合同的转化情况清单。比如，A 客户订单履行周期短，从签署合同到发货需要 3 个月时间，订单转化率为 75%。B 客户订单履行周期需要 6 个月，则订单转化率为 50%。由于 A 客户和 B 客户的订单转化率是不一样的，即使他们销售订单金额一样，他们对销售收入的贡献也不一样。把 A 客户和 B 客户的所有订单分别清单化梳理，最终形成 A 客户和 B 客户各自的销售收入总额。

第三步是汇总每年度的销售收入目标，最后再汇总形成整体销售收入目标。

通过图 3-10 可以看出，**提升销售收入目标的方法只有两个：一是提升订单金额，加强销售管理，多打粮食，订单越多越好，这主要取决于面向客户的经营能力；二是提升订单转化率，加强内部运作和协同，特别是加强计划体系建设和管理，订单转化率越高越好，这主要取决于面向内部的管理能力。**

销售回款目标制定

销售订单和销售收入看的都是业务规模，而企业真正的家底是现金流，因为现金才是真金白银，也是衡量企业财务稳健性的关键指标。现金流总共有如下三种类型：经营性现金流、筹资性现金流和投资性现金流，本书讲解的是经营性现金流。改善经营性现金流的主要方式是回款，而回款金额和回款效率是回款里最核心的两个关注点。

回款是销售流程线索到回款（lead to cash，LTC）的最后一个业务活动，也是最复杂的一个业务活动。完成了发货、交付和验收，但回款困难是全球企业的通病。一些中小企业为了解决这个问题，把销售业务员的销售奖金跟回款进度捆绑在一起，即销售奖金是按照实际回款比例兑现的，哪怕你卖得很好，只要没有回款，最终也是颗粒无收。即使很多企业已经这样实施了方案，收效也仍旧一般。那么影响回款的主要问题是哪些呢？

1. 合同条款与条件

合同中如果未明确规定付款的具体时间点和条件，如款项的支付周期、迟付的利息条款、付款所需凭证等，都可能导致客户推迟支付。**合同条款是回款的主要依据，在合同评审时要识别出哪些是回款的禁止条款和高风险条款，尽可能规避或引导客户更改。**在海外拓展早期，华为在这方面交了不少学费。2007 年华为开启集成财经服务（IFS）变革之后，专门成立了“全球合同质量改进小组”，持续工作了 5 年时间，才逐步改善了合同条款的状况。

2. 客户信用问题

客户如果经营不善，现金流紧张，可能会延迟支付或无法支付。如果前期未能对客户的信用状况进行适当的评估，就可能会与信用不良的客户进行交易。华为在海外拓展过程中，也遭遇了多次由于客户信用问题导致不能及时回款的问题。华为在集成财经服务订单到回款（IFS-OTC）项目组下专门设立了“客户信用项目组”，对全球客户都进行信用等级评估，对不同信用等级的客户采取不同的合同条款、商务策略、服务策略和回款策略，才逐步把业务规范起来。

3. 客户关系管理

如果与客户的沟通不充分，客户可能不清楚付款的紧迫性和重要性，或者对交付的产品 / 服务有误解。客户如果对提供的产品或服务不满意，也可能拒绝付款。因此，**建立普通客户关系，即与客户的工程师维系日常客户关系，能减少交付 / 服务过程中的误解，加速回款；建立关键客户关系，是按时回款或逾期回款的主要保障。回款及时性是判断客户关系好不好的主要指标。**

不同企业面临的回款压力和矛盾不一样，可以选择适合企业的方式进行目标制定。目前大部分上市公司选择回款金额、DSO 和逾期清理金额三个指标作为应收账款管理目标，如图 3-11 所示。

应收账款管理目标	2025 年		
	挑战值	目标值	保底值
回款金额（亿元）	130	110	90
DSO（天）	55	60	65
逾期清理金额（亿元）	1.2	1	0.8

图3-11　年度应收账款管理目标制定

年度回款目标的制定

年度回款目标涉及的因素很多，如销售订单、销售收入、付款里程碑、付款方式、税金等都会影响到回款额。

回款里程碑有预付款、发货款、到货款、进度款、验收款、终验款等，不同里程碑的付款比例不同，每个合同的付款里程碑和付款比例也不相同。

回款方式有电汇、银行承兑汇票、商业承兑汇票、银行本票、现金支票、现金等，不同回款方式对回款周期的影响不同。

回款类型有应回尽回、逾期清理和提前回款三种。**“应回尽回”是指正常的应收账款，要竭尽全力回款，确保不要形成超期应收账款。“逾期清理”是指已经超过正常付款期，经过与客户协商，客户支付前期欠款。“提前回款”是指还没有到回款里程碑，客户提前支付账款**（见图 3-12）。

年度回款目标	2025 年		
	挑战值	目标值	保底值
应回尽回（亿元）	120	100	90
逾期清理（亿元）	2	1.5	1
提前回款（亿元）	12	10	8

图3-12　年度回款目标制定

要制定比较合理的年度回款目标，需要打开每一个合同 / 项目清单，根据合同 / 项目的执行 / 进展情况，匹配不同的付款里程碑，制定回款计划，由各个合同 / 项目的回款金额最终汇总成为企业整体的年度回款目标。

年度DSO目标制定

DSO（days sales outstanding）即应收账款周转天数，这是一个关键的财务指标，用来衡量一个企业从销售出货到收到款项所需的平均天数。这个指标反映了企业在一定时期内应收账款的回收效率。DSO 数值越小，说明企业回收账款速度越快，企业资金周转能力越强。

DSO 的计算公式为：

$$DSO = \frac{（年初\ AR\ 余额 + 年末\ AR\ 余额）/2}{年度销售收入} \times 360$$

为什么要使用DSO来加强对应收账款的管理呢？

（1）改善现金流：DSO数值越小，表明企业回款速度越快，这有助于改善企业的现金流。企业可以更快地重新使用这些资金，或将资金用于偿还债务，从而降低财务成本。

（2）运营效率的指标：低DSO值通常意味着企业的账款管理和客户付款流程都较为高效，这是企业内部运营和管理控制状况良好的体现。

（3）降低坏账风险：较低的DSO可以降低因长时间未收款而产生的坏账风险。快速回款可以降低因市场波动或客户财务状况恶化而导致的收款失败风险。

设定DSO目标值，除了要审视绝对的DSO值，更要看中“DSO改进目标”，这一指标强调自己跟自己比，追求不断改进。如上年度DSO为65天，规划年度DSO时希望改进5天，则本年度DSO目标为65天-5天=60天。

管理DSO对企业而言至关重要，因为它直接与企业的现金流状况和财务健康相关联。DSO改善不仅能提高企业的现金流量，还能提升企业整体业务运行的效率和稳定性。通过设定具体的DSO改进目标，企业可以有针对性地采取措施，如改善合同条款、改进信用控制流程、加强客户信用评估、优化开票和回款流程，以及加大对逾期账款的追收力度等，从而达成更优秀的财务表现和更高的资金运用效率。

年度逾期清理金额制定

逾期账款清理是一个涉及识别、分析、管理和最终解决已逾期未付款的应收账款的流程。在财务管理中，逾期账款通常指的是那些已经超过正常支付期限的应收款项。这些款项由于多种原因未能及时回收，包括合同争议、客户财务问题、简单的付款拖延等。逾期账款清理的目的是尽可能回收这些款项，减少财务损失，并改善企业的整体财务健康状况和现金流状况。

逾期账款清理的重要性不言而喻。

（1）改善现金流：逾期账款清理可以显著改善企业现金流。通过回收未付款项，企业能够回收长时间锁定在应收账款中的资金，这些资金可以用于企业日常运营、偿还债务或其他投资，从而提升企业的资金运用效率。

（2）降低财务成本：长期的应收账款不仅占用了企业的流动资金，还可能产生额外的财务成本，包括利息成本和潜在的坏账损失。逾期账款清理有助于降低这些成本，提高企业的财务表现。

（3）增加利润：从会计的角度来看，当应收账款被认定为可能无法回收时，企业会对其计提坏账准备。如果后续这些账款能够成功回收，之前计提的坏账准备可以冲回，相应地增加企业的利润。

即使我们对逾期账款的重要性有清晰的认知，并投入了足够的精力去跟踪和催收，结果也往往不尽如人意。为此，我们需要深度分析逾期账款的原因，对每一笔逾期账款进行详细分析，识别形成坏账的原因，如合同问题、客户的财务状况或其他外部因素，并及时采取有效措施，比如：

（1）客户沟通和谈判：根据逾期账款的原因，与客户进行沟通，寻求解决付款问题的方法。这可能包括调整付款条件，或提供一定的优惠以促进款项的回收。

（2）使用法律手段：对于无法通过协商解决的严重逾期账款，可能需要采取法律手段进行追索，包括通过诉讼来迫使客户履行付款义务。

（3）内部控制和预防措施：在处理完现有的逾期账款后，企业应该建立更加严格的信用评估体系和收款策略，以防止未来的账款逾期。

特别是拖欠一年以上的逾期账款，常规手段可能很难奏效，那么可以使用一些法律手段加速回款。比如 2009 年，华为与海外客户 × 公司签订了一份价值过亿美元的合同，× 公司购买 2G 设备和服务。但直到 2012 年，还有 70% 的余款迟迟没有付清。华为向 × 公司多次催促、谈判无济于事，由于正常的途径已经难以回款，于是华为决定将这个项目的回款计提坏账准备，做了最坏的打算，同时在法务部成立了专项清理项目组，经过项目组两年的不懈努力，于 2014 年最终将上亿美元的逾期账款全部收回。

结合以上分析和案例，我们应该如何制定逾期账款清理计划和目标呢？建议先剖析逾期的根本原因，然后进行分类统计，形成不同类别的逾期清理计划。如图 3-13 是我们辅导一家江西制造业上市公司时，它们对逾期原因进行的归纳分析，总结为四种类型：产品质量问题、客户信用问题、客户拖欠问题和无法回款。针对每一种类型，分别制定不同的回款计划。实在无法回款的时候，就只能当作企业的损失了。

逾期产生的原因	逾期总金额（亿元）	2025 年清理计划	
		计划回款（亿元）	损失金额（亿元）
产品质量问题	1	0.7	0.3
客户信用问题	2	1.5	0.5
客户拖欠问题	3	2.8	0.2
无法回款	0.5	0	0.5

图3-13　逾期账款清理计划

逾期账款的回收，不仅可以解决回款问题，还可以改善利润，因为前期已经计提坏账准备，如果能完成逾期清理，则可以反冲坏账准备，为当期增加利润。这也是为什么很多上市公司都把逾期清理当作一项长期重点工作来管理。因此，制定年度逾期清理金额目标，建议常规手段和非常规手段相结合，正常激励和刺激激励相结合，加大力度清理逾期，挑战一切不可能，因为时间越久、回收难度越大，不要把问题留给未来。

其他指标的目标制定

销售毛利额的目标制定

在讨论销售毛利额的目标制定之前，先来看看销售毛利额和销售毛利率在损益表中的位置，如图 3-14 所示。

损益表	2025 年
销售收入（亿元）	100
—销售成本（亿元）	70
销售毛利额（亿元）	30
销售毛利率	30%
—期间费用（亿元）	20
净利润（亿元）	10
净利润率	10%

图3-14　损益表

销售毛利额是指销售收入与销售成本的差额，也称为毛利润。简单来说，就是销售收入减去销售成本后的余额。这里的销售收入等于销售量乘以单位售价，而销售成本则不包括期间费用（即销售费用、管理费用、财务费用等），只计算销售的产品的成本。这个指标可以帮助企业了解每一笔交易能够带来的利润是多少。计算公式为：

销售毛利额 = 销售收入 − 销售成本

销售毛利率是销售毛利额占销售收入的百分比，计算公式为：

销售毛利率 =（销售收入 − 销售成本）/ 销售收入 ×100%

如果销售毛利率很高，或者逐年增长，那就说明该企业的盈利能力在持续增强。

销售毛利额和销售毛利率在管理上有什么侧重呢？

销售毛利额侧重于展现企业的盈利水平，能够直观反映出企业在某一时期实际赚取的金额。如果一个企业的销售毛利额很高，那么它就有更多的资金用于产品研发和市场营销等，并可能实现更高的净利润。

销售毛利率则更侧重于展现企业的盈利能力和成本控制能力。较高的销售毛利率通常意味着企业有较强的定价权和成本控制能力，有助于企业在竞争激烈的市场中保持竞争优势。

作为管理者，有如下两种经营结果（见图 3-15），你更倾向于哪一种呢？

我们倾向于选择方案二，方案二的销售毛利率和净利润率都不如方案一，但是方案二创造的销售毛利额和净利润要高很多，同时销售毛利率也没有下滑特别多。在各行各业竞争越来越充分的情况下，通过销售收入的规模效应解决盈利瓶颈是一个非常好的思路。这也是为什么我们主张企业加强对销售毛利额的管理，而不是简单粗暴地看销售毛利率。

损益表	方案一	方案二
销售收入（亿元）	100	160
—销售成本（亿元）	70	120
销售毛利额（亿元）	30	40
销售毛利率	30%	25%
—期间费用（亿元）	20	25
净利润（亿元）	10	15
净利润率	10%	9.3%

图3-15　销售盈利对比方案

盈利水平看销售毛利额，意味着企业的赚钱规模。盈利能力看销售毛利率，意味着企业的赚钱能力。如果锁定年度销售毛利率目标是30%，那是不是意味着某些客户或某些合同就不做了？销售毛利率低的合同就被放弃了？特别是一些战略客户，前期可能需要牺牲利润才能实现准入，那就不做了吗？销售毛利率是一个非常绝对的目标，不建议直接采用。

那我们的经营追求是什么，是高销售毛利率，还是销售规模最大化？都不是。**现在各行各业越来越内卷，“有销售收入就有利润”的时代已经过去了，不能盲目追求规模，而是要追求经营平衡，实现“有利润的销售收入增长”，即“一定利润水平的规模最大化”。**其中“一定利润水平”是指净利润率，比如华为主张维持8%～10%的净利润率，在此基础上追求规模最大化，这样的发展才是良性的。

那么在什么情况下企业经营侧重销售收入，什么情况下侧重销售毛利额呢？我们建议在盈利水平有充分保障的情况下，侧重销售收入，因为“有销售收入就有利润”，这种情形下做大规模是当务之急。而盈利情况不乐观的时候，如果过于关注销售收入，可能合同质量难以保障。销售业务员签署一些劣质合同回来，只要履行合同就会亏损，不履行合同则会违约，企业必将左右为难。这时需要关注销售毛利额，以销售毛利额为主要的销售目标，销售业务员的激励方案也要和销售毛利额挂钩，鼓励销售业务员签署有一定盈利水平的合同，虽然利润没有那么可观，但可以通过规模牵引来保障利润没有降低。

其他业务目标和财务目标制定

除了上述销售订单、销售收入、回款和销售毛利额这四大目标，还有很多目标，我们把关键经营目标分为两类，一类是业务目标，一类是财务目标。

业务目标包括但不限于市场占有率、预测准确率、计划准确率、发货齐套率、产品降本、采购降本、客户满意度、市场目标、人效比等与业务相关的目标。

财务目标是与损益表、现金流量表和资产负债表这三张财务报表相关的目标，包括但不限于研发费用率、管理费用率、销售费用率、贡献利润、净利润、经营性现金流、资产负债率等。

每个企业发展阶段不一样，面临的管理矛盾不一样，选择的经营目标也不一样。企业可以根据实际情况每年做审视调整，不能完全照搬别人的，也不能每年一成不变，适合企业当下经营环境的，才是最好的。

CHAPTER 4

第4章

年度目标分解

目标分解是一种管理过程，其核心是将企业的宏观或整体目标逐级细化和分解为更具体、可衡量的子目标。这些子目标会分配给企业的各个部门、团队或个人，使得每个部门、团队和个人都清晰地了解自己的工作目标和职责。这些子目标需要具体、可衡量、可达成并且与企业的整体目标和战略方向一致。

目标制定提供了方向和指引，确定了企业未来要达成的目标。目标分解则将这些目标细化并转化为具体的任务和指标，以便于实际执行和管理，即提供了实现这些目标的具体路线图和步骤。

目标制定体现了管理者的雄心壮志、战斗意愿和战斗决心，即想把企业做到什么规模，把企业带到哪里去。而目标分解的难度要大很多，目标不仅要分得下去，还要每个组织或个人都乐于接受，同时愿意全力以赴去实现它，考验的是管理者的智慧。大部分企业管理者把目标分解想简单了，目标分解不仅是把数字分解下去，更是要体现企业的管理意图，加强组织协同。经营的艺术都在目标分解上，所以目标分解是一件复杂且很有意义的事情。

目标分解的问题与挑战

目标分解是一个复杂的管理过程，很多企业需要花费较长时间才能完成一年一度的目标分解。那么在做目标分解时往往会碰到哪些问题和挑战？

企业目标分解给哪些组织 / 部门？各承担什么指标？

企业总体目标确定之后，如何分解下去？什么样的指标应该分配给谁？目标分解的原则是什么，导向是什么？需要考虑的维度有哪些？如何把各个组织的积极性都调动出来？如何让各个组织都能自我驱动达成目标？

企业目标是刚好分下去，还是要层层加码？

不同企业有不同的管理策略和文化，有些企业采用层层加码的方式，认为这样可以激发员工的潜力，推动组织达成更高的业绩；有些企业可能选择将目标平均分配，避免给员工过大压力。层层加码可能导致员工压力过大，而平均分配则可能使一些潜力未被充分激发。那到底采取什么方式比较合适呢？

组织 / 个人不接受目标怎么办？

这是目标分解过程中很常见的现象，当组织或个人对目标有抵触时，是应该心平气和地坐下来分析讨论，还是武断地直接拍板定夺？是否需要一种反馈和调节机制来解决这种抵触呢？

研发组织要不要承担订单指标？研发组织的定位是什么？

研发组织是对产品的先进性负责，还是对企业的商业成功负责？这是一个难以回答的问题，这个问题没有回答好，就很难决策研发是否要承担订单指标。研发主管和员工要不要见客户？研发组织属于费用中心，还是利润中心？研发组织属于前台组织，还是中后台组织？以上问题都涉及企业对研发组织的定位。这些定位没有清晰化，就很难做好目标分解工作。

个人目标分解是“鞭打快牛”，还是“大锅饭”？

过于依赖“鞭打快牛”可能导致优秀员工压力过大，而“大锅饭”可能导致员工缺乏激励和低效率，那么如何将企业目标分解到个人呢？

目标分解的原则

为了确保年度目标能够分解到各个组织，并且确保这些目标能够达成，每个组织的目标都应该是具体、明确、可衡量的，这样才能减少不必要的误解和混淆，各个组织才能清晰地知道自己应该做什么以及如何做。因此，目标分解应遵循以下三个原则。

基于组织（责任中心）定位和职责进行目标分解

基于责任中心进行目标分解是一种常见的方法，每个组织都有各自的职责和边界。基于明确的界定原则，既能避免目标分解过程中的相互冲突，也能避免部分目标无人管理。

例如，判断研发组织是否需要承担销售收入目标任务，就需要根据企业对研发组织的定位来评估，如果定位是利润中心，那么就需要承担销售收入目标。再如，一线销售组织的销售重心是销售收入还是销售毛利，这也需要根据当前阶段对其定位来决定，如果规模是主要矛盾，那么侧重于销售收入；如果盈利是主要矛盾，那么就侧重于销售毛利。

基于责任中心进行目标分解，有助于将大的组织目标分解成更小、更具体的任务，使得每个组织都能明确知道自己需要完成的任务，从而可以更加专注和有效地工作，提高执行效率。管理层可以更加清晰地看到哪些组织在执行过程中表现良好，哪些组织需要提高，从而更有针对性地进行管理和辅导。

基于责任中心的目标分解能够帮助组织更加明确、系统地实现其总体目标，同时提高组织内部的协调性、执行力和管理效率。

目标必须100%分解下去，目标分解过程可以层层加码

企业总体目标一旦确立，就必须完成，因为目标是底线，目标是用来超越的。但目标不是靠喊口号完成的，而是通过 100% 分解到各级组织，变成组织的行为，并通过机制约束来完成。

这样分解，是为了确保整个组织对企业级目标有清晰的认知和明确的责任，进而推动整体目标的实现。当企业级目标 100% 分解到各个部门或团队时，可以确保整个组织都有具体的、明确的目标，有助于推动各个层级的员工都朝着整体目标的方向努力。

在目标分解的过程中，不管碰到多大的阻力，都要努力克服，加强相互沟通，充分听取前线将士的困难和诉求，以解决问题的方式沟通，不能有冲突就对抗，或者以权威强制命令，避免产生对立情绪。这个目标分解的过程，持续 1 ～ 2 个月都是正常的，不能急躁。

目标分解需要层层加码，以防止个别组织没有完成目标而导致企业总体目标不能达成。通过层层分解和加码，每个组织都能够得到与其能力和职责相匹配的目标，这有助于提高总体目标的可实现性。

重点关注当期目标，且不忘中长期目标

在目标分解过程中，遵循“事有轻重缓急”与“可持续发展”的原则，要充分关注当前阶段的重点目标和优先事项，确保组织能够在短期内取得关键的成果和业绩。同时，也要考虑中长期的发展方向，确保目标分解的结果与组织的长期战略相一致，这样才能在当期目标和长远发展之间建立良好的关系，使目标分解具有整体性和连贯性。

如果只关注当期目标，很容易造成短视，不愿意开垦“盐碱地”，不愿意拓展大客户，不重视人员培养，不重视经验总结，只关注眼下与利益相关的目标和事项，这样会牺牲企业长期利益，导致企业的战略目标很难

落地。通过平衡短期与长期目标，企业可以在满足当期业绩的同时，为未来的成功奠定基础，实现组织的稳定性和持续性。

最典型的是很多传统制造型企业，企业总体规模为 300 ～ 400 人，研发队伍有 50 ～ 60 人，研发队伍比较庞大，你问有多少人在做产品开发，多少人在做技术研究，多少人在做平台开发，答案是都没有做。研发人员都在配合销售做模具开发的工作，没有人为产品先进性和成本领先负责。所以企业的产品竞争力越来越弱，商业价值越来越低，企业也越来越难以生存，这就是研发组织没有中长期目标、只关注当期事项造成的。

目标分解的主体是责任中心

责任中心是组织内部的一个管理单元，其主要职责是在明确的权限和资源范围内对特定的业绩指标（如成本、收入、费用、利润或投资回报）负责。通过责任中心的设置，组织可以更精确地监控财务表现、优化资源配置并提升各部门的绩效。

企业是一个由责任中心组成的集合体，责任中心是承担经营责任和管理责任的实体组织，它们在企业组织结构中有一个实际存在的框框，每个部门其实都是一个责任中心。责任中心是一家企业管理控制系统的核心组成部分。

基于责任中心的定位将整体目标从企业层面分解到部门层面，一个企业的责任中心通常包括销售部门、市场部门、研发部门、生产部门、品质部门、工程部门、采购部门、职能部门等。

为什么要明晰目标分解的主体？就是要明确每个组织需要承担的经营责任或管理责任，比如营销部门要多产粮食，拿下更多高质量的订单；供应链部门要及时准确发货；产品解决方案部门要设计出有竞争力的解决方案；采购部门要以低成本采购符合要求的元器件等。这就是管理责任，划清责任界面，做到各司其职。

2007 年任正非去华为安哥拉代表处出差，曾质问中方解决方案销售经理为什么没有时间见客户，该销售经理回答，自己 30% 的时间在做报价单，30% 的时间在协调货物，30% 的时间在办公室应答标书，就是没有时间去跟客户宣讲产品。发货不应该是供应链的事情吗，为什么需要解决方案销售经理来协调呢？其实他不是真正在协调货物，而是他的报价单没有人看得懂，需要他自己翻译，然后对照发货单看是否和报价单匹配。这就是责任衔接的问题。

责任中心的定位类型有利润中心、费用中心、成本中心、投资中心、收入中心五种。先看看各种类型的定义、业务关注点和衡量指标。

利润中心既要负责销售收入，也要负责自己的成本和支出，是能直接影响企业利润水平的组织单位。这类中心的绩效评估主要基于其能否有效地管理成本和实现销售收入最大化。它适用于销售部门或一个独立运营的业务单元。主要衡量指标是利润相关指标。

费用中心侧重于管理日常运营费用，不直接负责生成销售收入。这类中心的主要职责是在给定的预算框架内控制好费用。它通常包括行政部门和支持部门，如人力资源部或市场部，这些部门的输出主要是服务而非产品。主要衡量指标是预算执行率、人均效率改进率。

成本中心主要负责控制成本，不直接产生销售收入，对单位成本及其改进率负责。这类中心的绩效评估依据是能否在预算内控制成本。它适用于生产或服务部门，如制造工厂或技术支持部门，这些部门的主要任务是以最低成本高效完成生产或服务。主要衡量指标是生产成本、单位成本等。

投资中心既负责生成销售收入，也负责管理成本和资本支出，对长期投资回报负责，对其所控制的资本进行全面管理。除了销售收入和成本的控制，这类中心还需对投资回报率负责。它适用于能够独立决定投资项目的大型业务单位或分公司。主要衡量指标是投资回报率、资产收益率等。

收入中心主要负责生成销售收入，对成本的控制权限较小，对增长负责，不对最终销售毛利或净利润负责。它通常包括销售部门或市场部门，这些部门专注于销售和市场推广活动，目的是实现销售收入最大化，而不直接控制成本。主要衡量指标是销售额、市场份额、市场地位等。

每个组织应该归属哪种类型，应该承担什么样的经营或管理责任？每家企业的做法都不一样，需要结合企业所处发展阶段、当下管理诉求和经营增长目标来综合考虑，而且每个组织的类型也不是一成不变的，每年都应回顾和调整，找到符合当前经营管理的最佳模式。

例如，生产部门一定是成本中心吗？不一定。如果生产部门只需要考虑及时、准确、齐套地发货，那么这个责任中心的定位就是成本中心。如果企业处于卖方市场，如 2021 年的芯片市场，当时的市场只要有芯片，即使没有销售组织，企业也能以原价的 2 ～ 3 倍卖出去，这时候的生产部门就是一个利润中心。

针对目标分解的主体——责任中心，需明确责任中心的属性与定位，并根据定位确定其在战略执行中应承担的指标和任务，这样才能保证企业管理控制系统的落地和整体目标的达成。

销售组织目标分解

将公司目标分解到各个销售组织，可以采取多种不同的维度来进行，比如按照区域、产品、行业、事业部、客户群、渠道等维度进行目标分解，这取决于公司的业务模式、组织结构、市场策略和管理需要。不同维度有不同的管理内涵，可以单一维度分解，也可以多维度分解。

按照销售区域维度进行目标分解

销售目标分解的维度，主要是匹配销售组织结构。大部分公司的销售组织结构都是区域制的。华为运营商 BG 的区域销售组织由片区 / 地区部→代表处→ ×× 系统部三层组织构成，如拉美片区→墨西哥代表处→美洲电信系统部，中国地区部→山东代表处→山东移动系统部。

公司总体目标先分解到全球各个片区 / 地区部（如海外市场部、国内市场部等），由各片区 / 地区部分解到下辖的各个代表处，再由代表处把目标分解到下辖的各个客户系统部（如宁波移动、宁波电信等），最终确保公司总体目标分解到全球各个代表处、各个客户系统部，具体如图 4-1 所示。

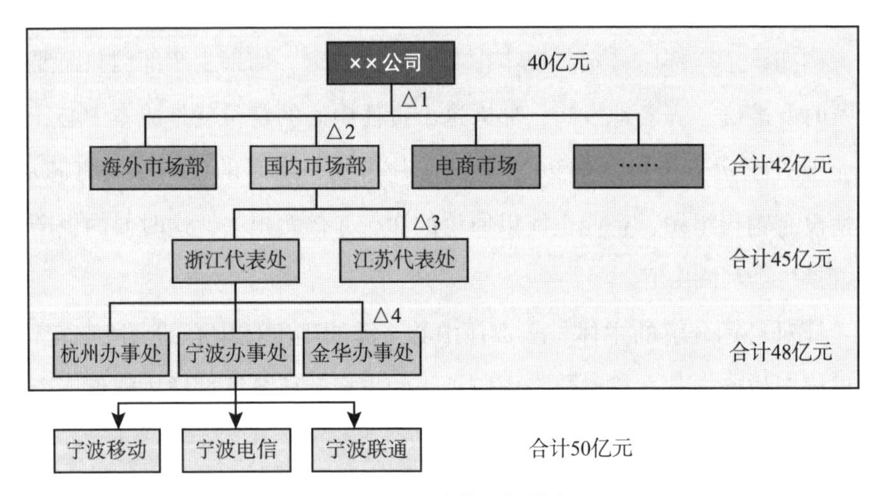

图4-1　公司总体目标分解

通过图 4-1 可以得知，公司总体销售目标是 40 亿元，公司将目标分解到二级组织（如海外市场部、国内市场部、电商市场等）时，目标总和为 42 亿元，与公司总体销售目标比，超出了 2 亿元，目的是预防其中一个组织不能完成目标时，其他组织可以填补亏空，确保公司的销售目标一定可以达成。在进一步将目标往下层组织分解的时候，同样采用了这种层层加码的方式，预防在有组织掉链子时，能有另外的组织补位。

区域目标分解的过程体现了一种既尊重人性又尊重业务实质的管理平衡。目标分解是组织实现战略目标的关键环节，它将公司总体目标分解为各个区域的具体目标，并确保整个组织在不同层级间协同合作，共同实现总体目标。尊重业务实质和人性，这是目标分解过程中的两个关键要素。

第一，目标分解过程要体现自下而上的业务实质。业务目标不是靠领导拍板确定的，而是由客户需求和投资计划驱动的，业务目标是由公司最小业务单元根据客户需求从底层向上反馈的业务承诺。在目标分解过程中，各个区域对自己的业务实质应有清晰的认知，明确自身的承诺目标，并具备使命必达的决心和相应的作战策略。目标的达成不应仅仅依赖上级的施压和要求，而应由各个区域建立自我管理机制来自行驱动。

第二，尊重人性是目标分解过程中的另一个关键要素。在目标分解过程中，管理层需要确定企业发展的战略规划，将其转化为明确的目标诉求，并在目标分解过程中自上而下将战略目标层层加码传达给各个层级和部门，确保目标分解的有效性；同时，管理层也需要倾听下属的意见和需求，确保目标达成的可行性。这意味着在目标分解过程中，不仅要根据各个区域自下而上的自报情况来设定目标，也要保持与战略方向的一致性，并确保总体目标的稳定达成。至于层层加码的幅度，要由历史基线数据来推算，不要简单地拍脑袋。

公司总体目标按区域分解是最难的，因为它们是最贴近客户的组织，它们承担了最直接的压力，所以在目标分解时，首先需要考虑区域目标分解，然后再考虑其他目标分解维度。在实践中，区域目标分解需要建立有效的沟通机制和目标管理体系，管理层应主动与各个区域主管加强沟通，及时了解并解决目标分解过程中的问题和障碍，确保总体目标能在区域层面落地。

按照产品维度进行目标分解

产品和区域一样，是目标分解的主要维度。产品的背后是研发组织，产品维度的目标分解方式直接决定了研发组织的目标分解。

华为的研发产品线由“×× 产业→ ×× 产品线→ ×× 产品”三层组织构成，如信息通信技术产业 ICT →无线产品线→ 5G 产品。公司总体目标先分解到研发组织的各个产业，由产业总裁分解到下辖的各产品线，再由产品线总裁把目标分解到下辖各个产品，最终确保公司总体目标分解到研发组织的各个产品线和产品。

通过按产品分解目标，可以让研发组织知道哪些产品卖得好，哪些产品卖得不好。根据产品的销售情况，灵活地应对市场变化和优化研发资源配置，对于表现优异的产品，可以增加资源投入，对于市场表现不佳的产品，则可以考虑减少资源投入或调整投入策略。同时，加强研发组织和区域销售组织的合作，面向共同的客户、共同的目标，协同作战，共创佳绩。

按照行业维度进行目标分解

按行业进行目标分解，是一个很容易被忽视的主题。很多公司在管理维度上没有行业视角，销售组织结构和人员配置也都没有行业属性。特别是一个产品同时面向多个行业销售时，尤其需要有行业视角。

为什么需要按行业维度分解目标呢?

（1）增强市场洞察力。

分解销售目标到行业层面可以帮助公司更深入地理解每个行业的具体需求和市场趋势。这种深入的洞察力使公司能够发现各行业内的细微差别，如消费行为、技术进步或法规变化，从而使产品和服务更精准地对应行业需求。

（2）定制营销策略。

每个行业都有其特性，按行业分解销售目标可以为定制营销策略提供基础。这使得营销活动可以更具目标性，通过行业专用的语言和解决方案来提高客户的响应率和满意度。

（3）优化产品开发。

通过对行业需求的深入了解，公司可以在产品开发阶段就考虑到行业特定的需求，从而设计出更符合市场需求的产品。这不仅能提升产品的市场接受度，还能减少市场推广后的调整需求，加快产品的上市速度。

例如，苏州正耀电子有限公司已经成立近20年，过去一直聚焦于消费电子连接器领域，3年前，经过市场洞察，公司认为未来国产新能源汽车将快速崛起，于是决定向新能源汽车领域转型。新能源汽车是一个新兴行业，行业发展势头迅猛，公司为了推动转型成功，在目标制定、目标分解、组织结构、人才配置、费用预算、产能匹配、品质管理等方面都严格按照不同行业进行区分，把优势资源集中在新能源汽车领域，近两年公司业绩迎来了爆发式增长。这就是按照行业维度进行目标分解的意义所在。

研发组织目标分解

研发组织的目标分解是最难的，主要是如下问题不能很好解决。

- 产品没有竞争力，同质化竞争严重，产品研发被各种抄袭，不停地打价格战。
- 研发每年投入不少钱，真正好卖的产品没几个，商业转化率太低，关键技术的突破不可预期，研发的低成功率严重影响了企业加大研发投入的决心。
- 研发组织缺乏活力，难以吸引和留住人才，总是新人在做新东西，导致缺乏沉淀和积累。

碰到这些问题，一些企业就产生了畏难情绪，不愿意加大研发投入，进而陷入价格战的恶性循环。

研发组织的定位是利润中心，为商业成功负责

研发组织通常是通过创新和研究，开发出具有竞争优势的新产品、新服务或新技术，以满足市场需求，推动企业的持续成长和竞争力提升。这是对研发组织的普遍认知，但是不同企业研发组织的定位、运作模式及产出存在显著差异。基于如此现状，第一个需要破题的就是对研发组织的定位。

- 研发组织到底是前台部门还是中后台部门？是利润中心还是费用中心？
- 研发人员是否需要拜访客户？研发人员如何洞察客户需求？
- 产品研发是以技术为驱动还是以客户需求为驱动？研发组织是只对产品先进性负责，还是也要对商业成功负责？

结合以上问题，我们认为如果研发是纯技术创新，不用对产品的销量与利润负责，则研发组织定位为费用中心。如果研发组织面向客户界面，需要满足市场与客户的需求，致力于开发具有市场竞争力的产品和解决方案，支撑销售拿下订单，则研发组织的定位为收入中心。如果研发组织在追求技术创新的同时也关注项目与产品的盈利能力，确保研发的项目或产品能够带来经济回报和利润增长，对公司的利润负责，则定位为利润中心。

因此，不同公司的研发组织因组织成熟度、组织规模和人才梯队的差异，在定位上会不一样。下面我们看看华为的研发组织是如何演变的。

华为研发的早期就是以客户需求为驱动，研发人员经常性地泡在客户现场，聆听客户需求，解决客户问题，问题不过夜，需求不遗漏，深刻认识到“客户骂你的时候就是最需要你的时候，客户的困难就是需求”，满足客户需求是客户买单的唯一理由。研发不断被客户、销售、交付等推动，通过技术交流会、服务恳谈会、联合实验室、联合研究院等举措，不

断提升产品的竞争力。这是一个漫长的过程，也是一个痛苦的过程。

华为研发的中后期，虽然已经有足够的产品竞争力，但仍然坚持客户需求和技术创新双轮驱动，时刻不忘客户需求，坚持产品开发以客户需求为导向，平台和技术开发以创新为导向。华为的研发一直都是双轮驱动，一个是客户，另一个是技术。坚决贯彻“领先半步是先进，领先三步是先烈”的思想，让每个研发工程师都成为工程商人。

因此，华为的研发一直都是以客户需求为导向，是一个前台组织，研发人员持续地见客户，不仅对产品的先进性负责，同时还对产品的商业成功负责。在组织定位上，研发组织被视为利润中心，需承担销售收入、利润、技术竞争力、产品质量事故等经营目标。

研发组织与销售组织的目标协同和互锁

“互锁”这个词来自电路控制，是指两个不同的节点各自串联在对应电路中互相制约。**管理上的互锁，是指两个平级的组织或要素相互影响、相互协作、相互制衡，为了共同实现目标，最终达成双赢。如果双方的努力不能支撑打胜仗，对双方都是没有意义的。**

销售部门与研发部门是企业经营的两个核心部门，如一辆火车的车头和车尾，相互依赖，协同作战。

研发组织作为利润中心，一切为了前线，一切为了业务，一切为了胜利；研发组织也是作战部门，需要冲锋陷阵，一边到前线支撑销售，一边努力提升产品竞争力。研发组织需要开发更多满足市场需要的产品，把喇叭口撑大一点儿，打开更多的作战空间，扩大销售规模。相对而言，研发组织对规模的诉求会比销售组织要更大一些。

销售组织作为利润中心，是最贴近客户的组织，能够及时捕捉客户需求，掌握客户动态，及时把客户压力传递到公司的每一个组织。销售组织是推动公司进步的最大动力，销售组织是最“势力”的，会代表客户意见

倒逼着各个部门进步。销售组织的诉求到底是规模多一点，还是盈利多一点？不同公司有不同看法。在华为，销售组织对盈利的诉求更多一点，这是为了防止一线盲目扩大规模，不注重合同质量，签署一些难以执行或亏损的合同，影响盈利水平。

在理解研发和销售两个组织的定位之后，我们来看看公司目标、销售目标和研发目标三者之间应该如何分解。基于上述理解，对研发订单目标的分解，我们的建议方案如图 4-2 所示。

分解对象	目标值	经营侧重点
公司目标	100 亿元	收入、利润、现金流
销售目标	110 亿元	一定利润水平的规模最大化
研发目标	115 亿元	撑大规模，市场地位高

图4-2　研发订单目标分解

通常来说，研发目标要大于销售目标，销售目标要大于公司目标。

为什么研发组织承担的目标要大于销售组织呢？

（1）产品是战略，营销是战术。

销售组织的思维是简单的，公司 100 亿元的总体目标，如果不承担 110 亿元，最终哪一个组织没有完成，都会导致总体目标不能达成。销售组织领到任务之后，就会分析客户结构如何，客户投资计划是多少，客户关系如何，客户诉求是否可以满足，市场竞争态势如何，如何提升市场占有率等问题。诸如此类的都是战术性问题，销售组织需要面对的是一个年度的短期目标，即 110 亿元的目标如何达成。

研发组织不一样，产品是研发组织在充分洞察市场和研究技术趋势之后开发的。产品先进性如何，商务竞争力如何，产品性能如何，是否符合客户需求，它们都了如指掌。**从产品视角，研发组织比销售组织要看得更长远。研发组织不仅要保障今年好卖，同时也希望明年、后年都好卖，还**

要卖上好的价格，这就是产品的战略思维，不仅仅局限于当下的一城一池。因此研发组织要有战略思维，要看得比销售组织长远，自然承担的目标也要比销售组织高。

（2）相互制衡，形成拧麻花的状态。

销售组织与研发组织，两者对外的目标要保持一致，对内要相互制衡与协作。销售组织从客户角度考虑问题，侧重于市场需求和客户反馈，而研发组织从产品角度考虑问题，侧重于技术创新和产品改进。最终双方联手达成一个统一的目标。

从经营侧重点来看，研发组织负责提升产品竞争力以满足市场需求，达到市场扩张的目的，重点追求规模。而销售组织不一样，无论以什么价格拿下多少订单、做到了多大规模，销售组织都必须对合同质量兜底。销售组织不仅要保障规模，更要确保盈利水平。因此，**研发组织和销售组织两者形成了拧麻花的状态，相互制衡与协作，在共同达成一定利润的前提下实现销售规模最大化，最终实现总体目标。**

为了让销售和研发两个组织形成更好的制衡效果，就不能让客户声音只从销售部门传递到公司，还要把研发组织推向客户那里，让它们主动接触客户。同时，研发组织也会踢销售组织的“屁股”，不让销售组织过于安逸。**销售和研发两个组织之间不能一团和气，需要激发双方的斗志，让它们形成制衡关系。在客户界面保持和谐，在内部掐得面红耳赤，彰显两个组织面向胜利的杀气，这就是目标差异化的意义。**

2015 年 10 月，华为海外 ×× 代表处预计依靠现有订单可以完成 2015 年的经营目标，所以手上的其他项目都准备纳入下一年计划，于是就暂缓推动了。其中有一个 1 亿美元的无线扩容项目，代表处也准备将其纳入下一年度计划再签署合同。但是研发无线产品线的销售目标还不能完成，缺口比较大，刚好代表处有这么大一个项目，当然不能放过。于是研发无线产品线自己组织队伍，背上电脑奔赴前线与客户进行交流，最终在 12 月完成合同的签署。这就是两个组织之间相互制衡最好的效果，当一方不想冲锋的时候，另一方可以发起冲锋，最终共同努力拿下项目。

区域销售组织下的产品维度的目标分解

在销售目标分解部分，我们讲解了按照区域维度、产品维度和行业维度进行目标分解，那都是单一维度的分解，接下来我们看组合维度如何分解，即区域和产品的组合维度。

目标分解的结构与组织结构是一一匹配的，以确保每个目标都有组织承接。如图 4-3 所示的组织结构，如何实现“区域下的产品维度”目标分解，以及“产品下的区域维度”目标分解呢？这是广东省一家新能源储能企业的目标分解案例。

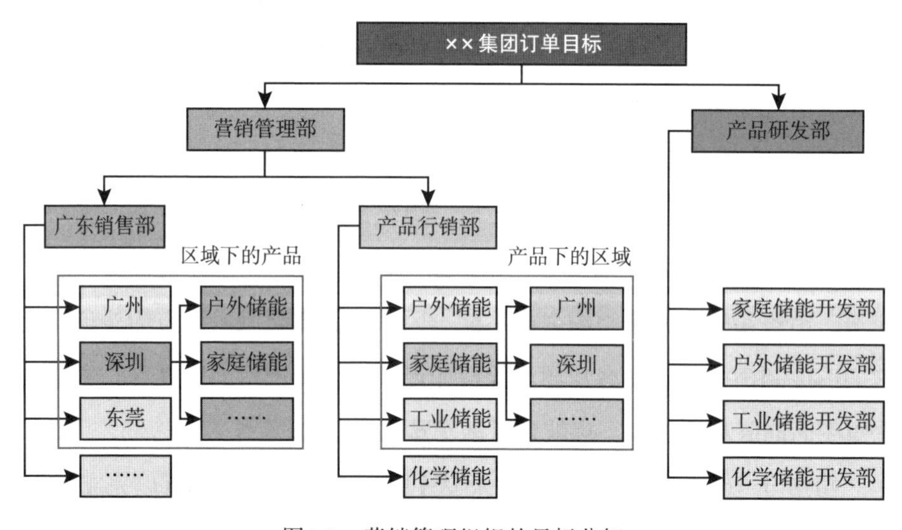

图4-3　营销管理组织的目标分解

在图 4-3 中的营销管理部、广东销售部、产品行销部和产品研发部这一级组织的目标比较容易分解，它们都是区域或产品单一维度的目标汇总。但是如图中“广东销售部—深圳区域下的户外储能产品”应该如何分解目标呢？“产品行销部—家庭储能产品下的深圳区域”又应该如何分解目标呢？这两个问题就是我们接下来要交流的两个场景，即“区域下的产品”和“产品下的区域”的目标分解。

这两个目标分解场景，不仅是将目标分解下去这么简单，而是如何让销售组织和研发组织形成平衡与制衡的互锁关系，让组织效能最大化。

我们先来看“区域下的产品”如何实现目标分解，服务对象是区域销售组织中的“产品经理或解决方案经理”，他们肩负着产品或解决方案销售的重任，如图 4-4 所示。

广东销售部	家庭储能	户外储能	工业储能	化学储能	小计
深圳（亿元）	2	1	3	0.5	6.5
广州（亿元）	2	2	4	0.3	8.3
东莞（亿元）	1	1	1.8	0.2	4
⋮	⋮	⋮	⋮	⋮	⋮
小计（亿元）	6	6	10	2	24

图4-4　区域销售组织的产品目标分解

广东销售部在总目标分解的时候，不仅在区域上分解为深圳、广州、东莞等，同时每个区域在“产品维度”也进行了目标分解，例如深圳区域总体目标 6.5 亿元，分解到各个产品的目标如下：家庭储能 2 亿元，户外储能 1 亿元，工业储能 3 亿元，化学储能 0.5 亿元。

从深圳区域的市场情况来看，化学储能没有明确的意向客户，销售极其困难；家庭储能和户外储能应用场景少，客户群体有限，这两个产品的客单价很低，家庭储能 2 亿元和户外储能 1 亿元的目标是难以完成的；工业储能客单价高，在深圳的销售场景很多，3 亿元目标的挑战性不大。在这种情况下，深圳区域是不是多销售工业储能就完成目标了呢？同时，化学储能是不是就不用拓展客户了呢？家庭储能和户外储能就能看天吃饭，也不用作为重点攻坚了呢?

这就出现了“区域销售挑产品”的典型场景，区域销售更倾向于选择销量好或市场成熟的产品，因为这些产品有较高的市场需求和销售成功率，更有利于区域目标的达成；而对于销售难度较大的产品或新产品，因为销售成本和回报的不确定性，区域销售可能不愿意承担相应的销售指标。

为什么会出现“区域销售挑产品”的情况?

（1）绩效导向，销售组织以实现销售目标为第一要务。

对销售组织的评估通常基于其销售目标的达成情况，销售人员的绩效与奖励通常与所负责区域的销售业绩直接相关。前文提到，从经营视角来看，销售组织偏短视，主要看竞争对手和客户，聚焦于当前效益。

研发组织则是看客户的同时还看行业和技术趋势，既要解决眼前的生存问题，配合销售组织开发满足客户与市场需求的产品，又要考虑企业的中长期发展问题，探索新技术与市场机会，匹配战略需求开发战略产品，以保障企业的长期发展与未来的成长力。区域销售组织因为绩效导向和市场压力，需要快速实现销售业绩，通常不愿意销售企业的战略产品。

调查发现，不仅深圳区域如此，全球都普遍存在这个问题，调研结果如图 4-5 所示。锂电储能是企业的成熟产品，化学储能是企业的战略产品，图 4-5 中的“*”号表示销售意愿度。通过该图可以看出，国内销售区域愿意销售“工业储能”产品，海外销售区域愿意销售“家庭储能”产品和“户外储能”产品;“化学储能”作为新产品，各区域组织的销售意愿度很低，甚至没有。

（2）成本导向，销售组织选择成熟产品而不是战略产品。

销售组织通常倾向于选择销量好、市场成熟的产品，这与销售费用的控制和回报预期有关。满足客户与市场需求的成熟产品，已经建立了一定的品牌认知度和市场份额，对它们开展的销售活动更多是基于对现有客户的维护和增长，其销售成本可控且浮动空间小。

销售区域	锂电储能			化学储能
	家庭储能	户外储能	工业储能	全钒液流储能
华东区域	**	***	*****	*
华南区域	**	**	*****	*
华北区域	**	****	****	*
海外区域	*****	*****	**	—
总计	****	****	****	*

图4-5　区域销售组织的产品销售意愿度

相比之下，新产品由于缺乏市场验证和销售数据支持，可能面向的新市场、新领域和潜在客户群都不明确，销售初期可能需要投入更多的资源与精力来进行市场推广、广告宣传和销售支持等活动，其销售成本与回报都不可预估。因此，很多区域销售组织基于费用预算，更愿意将有限的资源投入到成熟产品上，而不愿意承担新产品的销售成本与风险。

那么，如何解决“区域挑产品”的问题呢？

（1）以考核为杠杆，放大战略产品或新产品的销售业绩。

以考核为杠杆，通过设定一个考核系数来鼓励区域销售组织在销售战略产品或新产品上取得更好的销售业绩。例如，实际销售 1 元的战略产品或新产品，在考核时按照设定的考核系数放大其销售额，如 2 元、3 元甚至更高金额。

根据该方法，当产品不好卖时，只要区域销售组织能够达到一定的销售额，就会获得相应的激励系数，在考核指标上相当于实际销售额增加了，以此激励区域销售组织承担和推动战略产品或新产品的销售。

如图 4-6 所示，家庭储能、户外储能和工业储能产品的销售业绩在财务报告、管理报告和考核报告（考核报告具体内容在本书第 6 章会详细展开）上计入的金额都是一样的，没有考核和激励导向。但是化学储能产品就不一样了，对外的财务报告还是 200 万元，因为跟客户的合同就是 200

万元，但是区域销售业绩统计（考核报告）被放大了5倍，计入金额为1 000万元。销售业绩的放大，就是导向销售人员去销售化学储能这个新产品，只有这样公司才有未来。

产品线	财务报告	管理报告	考核报告
家庭储能（万元）	500	500	500
户外储能（万元）	500	500	500
工业储能（万元）	800	800	800
化学储能（万元）	200	200	*1 000*

图4-6 分产品的核算与报告

（2）以费用为牵引，摊薄或空载[⊖]部分新产品研发费用，减轻区域销售组织的盈利压力。

通过设定考核系数已经解决了销售业绩的问题，但是战略产品或新产品的研发费用高，销售它们不赚钱，区域销售组织也不愿意销售，怎么办？

这时需要把战略产品或新产品的研发费用在公司层面按照一定规则分摊，比如按照销售收入占比分摊，把战略产品或新产品的研发费用摊薄，即让成熟产品也承担部分战略产品或新产品的研发费用，如图4-7所示。

产品线	销售收入（万元）	实际研发费用（万元）	按销售收入占比分摊研发费用	分摊后的研发费用（万元）
家庭储能	500	100	25%	250
户外储能	500	100	25%	250
工业储能	800	200	40%	400
化学储能	200	600	10%	*100*
合计	2 000	1 000	100%	1 000

图4-7 分产品的研发费用分摊

⊖ 空载是指为了满足集团运作的需要，不直接服务于责任中心或受益关系不明确，所发生的费用由集团统一承担，不归集到责任中心。

如图 4-7 所示，家庭储能是成熟产品，销售收入贡献 500 万元，实际研发费用仅为 100 万元，这表明家庭储能产品在规模和利润上对公司的贡献都是可观的。但是化学储能是新产品，其销售收入还没有上规模，仅为 200 万元，但是研发费用的投入一直较高，达到 600 万元，目前还处于亏损状态。如果将化学储能的研发费用全部算给区域销售组织，区域销售组织是没有人愿意去销售化学储能这个亏损产品的，那怎么办呢？

这就必须把化学储能的高研发费用按照一定规则进行摊薄，让区域销售组织不需要承担那么高的研发费用，区域销售组织才有动力去销售化学储能产品，具体操作如下。

如图 4-7 所示，家庭储能产品实际研发费用仅为 100 万元，占总体研发费用的 10%，而销售收入占比分摊研发费用为 25%。如果按照销售收入占比 25% 来分摊总体研发费用 1 000 万元，家庭储能产品最终分摊研发费用为 250 万元，比实际研发费用多了 150 万元。家庭储能产品销售得越多，其分摊的研发费用也就越多，在公司内部是做了冤大头。为了支撑未来的发展，势必需要将部分产品在短期做出牺牲。

化学储能产品就更不一样了，研发费用高达 600 万元，占比 60%，而销售收入占比分摊研发费用仅为 10%。如果按照销售收入占比 10% 来分摊总体研发费用 1 000 万元，化学储能产品最终分摊研发费用为 100 万元，比实际研发费用少了 500 万元。化学储能产品占了大便宜，极大地减轻了区域销售组织销售此产品的盈利压力。

这就是分摊的魅力，也是管理的魅力，华为把区域销售组织在年度内承担的研发费用分摊比例叫作“研发吃水线”。“研发吃水线”的叫法来源于轮船吃水线，它是按核定载重吨数装载时轮船吃水的位置确定的。轮船自重较大时，需要一定的水深来保证其浮力，如果水深低于这个限度则有可能搁浅。

研发吃水线是每年在做全面预算时就提前约定的，在一个预算季内不会发生变化，并且不同产品有不同的研发吃水线。例如，A 产品的研发吃水线是 8%，B 产品的研发吃水线是 5%，当 A 产品和 B 产品的销售收入都为 100 元时，区域销售组织需要承担 A 产品的研发费用是 8 元，销售组织承担 B 产品的研发费用是 5 元。

华为新产品的销售早期规模较小，研发投入较大，实施吃水线的政策后，新产品承担的研发费用降低了，区域销售组织就愿意去销售新产品了，从而实现新产品的增长，以此解决区域销售组织挑产品的问题。研发吃水线实质上是一种新老产品和新旧市场的交叉补贴。比如无线 3G、数据通信和华为云等产品的全球发展，都是这个规则的受益者。

如图 4-7 所示，不同产品有不同的吃水线，其中家庭储能产品的吃水线是 25%。华为产品的吃水线水平在 3% ～ 12%，不同产品差异较大。

研发费用分摊是解决销售区域组织挑产品问题的一种有效方法，通过合理分摊研发费用，可以平衡各个区域的资源投入，减轻某些区域承担过多成本的负担，提高区域销售组织对战略产品或新产品的接受度和销售动力。

以上方案，是由其他成熟产品来分摊战略产品或新产品的部分研发费用，这是一种常见的方式。为了简化管理，还可以由集团来承担部分研发费用，剩余部分再分摊到各个区域销售组织，以此减轻区域销售组织的盈利压力。例如，图 4-7 中的化学储能产品的实际研发费用为 600 万元，其中可以由集团空载 500 万元，剩余 100 万元再以吃水线的方式分摊给各个区域销售组织，这样区域销售组织的分摊压力就小了很多，也愿意主动销售战略产品或新产品。

同时，也是为了鼓励区域销售组织多销售成熟产品，特别是销售毛利率较高的成熟产品。因为这部分产品不再需要过多的研发投入，研发费用逐年减少，因此销售得越多，盈利就越好。为了导向区域销售组织多销售这样的产品，企业会不断下调吃水线，从而刺激区域销售组织加大这部分产品的销售力度。比如华为某款平板电脑，2022 年吃水线是 10%，2023 年吃水线是 5%，2024 年吃水线是 2%。

研发费用的分摊是一套非常复杂的经营体系。这套体系如果运用得好，可以让组织形成互锁，相互支撑与制衡，形成合力；如果运用得不好，很容易内耗，每天都在算账、扯皮。因此研发费用的分摊应尽量实现“简单、稳定和做薄”，以符合公司的管理预期。

产品下的区域维度的目标分解

前面讲解了“区域销售组织下的产品维度的目标分解”，另外一个视角“产品下的区域维度”又该如何分解目标呢？我们以家庭储能产品下的 10 度电产品为例，分析如何进行总体目标 20 亿元的分解，如图 4-8 所示。

家庭储能	销售大区	销售地区	目标分解（亿元）
10 度电产品	华南区域	广东	3
		广西	1
		海南	2
	华东区域	江苏	4
		⋮	⋮
	其他	⋮	10
小计			20

图4-8 研发产品下的区域订单的目标分解

10 度电产品的总体目标是 20 亿元，销售主要集中在华南区域和华东区域，其中华南区域里广东承担目标 3 亿元，广西承担目标 1 亿元，海南承担目标 2 亿元。

这种组合方式通常会出现“产品挑区域”的问题，主要表现为在目标分解过程中，产品更倾向于将销售目标分解到销量好、市场成熟的区域，而不愿意将目标分解到销量差、市场发展潜力较小的区域——这些区域可能是盐碱地区域，也有可能是战略区域或价值区域。

这里碰到的问题与“区域挑产品”是类似的，解决方案也类似，在此不再赘述。

通过目标互锁的经营机制，让产品与区域销售携起手来，产品可以促进销量较差区域的市场开拓和销售增长，实现产品在所有区域的市场覆盖和销售目标的达成。同时，也能够减少对销量较好区域的依赖性，降低整体业绩的风险，实现区域间的均衡发展和协同增长。

在目标分解过程中，区域销售组织下的产品维度的目标分解的目的是让区域不挑产品，区域销售组织愿意承担销售困难或战略产品的销售指标；产品下的区域维度的目标分解的目的是让产品不挑区域，愿意把产品销售到全区域。这两种目标分解方式真正实施起来都很有难度，需要评价体系和分配体系的协同，才能保障运作效果。

集团、区域和产品三者在目标上的协同关系

上述内容讲解了“区域下的产品”和“产品下的区域”两种目标分解场景，接下来我们看一个公司完整的目标分解场景，将公司总销售目标逐级分解到各层级组织，通过层层加码的方式，确保整个组织的目标得到全面覆盖和实施，如图 4-9 所示。

首先，集团总销售目标为 100 亿元，根据层层加码的目标分解原则，将目标分解到销售部门时，销售部门的订单目标设定为 120 亿元，指标加码率为 20%。此时，研发部门产品线作为利润中心，需要保障销售规模最大化，承担的订单指标要高于销售部门，因此研发部门的订单目标设定为 130 亿元，指标加码率为 30%。

销售部门承担的订单目标是 120 亿元，在区域往下层分解时，是不是只把 120 亿元分解下去就可以了？显然不是。销售部门的目标分解到珠三角、长三角、电商部和渠道部，这些目标分解之和为 130 亿元，是大于

销售部门总销售目标 120 亿元的，这 10 亿元的差额就是层层加码出来的。这 10 亿元的余量，就是担心某一销售组织完不成之后，需要靠其他组织来补位，最终促成总体目标的达成。

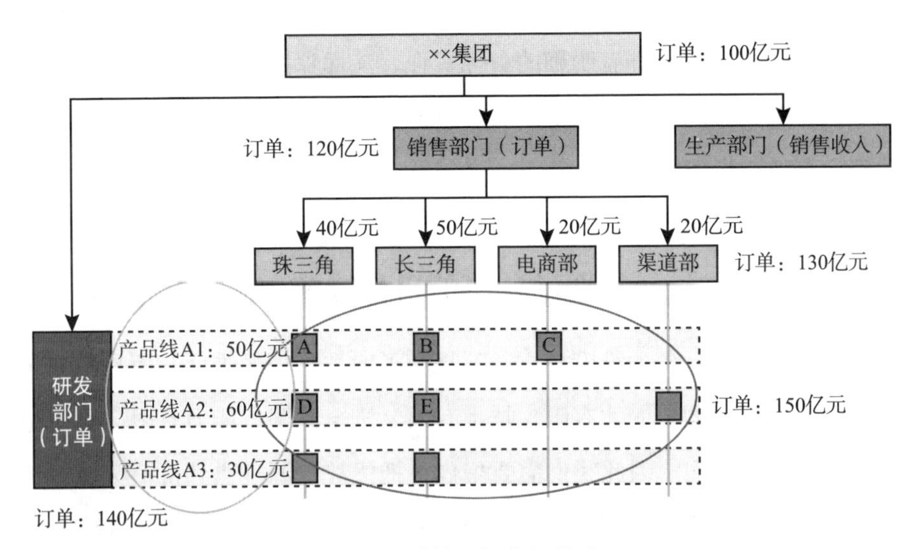

图4-9　总体目标分解关系

研发产品线的目标分解逻辑也是一样的，研发部门总体销售目标是 130 亿元，但是分解到产品线 A1、A2、A3 的总和为 140 亿元，目标分解也是层层加码了 10 亿元。

再往下分解时，就是“区域下的产品”和“产品下的区域”，如图 4-9 中的“A、B、C、D、E 等”矩阵式组织，它们的目标之和大于 4 个销售组织目标总和 130 亿元，也大于 3 大产品线目标总和 140 亿元，即 150 亿元。

通过上述分解可以看出，从公司总体目标 100 亿元→销售部门 120 亿元→ 4 大销售组织 130 亿元→ 3 大产品线 140 亿元→各销售组织 + 产品线 150 亿元，这是一套复杂的分解逻辑。

当然也有不少企业没有采用层层加码的方式来分解目标，也是可以的。这是基于企业有强大的执行力文化、严密的目标过程管理，以确保分解下去的目标都能达成。因此，目标分解的目的不是把数字分解下去，而是确保目标分解的科学性和合理性，以促成目标的达成。

综上所述，通过层层加码的方式进行目标的多维度组合分解，使每个销售组织和每个产品都有明确的目标责任，从而保障总体目标的达成。这种目标分解方法能够确保各个层级的目标与总体目标保持一致，实现全面覆盖和有效执行。

组合结构下的目标分解

我们需要进行各种维度分析，不是为了增加管理的难度，而是因为公司的资源是有限的，人才有限、技术有限、资金有限、能力有限，我们是一家“有限”公司。因此我们需要聚焦，把优势资源聚焦到价值区域、价值客户和价值产品上，使用最小的资源撬动最大的产出，这就是经营策略。

最近不少上市公司的 CFO 与我们进行交流，说他们的公司一直都在实施全面预算，经营分析会每月都在召开，年度滚动预测也能有模有样地开展起来，弹性资源配置也能起到支撑和管控作用，业务主管的经营意识也在提升，这些工作都已经做到位了，但是经营结果未能如预期那样令人满意，老板对财经工作也不满意，让我们分析问题到底出在哪里。

经过和 CFO 们深入探讨，最终发现是经营结构上出问题了。目标的分解不仅是数字的分解，更需要结合行业趋势、产品力水平、竞争态势、自身能力等因素打出组合拳，这种组合拳是有章法的，就是对如下这些组合结构进行深度分析和拆解，如订单结构、销售收入结构、利润结构、产品结构、区域结构、客户结构、研发投入结构、竞争结构等。我们分析这些结构的目的是希望在年度经营中打出有力的组合拳，做到东方不亮西方亮，各个击破，多点开花，最终促成年度目标的达成。

下面我们重点讨论基于订单结构和利润结构的目标分解思路和策略。

订单是打出来的，从销售区域和研发产品线两个维度来制定年度目标时，需要审视哪里有订单，哪里有销售毛利率高的订单，哪里有订单金额大的订单，然后把资源调配到这里，把炮口调向此方向，这是精准作战。

利润是设计出来的，不同行业、不同区域、不同客户、不同产品等都有不同的利润水平，我们需要在行业、区域、客户和产品这些维度进行结构分析，识别出哪里是黑土地，哪里是盐碱地，哪里是荒漠，才能有针对性地布局，这是利润设计的意义。

我们结合波士顿矩阵和GE矩阵，设计出如图4-10所示的“经营九宫图”作战地图，它结合了订单结构、利润结构和竞争结构，展示在不同市场规模和盈利水平下如何做出战略选择和制定作战策略。

盈利水平（行业毛利率）			
高 30%	6.捡土豆（找细分市场）	3.拔红旗（蚕食或掠夺）	1.上甘岭（搅局或跟随）
中 20%	7.小白菜（投入小，产出快）	4.大本营（公司赖以生存的基石）	2.建/守粮仓（走出困局的发力点）
低 10%	9.血战到底（价格战或退出）	8.断舍离（选择性退出或剥离）	5.小金库（要规模，要现金）
战略布局	弱	中	强
	市场规模（市场份额、战略控制点、竞争优势）		

板块一

板块二

板块三

图4-10　经营九宫图

经营九宫图中不同板块有不同含义：板块一的1、2、3区块是市场的“蓝海”，是高价值市场，是公司重点突破的方向，拿下这块高地就奠定了市场格局，公司应当尽快走到或占领这个板块；板块二的4、5、6区块是经营的“底盘”，是公司发展的基石，是向上突破的根据地，公司必须守住这些根据地，才能谋求更大的发展；板块三的7、8、9区块是市场的“红海”，是一块盐碱地，是鸡肋，不应在此板块恋战，公司可以考虑停止、转移、战略撤退，不在此板块消耗资源，特别是不能在非战略市场上消耗战略资源。

结合上述三大板块的定位，分析几个典型结构。

“上甘岭”是指盈利好、规模大的市场（包括行业、区域、客户、产品维度），是各竞争对手奋力争夺的战略高地，拿下这个市场，就可以引领行业。如果企业已经处于此位置，那就思考如何在此位置站稳，如何构建护城河守住它；如果不在此位置，那么就需要牢牢盯住这个位置，当期的策略就是跟随或搅局，要有雄心壮志，相信早晚都会拿下它。在通信行业中，区域维度里的“欧美市场”、客户维度的“全球TOP50运营商”、产品维度的“5G/IP微波”就属于这个区块。

“大本营”是企业当前主要的订单和销售收入来源，可能占据企业销售收入的50%以上，这是企业赖以生存的基础，大本营是无论如何都要守住的，不管是应对竞争，还是发展第二曲线，大本营都不能丢，否则企业就会面临巨大危险。大本营包括行业大本营、区域大本营、客户大本营和产品大本营。例如，华为1996年开始拓展海外时，中国区就是华为的大本营，大本营的业务不能丢或不能落下，这是海外业务能发展起来的根本。

“建/守粮仓”是企业主要的利润来源，是企业未来发展的基础，没有足够的利润谈何发展。很多企业为什么多年发展不起来，就是因为没有足够的粮仓储备。在这种情况下，如何过冬，如何应对竞争，如何应对经济周期，如何发展第二曲线？每家企业都应该甄别出自己的行业粮仓、区域粮仓、客户粮仓和产品粮仓，实现组合经营，并且尽可能做到信息保密，不能让竞争对手知道你的粮仓在哪里。商场如战场，古代战争中，有种战术就是烧敌人的粮仓，因此商业上有效的竞争策略之一也是烧粮仓——摧毁利润区。

“捡土豆”是指盈利很好但市场规模不大的细分市场。小时候挖土豆，第一次挖完土豆之后，第二天都还会再去翻一次地，虽然没有第一次收获多，但这次翻地也能收获不少土豆，这就是捡土豆。如果深耕这个区块，规模贡献不一定大，但是可以获得较好的利润。重点挖掘一些细分市场，和竞争对手错位竞争，通过“捡土豆”的方式可以把日子过得很滋润。例如，2010 年之前无线通信设备市场的直放站产品，当部分地区手机通信信号覆盖不好的时候，直放站可以解决局部地区的信号问题。这是一个小产品，大企业看不上，它们都是做大的无线通信基站设备，不会做这种小产品。虽然这是一个小众市场，产品技术含量不高，但利润很可观，由此诞生了很多小的通信企业。

“小白菜”是指规模不大、利润水平一般的短平快市场。在快过春节的时候，其他青菜因为下雪等难以收成，为了应对过春节无青菜的情况，于是就临时种小白菜，大约 1 个月就能采摘，这是一个短平快的菜种。这种场景适合企业在打开新市场、碰到经营困难或年度冲刺时使用。虽然大家都喜欢大订单，但大订单哪有那么容易快速拿下，这时候找一些“小白菜”也是一个不错的选择。我们辅导浙江一家上市公司，从 9 月开始发起年度目标冲刺令，用 4 个月时间挖掘了近 5 亿元的“小白菜”，极大地缓解了年度冲刺压力，这个时候“小白菜”就很吃香了。

“血战到底”是指规模不大、利润水平也很差的市场。按理说这样的市场应该放弃，但是本着“蚊子也是肉”的精神，很多企业不愿意放弃这个鸡肋。在竞争过程中，很多小的竞争对手就是守住这个区块苟延残喘。很多行业的恶性竞争，其实都是在这个区块开战的，这种情况应该如何应对，是选择价格战死磕到底，还是战略性放弃，需要结合企业经营环境来看。

只有深刻理解了经营九宫图中每一个区块的意义，然后把行业、区域、客户和产品对应到图里，同时识别出所对应的经营策略，然后根据经营策略制订作战计划，这样才能达到有的放矢。

为了便于理解如何进行结构分析，下面以企业中的三个产品线为示例（见图 4-11）进行说明。

区块	销售收入目标占比		
	产品线 A	产品线 B	产品线 C
1. 上甘岭	0	0	30%
2. 建 / 守粮仓	30%	10%	30%
3. 拔红旗	10%	0	30%
4. 大本营	50%	20%	10%
5. 小金库	5%	0	0
6. 捡土豆	5%	10%	0
7. 小白菜	0	0	0
8. 断舍离	0	30%	0
9. 血战到底	0	30%	0
合计	100%	100%	100%

图4-11　经营九宫图目标分解示意图

从图 4-11 中可以看出，产品线 A 是良性的，因为守粮仓、拔红旗和大本营三个区块占据了 90% 的市场份额，也没有恶性竞争的情况，持续稳定发展即可。

产品线 B 是恶性的，因为守粮仓和大本营两个区块只占据了 30% 的市场份额，而断舍离和血战到底两个低价值区块占到 60%。企业应该做出一定的选择，至少优质资源不能放在产品线 B。

产品线 C 是优质的，因为上甘岭、守粮仓和拔红旗这三个高价值区块占据了 90% 的市场份额，不管是规模还是盈利都非常可观。产品线 C 应该加大投入，把优质资源都往这里倾斜，要坚守住市场地位并争取扩大订单规模。

如果企业是第一次做这样的经营策略分析一定会非常困难，主要体现在：①多维度的数据收集困难，收集的数据应尽可能包括行业、区域、客户和产品等维度；②把每一条数据进行“经营九宫图”匹配，即哪条数据适合在哪个格里，哪条数据需要匹配哪种业务场景来填充；③“经营九宫图”得出的策略可能与企业当下的实际情况不符，企业是否愿意接受现实；④看到了问题，企业是否有动力或魄力做出调整是最难的。即使如此，我们仍然建议业务部门和财经部门大胆做出尝试，匹配一次数据，在公司经营分析会上讨论。

这张“经营九宫图”作战地图可以应用的领域很广，在多维度的目标分解过程中，特别是第一版目标数据出来之后，可以把数据按照“经营九宫图”进行行业维度、区域维度、产品维度和客户维度的匹配和交叉分析，重点审视目标结构的合理性，企业应该努力突破什么、坚守什么、放弃什么。目标是否与战略意图和战略解码相适应，确保战略在年度经营中落地，同时验证战术的正确性，确保我们是在做正确的事情。

小结

目标分解不是一件容易的事情，既需要了解业务、理解业务和尊重业务实质，也需要尊重人性，还要满足高层的管理意图和战略诉求。同时，目标分解不仅是把数字分解下去这么简单，还要打开管理的黑匣子，识别和改进当期管理上的问题，通过多维度的目标分解，让组织之间形成互锁关系，特别是销售组织和研发组织，基于共同目标，实现协同作战，通过一套运作机制确保组织和个人能够自我驱动作战。目标分解对管理者是一项综合考验，既体现了高管的领导力，又检验了高管在复杂业务环境下是否有组合经营策略，确保团队一直做正确的事情。要想向管理要效益，就从做好目标分解开始。

CHAPTER 5

第5章

目标过程管理

每次拜访企业高管，我们都会询问一个问题：今年销售目标是否可以完成？只有不到 30% 的企业高管回答可以完成，70% 以上的企业都不能完成。这就是我们本章所探讨主题的价值所在。目标制定出来之后，是放在抽屉里，还是挂在墙上时刻警示，其效果自然不一样。

执行是把目标变成结果的行动，执行力是将目标变成结果的行动能力。执行是企业永恒的主题，没有终结的那一天。执行力的好与差，最终都会体现在目标达成情况上。如果每年目标都完成得很好，那么企业的执行力自然很强。如果每年都没有完成目标，就不能说企业的执行力很强。而达成目标是一件非常困难的事情，靠大家自觉是很难完成目标的，必须要有机制和手段来保障，才有可能实现年初的“说到”、年底的“做到”。这是本章讨论的意义。

目标过程管理的问题与挑战

目标过程管理的相关思考

企业经营的成功，取决于宏观的战略规划，更取决于微观的执行管理。在年度目标过程管理中，是否需要深度介入过程管理？是否需要干预业务行为？是否不管理就能自动完成目标？以上 3 个问题看似简单，实则很难解答。为进一步了解目标过程管理的意图，请思考如下 5 个问题。

1．过去几年的目标完成情况如何？大致的目标完成率是多少

通过对比历年的目标完成情况来评估公司的绩效管理和激励分配是否有效，发现潜在的瓶颈或问题。同时审视各个组织的完成情况，确定哪些组织表现出色，哪些需要改进；哪些业务线或产品线更有益，哪些可能需要削减或调整，从而对资源进行审视和再分配。

高完成率表现出企业的稳健和效率，企业有成熟的管理体系和运作机制，则可以吸引更多的投资者或合作伙伴。中等完成率表明，企业有一定的竞争力，但还有提升的空间，这可能会激发团队更加努力。低完成率表明，企业面临挑战，没有强大的运作体系和强有力的管理手段，需要调整策略或进行变革。

2．企业是如何做目标过程管理的？目标过程管理是哪个部门在主导

目标过程管理的方式反映了企业如何将战略意图和战略目标转化为具体、可操作的年度目标，以及如何通过管理这些目标实现战略闭环。这些方式可能包括召开销售例会和经营分析会、进行重大事项决策、绩效评估和完善激励机制等。分析目标过程管理的方式，能够更加了解企业的战略执行力，以及可能存在的问题和改进空间。

由哪个部门主导目标过程管理，就相当于由谁在统筹企业总体的经营，主导部门能够清晰地知道企业的战略规划、组织架构、权力分配和管

理意图。如果是由战略部门来主导，可能代表企业更注重长期目标的实现；如果是由销售部门来主导，可能代表企业更注重年度销售目标的实现；大部分上市企业都是由财务部门来主导，是希望做到财务稳健和经营健康。如果主导部门具有足够的权力和资源，能够有效地推动目标的实施，那么企业的战略执行力将会变得很强；如果主导部门无法有效地推动其他部门实施目标，那么可能会导致战略的执行效果受影响。

3. 企业有没有定期召开经营分析会？谁来主持会议？会议的议题是什么？会议的时长是多久

企业有没有定期召开经营分析会反映出企业是否有例行的经营结果审视和重大问题讨论与决策机制，这是对业务运行的例行审视和策略执行的日常监管。这样的会议往往是激烈的、高效的，可以有效地帮助企业发现问题，明确方向以及调整经营策略。

谁来主持会议意味着谁在主导企业的经营。会议主持人的角色和管理风格影响会议的效果和企业的决策过程；会议的议题和时长反映了企业重视的焦点和管理的深度，例如，是否关注了市场变化、客户需求、竞争态势、员工发展等关键因素？是否有足够的时间进行深入讨论和决策？这些都是评估企业战略聚焦和决策效率的重要指标。

4. 经营分析报告能否反映业务问题，是否敢于揭露问题、剖析根因

经营分析报告是财务结果的数据堆砌，还是在揭示数据背后的业务真相？谁在给企业做贡献，谁在拖后腿？谁在讲真话，谁在讲故事？谁在解决问题，谁在解释问题？数据是不会撒谎的，透过数据可以看到业务实质。

经营分析报告是反映企业经营状况的重要工具，好的经营分析报告不仅要反映收入、成本、利润、现金流等各个关键指标的变化情况与问题，更要剖析其根因，从而对症下药，制定有效的改进策略。一个愿意面对问题、深入剖析根因的企业，通常更容易找到解决问题的途径。

5．有没有滚动预测管理，每年几月份可以把全年业务看清楚

滚动预测是一个重要的年度过程管理工具，企业能够在早期了解未来的业务趋势，提前发现可能出现的问题，如行业环境变化、客户需求变化、竞争态势、原材料成本上升等，针对这些问题及时做出应对。同时，滚动预测也可以帮助企业发现未来的机会，如新的市场需求、新的技术发展等，通过对风险与机会的预测，可以进行前瞻性的应对。

每年几月份能把全年业务看清楚？这是一个综合性问题。在一年中，越早把业务看清楚，越能展现我们对业务的控制力，也是企业综合管理能力的体现。通过滚动预测结果让企业对全年的业务形势有清晰的认知，可以进行有效的资源配置，如增加对有前景产品线的投入，或者减少对某个不利市场的投入，这样可以更好地利用有限的资源。

通过对以上目标过程管理中问题的思考，企业可以更全面地评估公司的运营状况，深入剖析与反思制约目标达成的根因，为改善经营策略提供参考与依据，从而促进战略目标和年度目标的实现。

为什么需要目标过程管理

任正非说：“**战略执行是最难的，没有执行的战略是一张废纸。华为这些年之所以做得不错，不是因为战略有多好，而是执行得不错。**”

《从优秀到卓越》的作者吉姆·柯林斯说道：“**有无战略已不是衡量一家公司成功的依据，无论是优秀还是平庸的公司都有战略，战略执行力是区分它们的标志。**”

有了战略目标和年度目标只是开始，关键是如何实现它们。如何实现它们，就是执行力。执行是目标与结果之间的桥梁，没有执行力，一切目标都是空谈。设定目标是年度规划的首要步骤，但没有执行力去贯彻实施，目标承诺书就是一张废纸，年度目标也将无法实现。

如果一个跑步者只知道要到达终点，但不付出实际行动去跑步，那么他永远无法抵达终点。企业也是这样，如果没有执行力去驱动，再好的目标也只能停留在设想阶段，目标制定与目标实现之间，没有捷径可走，更不会一夜之间就突然实现目标。只有做有效的过程管理，在执行力的推动下，企业的目标才能从纸面上的设想变为现实的成果。

因此，加强目标过程管理的最终目的是促进实现年度目标，提升企业的战略执行力，同时还有如下管理意义。

1．克服组织或人员惰性

没有强有力的过程管控，组织就会处于“放羊”的状态，管理上就会“脚踩西瓜皮”，滑到哪里算哪里，导致不同组织或个人的目标完成率相差较大，目标结果更是不可控。在过程中设定的小目标或里程碑，达到后可以提供正面反馈，多一些正向激励，少拍桌子，为组织或个人提供进一步努力的动力。

2．集思广益献计献策

随着经营环境的变化，年度目标制定的假设条件也会发生改变，如何进行策略性应对，需要企业上下群策群力，商讨出符合当下的应对举措，而不是只看结果。

3．资源配置策略调整

目标过程管理可以确保资源（如时间、人力和财力）得到合理的配置和使用，使优质资源聚焦到价值更高的业务上，从而更高效地达到目标。

成功者常改变方法而不是改变目标，失败者常改变目标而不是改变方法，这正是目标过程管理的核心精神。在实现目标的决心上坚定不移，在执行方法上灵活变通，这样才能促进目标实现。

目标过程管理的原则

在目标过程管理中，应确定目标过程管理的原则，作为全员遵循的准则。同时，帮助企业确定哪些行动与目标一致，哪些不一致。对目标过程管理的原则达成共识，可以减少误解和混淆，使团队成员更加清晰地了解自己的角色和职责。当面临决策困境时，这些原则提供了一个参考框架，帮助决策者做出最符合组织目标的选择。结合过去的企业辅导经验，总结出如下 5 条管理原则。

1．基于人性，超乎人性，“强逼、倒逼、不设退路”，才有可能实现目标

这个观点涵盖了目标管理中对人性复杂性的认知，每个人都有追求安逸与面对挑战的双重心理。有效的目标管理不仅要利用这种人性，还要尝试去超越它。

“基于人性”的部分强调了理解个体的情感、动机、欲望和恐惧，这部分是制定目标的基础。这意味着管理者应该制定实际可行的目标，并通过即时奖励来吸引员工关注长期目标，减少员工对长期等待的焦虑。例如，通过提供有成就感和认可感的即时反馈，增强员工的参与感和满足感。

而“超乎人性”的部分则是激励员工走出舒适区，突破自我极限，挑战更高目标。这不仅要求员工做出常规之外的努力，还通过创建挑战性的环境和目标，鼓励员工超越自己的常态，探索自身未知的潜能。这可以通过设定更高的标准和期望来实现，同时提供必要的支持和资源，帮助员工成功应对这些挑战。

“强逼、倒逼、不设退路”是一个强硬但必要的策略。员工在面对困难或挑战时会产生抵触情绪或懈怠的态度，在这种情况下，可以采取更为直接和严厉的手段。这种策略可能涉及设置严格的期限和制定高难度的目标，通过增加工作压力来迫使员工全力以赴。虽然这种策略听起来可能比较极端，但在某些情况下，适当的压力是必要的，因为它可以帮助员工在逆境中发挥出不寻常的能力和创造力。

在采用这种复合策略时，领导者的角色尤为关键，需要精确地平衡激励与压力，既要激发员工的积极性，又要确保员工不会因压力过大而有过度的心理负担。精确地平衡激励与压力可以使得目标管理策略既人性化又高效，最终达到组织的长远目标，同时促进员工的个人成长和职业发展，这就是为什么说“员工的执行力就是领导的领导力”。

2. 没做好就是没做好，没有任何借口，只有失败者才不断找理由

在高度竞争的商业环境中，对责任结果的严格追求，突出了对承诺和责任的重视。如果一个目标没有达到，那么在某种程度上，它确实是“没做好”。经常为失败找借口可能会培养出逃避责任的习惯，一个团队或个人应该学会为自己的行为负责，而不是不断找外部原因。

当目标没有达到时，员工不能找各种借口来推卸责任，而应该反思自己在实施过程中是否有偏差，是否有可以改进的地方，应当对自己的行动和结果负责。鼓励团队或个人去深入反思，找出问题的根源，而不是停留在表面的借口上。

敢于面对失败，这是一种文化，一种追求成功、不惧失败、持续改进的企业文化。在这样的文化中，员工会被鼓励去尝试，把失败看作学习和成长的机会，当作成功的垫脚石。如果没有这样的认知，企业的管理就会被认为过于僵化和生硬，得不到团队成员的理解和支持，会伤害团队的士气和执行力。

3. 结果不好就是不好，执行力不讲“如果”，只讲“结果”，以结果论英雄

以结果为导向的企业文化鼓励团队和个人对自己的工作结果承担责

任，这种文化鼓励员工展现积极的工作态度和行为，因为每个人都知道，企业会根据他们的工作结果而不是他们的努力或意图来评价他们。

当团队成员知道企业会根据结果来评价他们时，他们更有可能去超越自己，找到最有效的方法来完成任务，达到或超过预期的目标。**讲故事来糊弄是容易的，讲路径从而实现目标是很难的，我们鼓励后者。为团队成员提供一个明确、可度量的评估标准，让他们聚焦目标，聚焦结果，不懈努力。**

结果通常是衡量成功最直接和明显的指标，无论我们的计划、策略或过程如何精巧，最终的结果是衡量成功的唯一标准。组织和员工的评价都基于责任结果，这使大家明确自己的职责和使命，减少内耗，聚焦客户和目标，进一步激励组织和员工去提高工作效率和质量。在这样的文化中，人们不太可能为失败寻找借口。相反，他们会更加关注如何才能达到目标。

4．行动不及时是因为痛苦不够大，不要低估任何一个人的潜力

这一观点强调了两个关键要素：紧迫感的重要性和对个体潜能的认知。

很多心理学和行为经济学的研究都显示，人们往往在压力大到一定水平时，才能克服惰性或抗拒感开始行动。这种“痛苦”可以是对失败后果的恐惧、对竞争的压力、对时间的紧迫感等。这就是为什么有些人在最后一刻才能完成目标或任务，因为那时候的紧迫感和可能的得失使他们不得不行动起来。

华为在年底的最后一个月或最后一周，都有年度冲刺的习惯。经常出现前面 11 个月的经营性现金流是负值，最后一个月却可以转为十亿美元的正值。12 月 30 日和 12 月 31 日这两天签署的订单或确认的销售收入，可能比前面 11 个月中任何一个月的业绩都要好，这就是年度目标冲刺的力量，是被强逼出来的潜力。

每个人都有不同的潜能，但这可能在日常工作中不会显现出来。只有在合适的环境、条件或激励下，这些潜能才可能被释放。**低估他人，未充分利用他人的潜能，这对于组织和个人都是一种损失。这也是为什么很多成功的变革和行动往往在危机或困境中产生，因为那时的“痛苦”已经足够大，使人们感到必须要采取行动。**

5．利益是执行的原动力，企业文化是执行的持续动力，“任性”发钱是目标过程管理最主要的手段之一

这一观点通过利益和企业文化两个维度激发执行动力，形成闭环管理。

利益是执行的原动力，当人们看到某项行动可以带来明确的收益或价值时，他们往往会更加积极地参与。企业愿意发钱，员工才有盼头，才有希望。企业会发钱，基于责任结果导向发钱，才不会引起负面效应，才能树立积极正向的文化。

“任性”发钱不是强调发钱的随意性，而是强调需要在战壕中奖励，在战壕中提拔。当团队或个人取得重大突破时，要及时给予激励，不要让激励过夜，不要吝惜表扬，及时给出正面反馈。这里的任性，强调的是激励的及时性。华为有各种名目的项目奖项，不管是销售攻山头的，研发攻克技术难关的，生产做工艺质量改进的，还是财经部门做成本改善的，都不拘于形式，不拘于时间，给予奖励，这是一种文化导向。

利益通常是人们采取行动的直接驱动力，在企业管理中，员工的工作投入、效率和质量往往与他们能得到的利益直接相关，通过将目标与员工的利益相结合，可以增强员工实现目标的积极性和主动性，从而提升目标过程管理的效率。作为企业管理者不能回避这个问题，反而需要设计薪酬激励方案，来鼓励大家完成挑战目标。不怕员工赚到钱，就怕员工在公司赚不到钱。

每年年底，大部分企业都会发起年度目标冲刺令，很多管理者只谈目标、动作，对激励避而不谈，这是不对的，只叫马儿跑，不叫马儿吃草。这样的方式在管理动作上没有闭环，激励是目标管理最后一个环节，激励既是对员工过去成绩的肯定，也能鼓励员工对未来业绩进行展望。

以上 5 条管理原则是为了确立清晰、一致的行动路线。它为组织构建了一个框架，使得资源配置、任务分配和决策制定都能围绕年度目标进行。它为团队提供了方向感，确保每一步都朝着共同的终点前进，从而提高效率和产出。同时，以上 5 条管理原则也为团队统一了意志，增强了凝聚力，确保所有人都是为了同一个目标而努力。

如何进行目标过程管理

目标过程管理是企业实现年度目标的重要环节，它依托全面预算案、滚动预测、“一报一会”（经营分析报告和经营分析会）和销售管理为主要抓手和管理工具，有效规划资源，控制执行过程，从而促成年度目标实现，目标过程管理总体框架如图 5-1 所示。

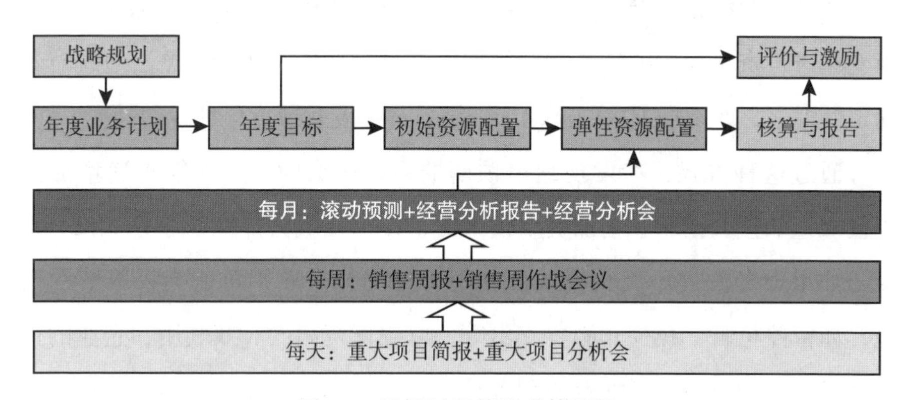

图5-1 目标过程管理总体框架

图 5-1 展示了年度经营管理的全貌。我们先就其中一些概念进行解释。

1．年度业务计划

年度业务计划是年度目标制定的起点，也是目标过程管理的依据之一。它是基于公司整体战略规划，为了完成年度目标而拟制的年度业务规划报告。华为要求每个主管每年都要进行业务述职，对上一年工作进行总结和对当年工作进行规划，用于述职的年度业务规划报告就是本组织的年度业务计划。通过拟订年度业务计划，为全面预算提供依据。

2．初始资源配置

初始资源配置是全面预算过程中的一项关键活动，是在年度关键经营指标确定之后，为确保预算目标的实现而分配必要资源的过程。这些资源包括但不限于人力资源、费用以及固定资产。初始资源配置的目的是提供足够的支持，使组织能够实现其设定的业务目标，如增加特定数量的员工或投入特定额度的研发费用等。

在全面预算案定稿并报批通过后，初始资源配置的数据也随之锁定，成为弹性资源配置的基础。

3．弹性资源配置

弹性资源配置是指企业在年度预算执行过程中，根据市场和环境的实际变化进行资源配置的动态调整策略。这种策略使企业能够灵活地应对不确定性因素，如市场需求的波动、经济条件的变化或竞争环境的转变。

通过这种方式，在发现超出预期的商业机会时，企业能迅速增加资源投入，如扩大招聘、增加资金投入等，以抓住机会并推动业务增长。相反，如果业务发展不及预期或面临财务压力，企业则可能会采取节约措施，如暂停招聘、减少非必要支出等，以确保资源的有效利用和企业的持续运营。总的来说，弹性资源配置是一种高度动态的管理策略，旨在优化资源使用，保障企业在不断变化的环境中稳健运行。

4．核算与报告

核算与报告是管理闭环的基础和重要标志，这里的核算不是狭义的，

也不是账房先生算账这么简单，这里讲的是对准不同责任中心的内部管理核算与报告。任正非形容管理核算就像在数弹壳，一场战斗下来，你打了多少枪，消灭了多少敌人，消耗了多少子弹和炮弹，多少是有效的，多少是无效的？所以华为提出了“谁掌握核算权，谁就掌握了战争指挥权”。

我们提倡从会计核算走向管理核算，对于每一个责任中心，你埋下了多少种子，产出了多少粮食，花了多少钱，用了公司多少资源，需要将投入的种子和产出的粮食进行匹配，把这种匹配关系核算清楚，这就是所谓的责任核算报告和经营核算报告。**只有核算清楚，才能把钱发明白。大部分公司不能做到科学发钱的主要原因在于缺乏基于责任中心的核算体系和管理报告。**

此部分主要是理解目标过程管理的全貌和相关概念，具体内容将在后文详细展开。

滚动预测管理

什么是预测？这里引用来自百度百科的定义：预测，预先或事前的推测或断定，是指在掌握“现有信息”的基础上，依照一定的“方法”和“规律”对未来的事情进行“测算”，以预先了解事情发展的过程与结果。

滚动预测（Rolling Forecast）是一种动态的财务预测方法，用于持续更新和预测企业未来的财务表现，通常覆盖接下来的数月或整年。与传统的年度预算相比，滚动预测具有更强的灵活性和实时性，能够更好地适应市场和经济环境的变化。滚动预测的对象包括销售订单、销售收入、销售毛利、贡献利润、净利润、经营性现金流、回款、应收账款、逾期账款等。这里重点介绍销售订单滚动预测。

在滚动预测中，企业定期（如每个季度或每个月）更新其预测，以反映最新的业务状况和外部环境。这种预测不是一成不变的，而是随着时间的推移和新信息的获得而调整。通过这种方法，企业可以持续地评估其财务目标和策略的有效性，并及时做出调整。

预测是管理之魂。预测的目的并不是预测本身而是要指导业务的有效开展，例如，天气预报是为了指导人们出行，海浪预报是为了指导渔民出海作业，地震预报是为了指导救灾避险、减少灾害损失等。因此，预测的本质是计划，是业务计划，是管理者对客户、产品、商业环境和自身经营的综合预判。

什么样的预测结果是好的？是完全击中目标，甚至连小数点最后一位都匹配吗？不是的，预测不是为了追求数据准确，而是为了实现公司经营结果可预期，资源使用效率最大化。

滚动预测的常见问题

滚动预测是企业目标过程管理的重要工具。为什么说滚动预测是管理之魂？一方面强调滚动预测对企业经营的重要性，另一方面也说明滚动预测的不易，要把滚动预测做好是非常困难的。针对滚动预测，企业是否碰到如下问题与挑战？

1．这么多年没有做过预测，一直跟着感觉走，业务在持续增长，我们不需要预测

当我们谈及滚动预测时，一些管理者提出这样的认知。20世纪90年代，华为也不做预测，因为那时候的市场到处都是机会，利润丰厚，只要能抢到订单，就能进行生产、发货、安装和服务。但是随着业务量增大，客户的要求越来越高，华为发现之前一个月的制造周期太长了，不能满足客户快速建设通信网络的需求，客户要求把制造周期压缩到一周之内。由于当时没有准确的销售预测和集成计划管理，连齐套性发货（一次性把货物发齐，没有任何物料遗漏）都是一个令人头疼的问题。

直觉和经验虽然重要，但过去的成功并不代表未来的成功。没有滚动预测，企业的管理方式就是跟着感觉走，企业在某段时间内的成功可能部分归因于市场环境、竞争对手的失误或纯粹的运气。虽然直觉和经验在商业决策中确有其价值，但在复杂和不断变化的市场环境中，滚动预测提供了一种系统性和可持续的方法来对企业的决策过程提供强有力的支撑，这不仅有助于企业更好地掌握当前的业务状况，也为未来的不确定性提供了一定的准备和应对策略。

2．滚动预测仅限于3个月，因为看不清楚3个月以后的市场

持有这种观点的企业并不是少数，甚至我们服务的几家上千亿元规模的企业也是这样认为的。在它们看来，3 个月以后的市场太遥远，看不清楚。

华为的消费者业务也碰到这样的问题。当提出需要对手机产品做滚动预测时，遭到了业务部门的强烈反对，业务部门认为这是无理要求，说手机市场就像一个海鲜市场，最多只能预测 13 周，超过 13 周的预测都是无效的。

深圳一家大型白色家电企业之前的滚动预测周期也只有 3 个月。大家的认知是看不清 3 个月以后的市场，因此对全年目标是无感的，也没有办法基于全年目标进行管理，导致之前 5 年的年度目标都没有完成。

很多市场的变化和趋势需要较长时间才能完全显现，只关注短期可能导致无法识别一些长期的机会或威胁。尤其是在原材料、产能、投资、研发和市场开拓等决策上，短期的预测并不能提供全面有效的支撑。

对于市场变化快、未来不确定性大的行业，如消费品、互联网、高科技行业，尤其需要实施长周期的滚动预测。虽然长周期预测的准确性会偏低，但持续的滚动预测会不断纠偏经营活动，确保方向大致正确。

3．预测偏差非常大，波动也较大，感觉每天都受到突发事件影响

在企业做预测的初期，预测偏差大是正常现象。上海某消费品企业的销售组织在月初时预测当月的销售额，预测时间长度不到30天。我们原本以为这样的短周期预测的准确率应该达到90%以上，结果第一次做预测时，预测的准确率都不到40%，但该企业通过持续的滚动预测和分析，1年后预测的准确率已经提升到90%左右了。

即使预测不完美，也仍然为企业提供了一个方向。通过与实际情况进行对比，企业可以及时地调整其策略和决策。尽管突发事件可能导致预测失准，但滚动预测的动态性允许企业快速接纳新的信息并进行调整。预测的确可能存在波动和偏差，但持续的滚动预测和分析将推动企业不断学习和改进。

4. 目标没有完成，费用花超了，好像也没有什么影响，费用想怎么花就怎么花

这是很多企业的普遍现象，因为没有明确的预算和费用控制机制，员工会认为自己可以随意使用公司的资源，而不用为此承担任何后果。如果管理者在费用超支或未达到目标时未采取任何行动，员工就可能会认为这种情况是可以接受的，甚至可能成为企业文化的一部分。

要解决这一问题，企业需要建立目标与费用的联动机制、超预算的管理机制、执行不到位的问责机制以及违规信息通报机制。同时，企业还需要培养一种鼓励员工为自己的决策和行为承担责任的文化。

5. 预测做得好与坏，好像也没有什么影响，领导既没有批评，也没有表扬，这就是财务部门交代的一个任务而已，年底只要完成目标就好

这是管理者对预测缺乏认知的表现。预测不是财务部门的事情，而是对所处的经营环境进行的综合预判，是业务能力的综合体现。预测不仅是一个财务形式上的程序，还为企业提供了未来可能出现的情况的信息，这对于战略规划和运营决策至关重要。**滚动预测的重要性在于其对未来经营的预见性，如果预测做得好，理论上应该能提高年度目标的完成率；反**

之，可能导致企业未能充分发现和利用机会，或者未能有效规避风险。

如果管理层无视滚动预测的成果，员工就会对滚动预测的价值产生怀疑，导致滚动预测成为形式化的工作。预测不仅是完成一个任务或满足财务部门要求，它还是整个企业运营和战略规划的核心部分。

以上内容反映了滚动预测的问题与挑战。解决了这些问题，能更好地促进目标过程管理，同时引导企业进行持续的自我评估与调整，更好地保持战略方向和提升运营效率。

滚动预测的目的

滚动预测作为目标过程管理的重要工具，其核心目的在于根据预测结果匹配适当的资源，以及在面临各种经营偏差时进行必要的调整，支撑年度目标的实现，具体内容如下。

1. 支撑年度目标的实现

预测不是许愿，其本质是业务计划，基于年度目标与业务实质做滚动预测。设定年度目标时，企业会对市场环境、竞争态势、客户需求等因素综合考虑。然而，在目标过程管理中，运营状况和外部环境可能会发生不可预料的变化，如行业政策变化、市场竞争加剧、经济周期波动等，这些都会导致年初设定的目标存在不能实现的风险。

为了应对这种风险，需要有快速响应的能力，滚动预测就是支撑快速响应能力的管理工具。通过对未来情况的持续预测，启动预警系统，及时发现可能影响目标实现的因素，做出相应的调整对策与解决方案，这不仅可以避免年度目标无法实现，还可以减少对企业的其他影响。

2. 弹性资源配置管理

企业的资源是有限的，特别是优质资源，如何有效配置、优化使用资源是关键。根据滚动预测的结果，我们可以看出在何时、何地、何种情况下需要增加或减少资源的投入，及时动态地对资源进行调增或调减。

例如，当设定了年度销售目标为100亿元时，滚动预测能够根据各阶段的实际经营情况和对未来的预期，动态调整资源配置。当销售数据显示业务增长超出预期且预测下一阶段业务会持续增长时，比如预测年度销售目标将达到120亿元，这时可以提前多备原材料、调增生产班次、增加研发人员等，以满足业务增长的需求。反之，当预测下一阶段业务会下降时，比如预测年度销售目标只能达到80亿元时，则应该减少相应资源配置，避免资源的闲置和浪费，不能还是僵化地执行年初的资源配置。

3. 纠偏经营活动

在日常经营过程中，通过滚动预测，可以及时发现内部运营与外部环境因素的变化问题，及时调整经营策略，从而降低经营风险，保障企业的稳健经营。

例如，我们服务的一家教培行业公司，2024年上半年业绩表现非常不错，通过滚动预测发现，2024年的形势非常乐观，因此，果断地在年中调整了各部门的目标和资源配置，全力支撑公司做大规模，从而实现“踩中风火轮，让猪飞起来”的目标。

从实际角度出发，无论是在静态的经营环境中，还是在动态变化的市场环境中，滚动预测对于目标实现的稳定性、资源配置的科学性以及经营活动的可持续性都具有重要影响。**预测是管理之魂，“指哪儿打哪儿”和“预测可信”是各级管理者能力的综合体现，做预测的目的是提前认知差距，找到弥补差距的方法与措施，实现管理预期，促进目标的实现，也是为了寻找和抓住新机会，实现目标的超越。**

滚动预测的价值

数据是预测的基础，滚动预测通过分析现有数据与信息，预测未来的经营情况，从而在事情发生前做出决策和行动，其核心价值在于预知未来，指导行动，以实现预期目标。

借助滚动预测，企业能够提前掌握市场和内部运营的趋势，及时调整策略，把握机遇，应对挑战，以实现预定的业务目标。**滚动预测就是“预测 + 管理改进”，最终实现管理预期，即“管理预期 = 预测 + 管理改进”，因此滚动预测的价值就是驱动管理改进。**

接下来，我们将结合具体场景进行分析。设定年度销售收入目标为100 亿元，从预测的结果来看，会有如下三种情况。

1．滚动预测结果（120亿元）大于年度经营目标（100亿元）

在这种情况下，滚动预测是一种强有力的发展引擎，意味着企业有较大的发展空间与机遇。此时，可以采取以下策略。

（1）抓住机会，实现业务的最大化扩张。这意味着市场对产品或服务有更强的需求，此时应适当加大市场推广力度，增加产品供给，把握商机，实现业务的最大化扩张。这种做法能够使企业利用有利的市场环境，进一步提升市场份额和盈利能力。

（2）加大对战略性项目的投入，支撑长远发展。当预测显示出积极的发展趋势时，企业有更多的资源和信心来实施更为长远的战略投入，如研发新产品、提升技术水平、加大市场拓展力度等。这将为未来发展提供强大的支撑，提前布局，赢得竞争优势。

（3）回报客户，激励供应商。客户是企业业务发展的根本，供应商是运营的重要支撑。在业务发展较好时，企业应对客户进行合理的回馈，如提供优惠、提升服务质量、提供培训机会等，以增强客户忠诚度和提升市场份额。同时，激励供应商提供更优质的产品或服务，这有助于提升供应效率。华为在经营形势好的年度，都会在年底提前给战略供应商付款，一方面是为了答谢它们过去一年的辛苦付出，让供应商过个好年；另一方面也是为了促进供应商的数字化改造、提前备料、加大研发投入、招聘优秀人才等，来年更好地支撑华为的业务发展。

（4）加大员工激励，激发战斗热情。人才是企业最宝贵的资源，他们的工作效率和热情直接影响企业的业绩。因此，在业绩超越预期时，加大对员工的激励（如提高奖金额度、提供更好的发展机会）可以进一步提升员工的工作积极性，从而提高企业的业绩。

在滚动预测结果大于年度经营目标的情况下，采取偏激进或扩张型策略，会更加激发组织和个人的战斗力，最终年度业绩实现情况大概率会超过年度经营目标，达到120亿元甚至更多。

2. 滚动预测结果（80亿元）小于年度经营目标（100亿元）

在这种情况下，滚动预测是一种早期警告系统，这是最具挑战性的场景。此时，可以采取以下策略。

（1）风险预警，找差距，找机会。通过对预测和实际结果的比较，可以找到当前存在的差距，以及导致这些差距的可能原因，包括市场环境变化、竞争对手行为、产品或服务问题等。找到差距后，根据具体情况寻找解决方案或新的机会。滚动预测作为一个动态管理工具，可以持续监控变化和反馈效果，帮助企业适应市场变化，从而帮助企业在困难中找到新的增长点。

（2）控制非客户界面和平台费用。减少不必要的投入，减少非客户界面的开支，如行政费用、市场费用、非必要的研发投入等。这样做可以帮助企业保持在关键业务领域的投入，将资源从非关键领域转移到关键领域。即使业绩下滑，管理也没有变形，战略投入上没有亏空太多，具备业务上随时翻盘的可能性。

在滚动预测结果小于年度经营目标的情况下，采取保守型运营策略，通过积极应对和改善，企业至少也要实现80亿元的业绩，不能低于保底值。

3．滚动预测结果等于年度经营目标（都是100亿元左右）

在这种情况下，滚动预测是一种有效的风险管理工具，此时，可以采取以下策略。

（1）符合预期，按既定节奏前行。这说明当前的策略和决策是正确的，应继续按照这种方式运营，维持正常的运营节奏。

（2）敏锐洞察业务环境，防止突发事件。预测的准确性表明了企业对市场趋势的准确把握和应对策略的有效性。然而，任何市场都存在不确定性，突发事件的出现可能会影响企业的运营，滚动预测使企业保持警惕和敏感性。

（3）稳步发展中寻找新机会。滚动预测可以帮助企业深入了解市场动态和趋势，发现新的市场机会和潜力，从而在保持稳定发展的同时，不断创新和提升，以适应市场的变化。

在滚动预测结果等于年度经营目标的情况下，采取稳健运营的策略，警惕和预防经营风险，年度业绩目标可基本实现。

综上所述，滚动预测对企业的决策和运营起到关键性作用。无论是面对机遇，还是面对挑战，滚动预测都能提供及时的信息和指导，帮助企业做出合理决策，实现预期目标。因此，无论你是企业的决策者，还是一名普通员工，理解和运用滚动预测都至关重要，只有这样，企业才能在日益复杂和不确定的商业环境中，实现“预知，行动，达成”。

滚动预测的方法

滚动预测的方法有很多种，可以通过销售漏斗方法预测，也可以通过产品开发计划、销售计划和发货计划等计划集成方法预测，还可以通过大数据预测，以上方法很多企业都在实际运用。

下面我们重点介绍 3GAP 分析方法，它可以使滚动预测的决策更具指导性、针对性与科学性，如图 5-2 所示。

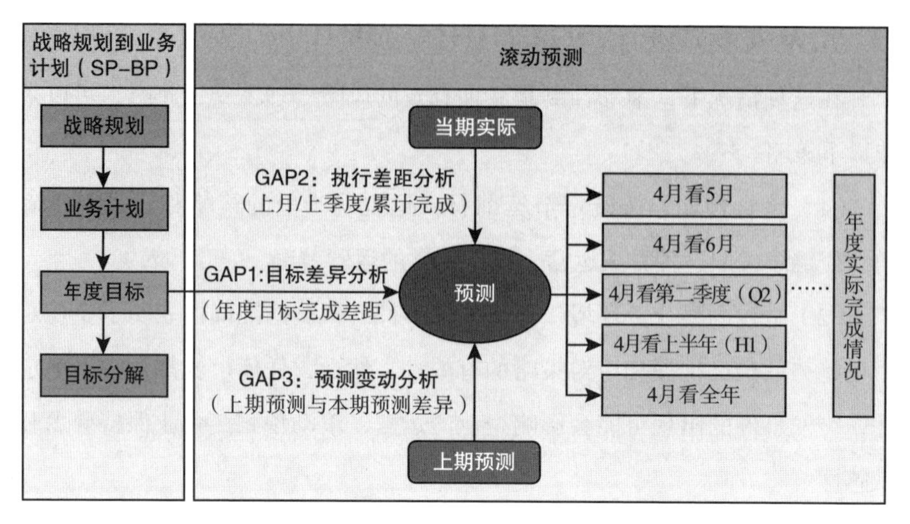

图5-2　3GAP分析方法

1．3GAP预测识别差距

3GAP 分析方法是滚动预测的重要方法，它们分别是目标差异分析（GAP1），执行差距分析（GAP2）和预测变动分析（GAP3）。

（1）GAP1：目标差异分析。

目标差异分析 (GAP1) 是年度目标和预测数据之间的差距。通过滚动预测对每个阶段（月度 / 季度 / 半年度 / 年度累计）的预测数据和年度目标进行对比，找出与年初预算制定时假设事件的差异点，找到弥补差距或扩大优势的机会点，并针对性地形成改进措施。

以 4 月初做的 4 月业绩预测、第二季度业绩预测和全年业绩预测情况来分析，具体情况如图 5-3 所示。

首先来看公司总体情况，年度目标为 100 亿元，4 月初预测全年只能完成 90 亿元，看来全年形势不容乐观，还有 10 亿元的缺口需要解决。同时，预测 4 月（5 亿元）也不能完成月度目标（8 亿元），还有 3 亿元的缺口。第二季度也不能完成季度目标（25 亿元），还有 5 亿元的缺口。因此，需要对总体经营情况亮红灯警示，急需快速想办法扭转局面，否则压力全部传递到下半年，实现年度目标的难度就更大了。

其次来看江苏区域，年度目标为 10 亿元，4 月初预测全年（12 亿元）可以超额完成 2 亿元，情况比较乐观。同时，预测 4 月和第二季度都能超额完成目标。

预测对比	年度目标和目标分解			4 月预测数据		
	年度目标	4 月目标分解	第二季度目标分解	年度预计完成	4 月预计完成	第二季度预计完成
公司总体（亿元）	100	8	25	90	5	20
江苏区域（亿元）	10	1	3	12	1.5	4
家庭储能产品（亿元）	20	1.5	5	20	1	3

图5-3 GAP1：目标差异分析

最后来看家庭储能产品，年度目标为 20 亿元，4 月初预测全年（20 亿元）可以完成目标。但是预测 4 月和第二季度的情况会不理想，都不能完成目标。

（2）GAP2：执行差距分析。

执行差距分析（GAP2）主要审视预测数据与实际完成情况之间的差距。通过滚动预测对每个阶段（月度 / 季度 / 半年度 / 年度累计）的预测数据和实际完成情况进行对比，找出执行环节的问题，生成执行差距分析报告，并针对性地形成改进措施。

以 4 月初做的 3 月和第一季度业绩完成情况来分析，具体情况如图 5-4 所示。

首先来看公司总体情况，第一季度实际只完成 18 亿元，没有完成 20 亿元的季度目标，目标缺口为 2 亿元，与 3 月预测数据（19 亿元）也相差 1 亿元。但 3 月的月度目标（6 亿元）的完成情况不错，实际完成了 8 亿元，还超额完成 2 亿元，说明 3 月的冲刺效果不错，需要总结经验，继续保持这种劲头。

实际完成对比	年度目标和目标分解			3月预测数据		第一季度实际完成情况	
	年度目标	3月目标分解	第一季度目标分解	3月预计完成	第一季度预计完成	3月实际完成	第一季度实际完成
公司总体（亿元）	100	6	20	7	19	8	*18*
江苏区域（亿元）	10	0.8	2	1	2.5	1.5	3
家庭储能产品（亿元）	20	1.5	4	*1*	*2.8*	*1.2*	*3*

图5-4　GAP2：执行差距分析

其次来看江苏区域，第一季度目标为2亿元，第一季度实际完成3亿元，超额完成1亿元，并超过3月预测数据0.5亿元，说明第一季度业绩不错。同样可以看到，3月也超额完成了月度目标。

最后来看家庭储能产品，第一季度目标为4亿元，实际只完成3亿元，没有完成季度目标，目标缺口为1亿元，相比3月的预测数据超额完成0.2亿元。3月也没有完成月度目标，目标缺口为0.3亿元。

（3）GAP3：预测变动分析。

预测变动分析（GAP3）是以“上期预测”为基准，结合本期预测，比较两期预测结果的差距。通过观察和分析预测的变动趋势，有助于洞察市场动态，提升赢取机会点能力，将预测外转为预测内，同时规避潜在风险，提升业务把控能力，看清未来，避免预测的大起大落。

以3月预测和4月预测的差异情况来分析，具体情况如图5-5所示。

预测变动对比	年度目标和目标分解		3月预测数据		4月预测数据	
	年度目标	第二季度目标分解	年度预计	第二季度预计	年度预计	第二季度预计
公司总体（亿元）	100	25	100	*22*	*90*	*20*
江苏区域（亿元）	10	3	11	3	12	4
家庭储能产品（亿元）	20	5	20	*4*	20	*3*

图5-5　GAP3：预测变动分析

首先来看公司总体情况，年度目标为 100 亿元，3 月预测全年可以完成年度目标，但是 4 月预测（90 亿元）不能完成全年目标，预测目标缺口为 10 亿元。那么需要分析 4 月预测数据，探究这 10 亿元差距是怎么回事，到底是哪里差了？为什么差了？怎么弥补？

其次来看江苏区域，年度目标为 10 亿元，3 月预测可以完成 11 亿元，预计超额完成目标。4 月仍预测（12 亿元）可超额完成目标，并且预计超额完成 2 亿元。对于江苏区域，需要进行详细分析，评估全年是否还可以超额完成更多，它们的机会点到底有多大，还有多少潜力可以挖掘。适当的时候，是否可以加大资源投入，鞭打江苏区域这头“快牛”。

最后来看家庭储能产品，年度目标为 20 亿元，3 月和 4 月都预测能完成目标。只有第二季度的预测结果不理想，每次预测都调减 1 亿元，需要做变动分析，为什么预测不断在调减？根因是什么？要找到差距，提出改进措施。

以上就是著名的 3GAP 分析方法，我们以示例的方式进行了解释。通过 3GAP 分析方法分析预测差距，找到差距，在企业内落实经营责任，最终促进目标实现，这是 3GAP 分析方法的意义。3GAP 分析方法的理念，对 ToB 企业和 ToC 企业都是通用的，都可以基于此进行滚动预测管理。

2. 3LIST落实差距

在找到差距之后，接下来的关键是如何弥补差距，这就要使用 3LIST 清单了。3LIST 清单是弥补差距的有效工具，包括确定类清单（LIST1），风险类清单（LIST2），机会类清单（LIST3）。这一方法主要适用于 ToB 企业。下面分别示例说明。

（1）LIST1：确定类清单。

确定类清单（LIST1）列示的是高确定性的项目，属于“已经盛在碗里的饭”。这类项目主要是抓执行，重效率。这种预测内的订单或销售收

入，相对比较靠谱，是一定能实现的，绝不容许出现任何风险。

如图 5-6 所示，这些项目对年度销售收入的贡献是完全确定的。这个清单列示的主要是目前正在执行且高确定性的项目，包括本年度订单已生效项目、已签合同但订单未生效项目、已中标但未签合同项目。这些项目的主要目标是确保项目能够按照预定的目标和计划顺利进行。这类项目主要就是抓执行力，企业需定期召开项目分析会，推动关键事项逐一落地。图 5-6 的模板仅供参考，不同企业的清单格式差异较大。

项目名称	客户	产品	金额（万元）	项目状态	把握度	合同状态	风险
项目 1	A1	工业储能	1 000	正在交付	100%	已签合同	无
项目 2	A2	工业储能	800	合同签署	100%	正在签	无
项目 3	A3	工业储能	1 200	中标	100%	已经中标	无

图5-6 LIST1：确定类清单

（2）LIST2：风险类清单。

风险类清单（LIST2）列示的是不确定性的项目，属于“部分在锅里的米和部分在田里的稻”。这类项目主要是看隐患，清风险。这种预测内的订单或销售收入，存在一定风险，需要关注并推动，识别隐患，清除风险，提升项目转化的成功率。

如图 5-7 所示，这个清单中的风险项目主要是未确定但有可能拿下的项目，包括中标项目、技术答标项目等。这类项目通常因为各类风险与问题，存在丢单的可能性，这些风险与问题可能来自外部因素，也可能是内部决策的问题。需要从多个视角评估这些风险项目，如客户关系、技术优势和商务价格等，找出企业的优劣势，针对性地开展客户关系工作，降低项目风险，尽早促成项目转化。

例如，在谈判阶段，可能存在合同条款无法满足公司期望的情况；或在竞标过程中，可能会遇到一些客户的信誉问题；或商务条件无法达到公司的基本盈利诉求，这些都是风险点。风险类清单（LIST2）的项目要在风险点识别的基础之上做好风险管理，尽可能地提高销售项目的赢单率。

风险项目	客户	产品	金额（万元）	项目状态	把握度	客户关系	技术优势	商务价格	风险
项目 1	A1	工业储能	1 000	中标	80%	优	优	中	小
项目 2	A2	工业储能	800	技术答标	70%	中	良	良	中
项目 3	A3	工业储能	1 200	商务谈判	60%	良	中	差	大

图5-7　LIST2：风险类清单

（3）LIST3：机会类清单。

机会类清单（LIST3）列示的是高不确定性的项目，属于“还在田里的稻谷”，今年的收成如何完全不可预测。这类项目主要是找机会，赢业绩。这种大部分都不在预测内的订单或销售收入，存在较大风险，但是通过努力，是存在项目转化的机会的。

如图 5-8 所示，这个清单中的项目还处于拓展阶段，包括线索验证与培育、机会点澄清、标前引导、开实验局和参观样板点等，距离合同签署还有一段距离。这些机会项目的第一影响要素是客户关系，产品性能、技术规格、商务价格也是主要影响要素，需要具体情况具体分析。机会类清单（LIST3）的项目帮助企业及时发现和抓住这些机会，以促进企业的业绩增长，其策略是找机会，赢业绩。

机会项目	客户	产品	金额（万元）	项目状态	把握度	关键客户关系	组织客户关系	普遍客户关系	风险
项目 1	A1	工业储能	1 000	标前引导	50%	优	中	优	中
项目 2	A2	工业储能	800	开实验局	40%	中	中	良	中
项目 3	A3	工业储能	1 200	参观样板点	30%	中	良	差	大

图5-8　LIST3：机会类清单

3．3GAP-3LIST与销售漏斗的对应关系

销售漏斗是制定订单目标的主要方法，也是用于预测管理的核心手段与有效工具，我们称之为“销售管道基线法”，它包括管理线索、管理机会点和管理合同执行三个关键阶段，每个阶段都有特定的预测任务。具体情况如下。

管理线索阶段：这一阶段的目标是识别和吸引潜在客户，线索转化率决定了潜在客户能否转化为实际的机会点，所以这个阶段的预测主要是订单预测。

管理机会点阶段：当线索转化为机会点时，销售管道进入了管理机会点阶段。这一阶段的任务是将机会点转化为合同，因此，这个阶段的预测主要是订单预测和销售收入预测。

管理合同执行阶段：这是销售管道的最后一环，这一阶段的预测主要是销售收入预测。因为这个阶段面对的不再是潜在客户群体，而是已确定合作的客户。此阶段的主要任务是确保签署的订单能够顺利执行，所以不再涉及订单预测。这个阶段需要看订单转化率，订单转化率的高低直接影响销售收入结果。

根据前文对 3LIST 的理解，以销售收入目标为例，确定类清单、风险类清单和机会类清单与销售漏斗的对应关系如图 5-9 所示。

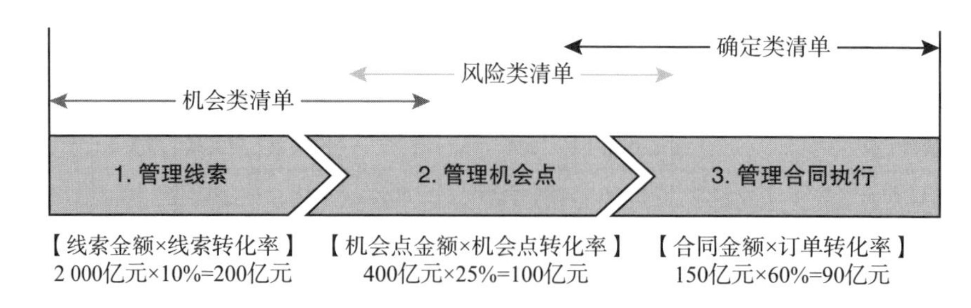

图5-9 3LIST与销售漏斗的对应关系

确定类清单的项目是目前正在执行且高确定性的项目，对应销售漏斗

主要是看“管理合同执行”阶段的合同金额和订单转化率。如果年度销售收入目标是 90 亿元，而公司过去的订单转化率基线为 60%，倒推出来则需要合同金额 150 亿元。而合同金额 150 亿元从哪里来？如果已有存量合同金额为 50 亿元，那么需要签署 100 亿元新订单。这 100 亿元新订单又从哪里来？需要从管理线索或管理机会点转化而来。

处于“管理机会点”阶段的项目，大多属于风险类和机会类清单的项目，不确定性较高，是否中标和签单时间都不确定。这类项目的转化率是有限的，根据历史基线数据，机会点转化率为 25%，因此，要实现 100 亿元新订单，需要机会点 400 亿元。要想提高合同签单金额，关键在于两个要素：提高机会点数量和金额，以及通过加强销售项目的运作能力提升机会点转化率。而机会点金额 400 亿元从哪里来？如果存量的机会点金额为 200 亿元，那么还有 200 亿元的机会点金额差距，需要通过新线索转化而来。

处于“管理线索”阶段的项目，大多属于机会类清单的项目，是完全不确定的项目，甚至都还没有对客户立项。会不会对客户立项，今年能不能立项都完全未知，需要做大量前期铺垫工作。这种机会类清单的项目的转化率是极低的，10% 的转化率应该属于 ToB 企业较高水平。如果需要 200 亿元的线索，而线索转化率只有 10%，则意味着需要线索金额 2 000 亿元，这是一个庞大的线索“喇叭口”。

通过上述推演，要实现年度销售收入目标 90 亿元不是一件容易的事情，总共需要 50 亿元存量订单，签署 100 亿元新订单，挖掘 400 亿元的机会点项目，培育 2 000 亿元的销售线索。任何一个环节出现闪失，都会导致目标无法实现。

不同企业有不同的业务模式，图 5-9 中的对应关系也会发生相应变化。以上是结合 3LIST 和销售漏斗做的目标过程管理推演，实际销售管理的过程远比此推演复杂，只有反复理解，反复验证，深刻理解其管理逻辑，才能得以深度应用。

4．“3GAP+3LIST”的场景应用

“3GAP+3LIST”是执行力的出发点，我们需要抓住一切可能，弥补差距，实现目标。尽可能把机会类清单（LIST3）的项目转化为风险类清单（LIST2）的项目，把风险类清单（LIST2）的项目转化为确定类清单（LIST1）的项目，对确定类清单（LIST1）的项目要狠抓执行力，把一切不可能变成可能。

要实现目标，我们需要识别问题，找出根本原因，解决问题，同时针对和目标的差距，寻找更多的机会来弥补差距。在执行控制的方法上，我们提倡基于数据与事实的分析决策，不能“拍脑袋”决策。

如图 5-10 所示，一家浙江 ×× 服务业上市公司在 7 月做全年预测时的情况。

类别（确定类+风险类）	销售区域	年度目标	确定类	风险类	机会类	确定类+风险类
>100% 靠谱	浙江	20 亿元	82%	43%	5%	125%
	广西	2 亿元	79%	33%	12%	112%
	辽宁	1 亿元	80%	25%	10%	105%
>75% 有把握	广东	15 亿元	71%	5%	15%	76%
	江苏	10 亿元	72%	4%	19%	76%
>50% 有希望	山东	10 亿元	30%	31%	20%	61%
	河北	5 亿元	45%	11%	11%	56%
	四川	8 亿元	34%	21%	30%	55%
<50% 不靠谱	河南	8 亿元	34%	15%	22%	49%
	海南	1 亿元	32%	12%	12%	44%
	陕西	2 亿元	20%	20%	26%	40%
	⋮					
总体情况		100 亿元	60%	20%	15%	80%

图5-10 基于3LIST的滚动预测示例

通过图 5-10 可以看出，公司年度目标为 100 亿元，目前确定类项目只占 60%（60 亿元），风险类项目占 20%（20 亿元），以上两项共占 80%（80 亿元），离公司年度目标还差 20 亿元。当以上两类项目有缺口的时候，只能通过机会类项目弥补差距，而机会类项目占比只有 15%（15 亿元）。即使机会类项目颗粒归仓，总体预测数据也才 95 亿元，还差 5 亿元才能达到年度目标。因此，总体而言，年度目标完成风险较大，现在还有 6 个月可以努力，深入挖掘机会类项目，撑大销售管道，把机会类项目金额提升至 20 亿元以上，并提高机会类项目转化率。

以上是对公司全局的分析，接下来我们来看图 5-10 中几个具体区域的预测情况。

浙江区域是公司的大本营，年度目标为 20 亿元。浙江区域的年度目标占公司年度目标（100 亿元）的 20%，浙江区域能否完成目标对公司整体影响巨大。而浙江区域完成当年目标的确定性非常大，因为“确定类清单 + 风险类清单”的项目金额超过了其年度目标（20 亿元），达到了 25（=20 × 125%）亿元。同时，还有占 5%（1 亿元）的机会类清单项目。综上所述，浙江区域完成年度目标不仅没有风险，还可以为公司做额外贡献。

我们再来看看河南区域，年度目标为 8 亿元。河南区域的年度目标占公司年度目标（100 亿元）的 8%，也是销售大区。但是河南区域“确定类清单 + 风险类清单”的项目金额只有不到 4（≈8 × 49%）亿元，年度目标完成的风险很大。目标缺口超过 4 亿元，现在已经到 7 月了，剩下的 6 个月需要不断扩大销售“喇叭口”，多找线索和机会点。“机会类清单”的项目金额只占 22%，远远不能支撑年度目标完成，还有 29%（=100% - 34% - 15% - 22%）的机会类项目差距。综上所述，河南区域完成年度目标的风险很大，当下的重点是挖掘更多的新机会点。

这样的预测分析是有意义的，可以具体指导公司全盘和每个销售组织，帮助它们识别出完成目标的风险和问题，分析预测差距，落实经营责任，促进目标完成。

3GAP 分析方法和 3LIST 清单是滚动预测的核心部分。通过这两种方法的结合，企业可以对当前的运营状态进行全面的把握，明确存在的问题，找到优化的机会，从而做出更为精确的预测，有效推动年度目标的实现。这就是滚动预测的目的，通过前瞻性的分析，实现高效的管理。

对于 ToC 企业而言，上述 3GAP 分析方法依然适用，只是不需要 3LIST 清单。使用 3GAP 分析方法进行目标差异分析、执行差距分析和预测变动分析，找到具体的差距点，同时通过“看宏观、看行业、看用户、看对手和看自己”找到新机会点，以此弥补差距，最终促进年度目标的实现。其中滚动预测的逻辑和目标制定是一致的，按照产品结构树来生成滚动预测数据，如华为手机产品，就是依据“L1 产品线（如手机、平板电脑、穿戴设备）→ L2 品类（如旗舰、Nova）→ L3 系列（如 Mate、Pura）→ L4 型号（如非凡大师、PRO+、PRO）→ L5 SKU（128G+1T）”的结构。

滚动预测周期

通常，企业根据不同的预测目的和内容，将预测分为年度滚动预测和定长预测。

年度滚动预测主要是用来支撑年度目标的实现和弹性资源配置，它是一种有规律、定期的预测，通常在每年 1 月开始，按周期滚动来预测整个财年的业务状况，如 4 月预测全年，4 月预测第二季度等。

华为在滚动预测上投入很大，也非常用心，公司每个月都会花较长时间来做滚动预测，华为的滚动预测是自下而上来完成的。每月 5 日是发布财务报告和管理报告的时间，因此整体滚动预测的时间表为：每月的 5 ～ 7 日是全球各代表处向地区部做滚动预测汇报，每月的 8 ～ 9 日是各地区部向产业 BG（Business Group）做滚动预测汇报，每月的 10 ～ 12 日是各产业 BG 向集团做滚动预测汇报，整个集团的滚动预测数据大约在每月的 12

日之后才能确定。

定长预测则主要与产品上市计划匹配，以支撑生产和采购活动。定长预测没有固定的时间规律，其时长根据产品的生命周期和市场环境进行调整，如固定3个月滚动预测或固定12个月滚动预测。华为每个月都会做定长预测，主要目的是匹配原材料采购，因此定长预测也叫要货预测，定长周期是18个月，即每个月都要预测未来18个月的经营情况和要货计划。**定长预测的周期越长，预测的不确定性就越大，管理价值反而更高。**

年度滚动预测周期如图5-11所示。

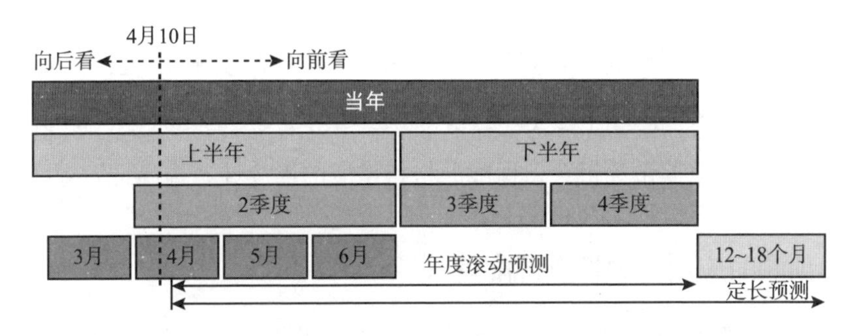

图5-11 滚动预测周期

具体预测周期如图5-11所示，若4月10日来做年度滚动预测，在月份上要做4月、5月和6月的预测，在季度上要做第二季度、第三季度和第四季度的预测，同时还要做上半年和全年预测，具体实施情况如图5-12所示。

预测结果	年度目标	第一季度实际	预测4月	预测5月	预测6月	预测第二季度	预测上半年	预测第三季度	预测第四季度	预测全年
公司总体（亿元）	100	18	5	6	9	20	*38*	25	27	*90*
江苏区域（亿元）	10	3	1.5	1	1.5	4	7	3	2	12
家庭储能（亿元）	20	3	1	1	1	3	*6*	7	7	20

图5-12 年度滚动预测示例

可能大家看到图 5-12 的第一反应是太麻烦了，这么复杂，不愿意这么做。其实不是表格复杂，而是大部分企业做不到这样详细的滚动预测，因为其销售项目群管理能力、销售项目运作能力、销售目标操盘能力都达不到这样的要求。年度滚动预测是企业综合管理能力的体现，管理水平达不到，自然滚动预测就做不起来。

对于才开始启动滚动预测的企业，在此我们提倡更现实一点的目标“3 个月看准、6 个月看清、12 个月看到”。这是一个普适性的预测目标，因为这样的时间要求可以帮助企业逐步把握和理解未来的业务状况，逐步降低不确定性，提高预测的准确性。

这两种滚动预测周期各有其价值和意义：年度滚动预测关注的是全局，支撑年度目标实现和弹性资源配置；而定长预测关注的是具体产品或原材料，帮助企业把握市场机会，保障原材料供应的连续性，提高运营效率。

滚动预测的应用：弹性资源配置

滚动预测的目的是支撑年度目标实现，而预测出来的目标完成情况直接影响资源配置策略和作战策略。如果预测结果比较理想，那么就可以加大资源投入力度，争取实现更大的目标挑战。如果预测结果不理想，那么就需要缩减开支，即使不能保证规模突破，也要守住利润不下滑，而实现控制开支的主要管理手段就是弹性资源配置。

1. 什么是弹性资源配置

资源配置分为初始资源配置和弹性资源配置。从时间角度来说，初始资源配置是全面预算案定稿时的资源配置数据，**弹性资源配置是在初始资源配置的基础上，根据实际需求，如行业政策、市场环境、目标调整等变化来增加或减少资源配置。弹性资源配置是定期审视是否需要调整，而初始资源配置一旦确定就不能再调整。**

更多关于弹性资源配置的介绍可参见前文，在此不再展开。

2．如何绘制企业的资源地图

弹性资源配置管理的对象是资源，那么如何展现资源的全貌呢？那就是通过企业的资源地图。**资源地图作为一种管理工具，是对企业所有资源的可视化表达，主要用于描述和分析所有关键资源以及这些资源在企业内的配置和使用情况，让资源分配与规划更为系统和有效。**它为组织提供了一个清晰、整合的视角，使组织的“家底”或全部资源在一个框架内得以呈现，从而助力决策者对资源进行准确、高效的管理和配置。

通过资源地图，组织可以快速地识别冗余、短缺或不恰当的资源配置，并据此进行优化或再配置，制订更有根据和针对性的资源管理方案。

资源的类型包括人力资源、资金资源、技术资源、生产资源等。资源的状态是指资源的当前状况，比如是否在使用、闲置、报废、维护中等。

在制定全面预算时，为了更好地配置资源，可以先绘制企业的资源地图，然后匹配资源配置策略，进行初始资源配置。从业务属性来看，我们把资源地图分为三大类别：人力类、业务类和行政类，如图 5-13 所示。

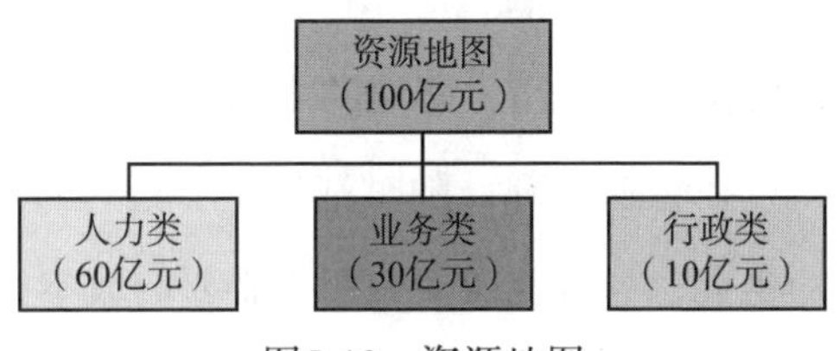

图5-13　资源地图

“人力类”资源，是每个企业的核心资源，主要涉及各类人员及人员相关的薪酬费用。只要员工在公司一天，雇员费用都是客观存在的。不同企业对人类资源的分类方式不一样，如制造业企业可以细分为销售类、研发类、制造类和职能类。

“业务类”资源，是指与业务活动相关的资源投入，其中主要是各项业务费用，包括业务活动产生的销售费用、研发费用、服务费用等。具体到费用上，包括差旅费、会议费、培训费、劳务费、展览费等。从资源使用对象来区分，业务类资源分为客户界面和非客户界面，客户界面就是此项开支跟客户活动直接相关，非客户界面就是此项开支跟内部活动相关。

“行政类”资源，主要涉及行政日常管理和运营相关的资源，比如办公设施租赁和维护、办公用品购置、车辆购置或租赁、办公室日常开销等相关费用。这些费用一般都比较刚性，随业务量波动不大。

以上简要介绍了资源地图的三大类别，这三大类别只是资源地图的第一层结构，如果要画出详细的资源地图，还需要按照资源的使用对象、用途、管理办法等维度详细设计资源结构，确保关键资源都能体现在资源地图中。

3．弹性资源配置的原则是什么

弹性资源配置的概念容易理解，但实际操作起来比较困难，各种突发问题比较多。因此，拟制了三条弹性资源配置原则，防止在执行过程中走偏。

（1）弹性资源配置原则一：对客户要好，对内部要狠。

客户是第一位的，客户是企业的生命线，确保为客户提供高质量的产品或服务是关键。**在与客户的交互中，任何对质量的妥协或费用的削减都可能影响客户满意度，进而影响品牌形象和市场份额。因此，对于与客户直接相关的费用，必要的支出是合理的，不能随意削减。**

在企业内部，随时都处于“过苦日子”的状态，要持续寻找提升效率的机会，尽可能减少一切不必要的成本，大家都要勒紧裤腰带过日子。

在具体做法上，财务的会计科目中要把客户界面与非客户界面分开，每个科目都要打上标签。客户界面按基线和业务发展的实际需要合理配置，该花的一定要花，不该省的不能乱省，不要片面追求费用率的改进，否则只会适得其反。**非客户界面的费用要使劲“拧出水分”，把“毛巾”拧干，甚至有客户开玩笑说要“拧断毛巾”。客户界面的费用要遵循“节约不归己”的原则，不能将省下来的费用挪作他用，这是不允许的，要充**

分保障客户界面的开支。

这条原则的道理很简单，但做起来很难。

2002 年华为因在中国电信小灵通和中国联通 CDMA 项目上的双失利，遭遇了公司成立以来的第一次负增长。为了度过那个寒冬，华为高管集体降薪，我所在的山东代表处也过上了紧缩开支的日子。以前，我们到山东各地市出差都是代表处安排车辆接送，市内出行都是坐出租车，对于客户来说能随叫随到，响应非常及时，客户已经习惯了华为的这种响应速度。然而，2002 年提出要节省费用，于是我们到山东各地市出差改坐长途大巴，市内乘坐公共汽车，增加了到达客户现场的时间，引起了客户很多投诉。为了节省电话费，我们会在拨通客户电话后就挂掉，让客户打过来，这也导致了很多客户的不满。这些客户的声音后来传到任正非那里，他严厉批评了我们山东代表处的行为，认为我们捡了芝麻丢了西瓜。

很多企业在不景气的时候，为了节省开支，都不让客户界面的人员出差，大家都留守在公司，订单会从天上掉下来吗？

一些公司的老板办公室装修奢华，公司产品展厅却显得极其简陋，难免让客户产生疑虑，客户如何放心购买公司的产品。以上这些现象与我们倡导的原则都是相违背的。

（2）弹性资源配置原则二：提高资源柔性，驱动资源结构合理，相互不挪用。

资源如何在各部门、项目或活动之间分配，是一个难题，尤其是在资源结构不清晰的情况下。一个合理的资源结构，意味着资源分配是根据各部门或项目的重要性、紧迫性和潜在回报进行的。在资源地图中，我们把资源地图分为人力类、业务类和行政类，这三类资源只有形成合理的资源结构和资源比重，企业经营才是良性的。例如对于高科技企业，人力类资源是关键，会占据 60% 以上的比重，而行政类资源的比重可能小于 10%。

在同一个组织中，在控制费用不超预算总包的情况下，人力类、业务类和行政类资源的费用预算不能相互挪用，这是必须坚守的一条原则。这样做是为了保障各项业务都能按照规划开展，不能随意调整资源配置。为了保证业务类资源不被挤占，不允许业务类资源被人力类或行政类资源挪用。为了优先保障客户界面资源投入，不允许客户界面资源被非客户界面资源挪用。例如，不能为了少淘汰一名员工，而取消了与客户的技术交流活动，也不能为了办公室能保留在高档写字楼，而取消了原计划的海外展览会参展。

如果允许这三种类型费用在总包可控的前提下随意挪用，就会导致业务动作变形，原本的计划都会落空或大打折扣，各种意想不到的事情也会随之发生。因此，坚守这条原则对实现年度目标和战略目标也很重要。

（3）**弹性资源配置原则三：对准目标，对准战略，再穷不能穷战略。**

江苏某上市公司董事长给我分享了一个观点：费用比利润更重要。这里强调费用，不是会计上的一个科目，而是一种资源，但企业的资源是有限的，那么如何利用有限的资源最大化产出呢？这意味着资源是功利性的。因此，对于资源的配置也要有指向性，我们需要在有限的资源下对准战略和目标，对准机会做出最佳取舍，对资源进行合理且有效的分配，要确保每一份投入都有产出。

资源是服务于作战的，资源配置就要体现作战意图和作战思想，因此我们要对投入和产出进行严格的把控。在抓住市场机会的过程中，实现资源利用与机会点变现的最大化，这就是将资源对准目标的意图。

相比对准目标，对准战略很容易被忽视。一旦经营困难，企业可能会立即把一些战略项目停掉，立足未来的技术研究不做了，自动化制造设备改造停工了，已经实施的组织变革暂停了，甚至将之前非常看好的数字化转型也搁置了。在企业看来，这些战略项目在经营困难面前一文不值。一旦决定这样做，请问企业的未来在哪里？

“再穷不能穷战略，再苦不能苦客户”，因为没有战略就没有未来。自2019年以来，华为在最困难的时候，没有减少研发投入，而是加大研发投入，在全球招聘人才，研发人员也大幅扩编。因为华为清楚，越是困难的时候，越不能穷战略，否则没有未来。

对战略项目进行清单化管理，年度预算单列，专款专用，独立核算，不受当期经营结果影响。同时，定期回溯战略投入的节奏和强度，对进展缓慢的部门单独晾晒，以保障战略落地。战略不是经营形势好才做，不是想起来才做，而是需要有足够的战略定性和战略耐性，以及坚定的战略投入，这才是创造未来的关键。

4．如何利用资源地图进行弹性资源配置

企业在全面预算的初始资源配置时，优先绘制资源地图，把资源进行结构化管理。在年度预算执行的过程中，我们主张根据滚动预测情况实施弹性资源配置。在不同业务场景下如何进行弹性资源配置？比如什么情况下“弹与不弹”，怎么“弹”，这是一套非常复杂的资源管理体系。

弹性资源配置主要有三个管理动作：向上弹、向下弹和不弹。关于“弹”的基准，需要匹配企业类型、企业发展阶段、管理诉求和不同的业务场景等综合审视，没有统一的标准，一定要结合企业实际业务场景来定制。

为了便于理解弹性资源配置策略的实施，以我们服务过的一家浙江传统机械制造企业为例说明（见图5-14）。

如图5-14所示，弹性资源配置策略是按照不同类别来定制的。

“人力类”资源，初始资源分配60亿元，分为销售类、研发类、制造类和职能类。其中销售类的资源配置是与销售订单金额关联的，订单金额高则需要多配置资源，订单金额低则需要少配置资源，所以销售类的弹性资源配置策略是和订单紧密挂钩的，它的弹性基准就是订单增长率。

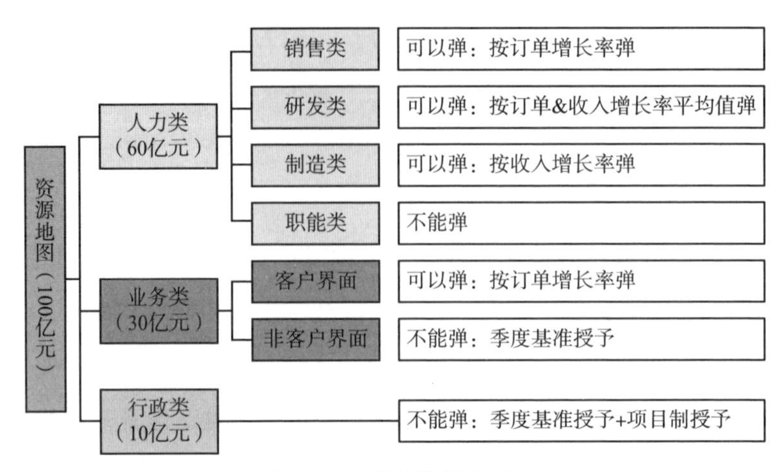

图5-14 弹性资源配置

如果订单增长率高，那么是否要先准备汇报的PPT材料，待汇报通过之后才能获取资源呢？市场机会稍纵即逝，如果汇报通过之后才能获取资源，可能就已经错失了最佳机遇。**弹性资源配置的魅力和风险都在于此，当有重大机遇的时候，企业是否可以快速获取资源，而不受烦琐的流程限制。正如一支突击队，在冲锋的时候，突然发现敌人指挥部就在眼前，这时候是先请示，还是先打呢？**不同的企业有不同的经营风格，对待这个问题的思路是不一样的，建议企业制定适合本企业的“向上弹”的资源配置策略。

如果订单增长率低，且滚动预测的业绩不及预期，未来也看不到改进的希望，那么就需要迅速采取“收”的策略，限制人员规模，削减不必要的开支，而不是听一线员工“讲故事”和“画大饼”，耽误最佳“动手”时间。华为在巴西、俄罗斯、安哥拉、印度等市场都有过这样的经历，一旦发现苗头不对，立即采取行动，绝不拖泥带水。快速释放资源，将这些资源投入到价值市场或增长市场中去，这是“向下弹”的资源配置策略。

至于研发类资源、制造类资源和职能类资源的策略与销售类资源类似，这里不再赘述。

“业务类”资源，公司每一个部门都可能发生业务类相关支出，所以我们把业务类资源分为客户界面和非客户界面。客户界面的资源主要涉及与客户交互的所有活动，这类资源的预算是为了产生业务合作和达到业绩目标而发生的。这些资源的弹性基准是订单增长率，是和“人力类”资源类似的弹性策略。

非客户界面的资源主要涉及企业的后台运营和支持性活动，这类资源的预算一般是固定的，比如员工培训费、变革咨询费、购买 ERP 费用等。原则上这些资源预算不做弹性调整，因为这些费用与业绩结果关联不大，按照年初预算执行即可。在经营形势极度紧张时，这些资源通常以季度或月度为基准授予预算，而非按照全面预算一次性全额授予预算。当目标完成率下降时，则应对非客户界面的资源实施合理的收紧策略。

“行政类”资源，原则上变化不会很大，这类资源的预算通常是固定的，除非公司的战略变化需要进行大规模的办公设施改造或办公用品购置，否则通常不会进行弹性调整，所以对于这类资源的预算授予方式，通常以季度基准授予或按项目制授予。

不论是人力类资源的销售类、研发类、制造类，还是业务类资源的客户界面，它们的弹性变动都体现了企业对经营业绩的快速响应。相反，人力类资源的职能类和业务类资源的非客户界面以及行政类资源相对固定，它们体现了企业对内部稳定运营和成本控制的重视。结合以上三大类别的资源配置原则来构建资源地图，可以帮助企业在提升业绩和提高内部运营效率之间找到平衡，通过理解和管理好各类资源，企业可以更好地适应市场变化，从而提高运营效率。

弹性资源配置的设计与实施非常复杂，依靠以上介绍是远远不够的。企业在实施之前，要充分认识到这个工作的困难和风险，在内部要充分研讨，反复论证，并在小范围内验证成功后再全面推广。

弹性资源配置是滚动预测应用的关键部分，其注重资源配置的合理性与灵活性。首先，弹性资源配置确保资源投入与年度目标相匹配，避免过度或不足的分配，以满足业务需求。其次，弹性资源配置鼓励企业形成合理的资源结构，根据部门或项目的优先级分配资源，确保资金流向最有价值的地方。最后，资源配置的灵活性则强调应对变化的能力，让组织在面对市场变动或新机会时，能够迅速调整资源配置并做出敏捷反应。

预测偏差管理的案例分析

出现预测偏差在企业日常运营中是不可避免的，因为未来是不确定的，而任何预测都只能是基于过去和当前的数据、趋势和假设所做的推断。这种不确定性导致了预测结果与实际结果之间存在差异，即预测偏差。**预测偏差是客观存在的，100% 预测准确，完全命中年度目标，这是低概率事件。我们并不需要如此精确的预测，对预测准确率的要求越高则投入越大，企业还需要评估管理成本。**

预测偏差是企业运营中的一种必然现象，但并不意味着预测就毫无意义。相反，预测仍然是管理决策的重要依据，但企业需要认识到预测偏差的存在，并采取有效的措施来识别、控制和纠正这种偏差，以提高预测的准确性和管理的有效性。这包括提高数据质量、优化预测模型、加强内部沟通和协作、及时调整业务策略等措施，以应对不确定性带来的挑战，确保企业的持续发展和竞争优势。

下面我们以北京某 ToC 消费品上市公司做预测偏差管理的案例分析为例，该公司 2023 年销售收入为 100 亿元，员工总数为 4 000 人，销售毛利率为 24%，营销费用率为 10%。

其中最大的销售区域是山东战区，山东战区 2023 年的全面预算案是，年度目标 15 亿元，费用预算 1.5 亿元，规划全年平均人数 120 人。相比 2022 年的业务情况，如图 5-15 所示。

山东战区	销售收入（亿元）	费用（亿元）	平均人数（人）
2023 年预算	15	1.5	120
2022 年实际	12	1.2	100

图5-15 山东战区年度预算案

从图 5-15 中可以看出，2023 年的销售收入预算是偏理性的，没有非常激进的调增，初始资源配置和销售收入也是匹配的。

那我们来看看，2023 年山东战区到底发生了什么，是否如年初规划的预期。2023 年山东战区具体预测波动情况和年底实际经营结果如图 5-16 所示。

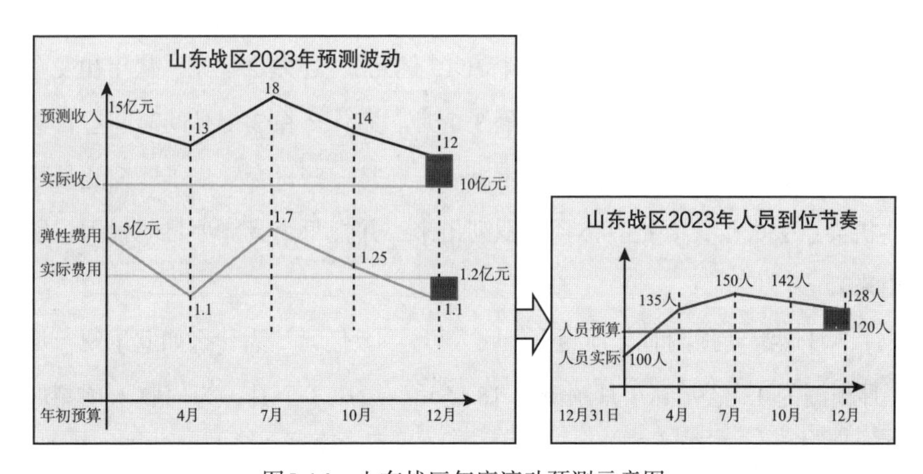

图5-16 山东战区年度滚动预测示意图

结合图 5-16，可以看到 2023 年实际的经营结果：实际销售收入没有达到目标（15 亿元），只完成了 10 亿元，距离年初拟制的目标差 5 亿元。实际费用为 1.2 亿元，没有超过年初费用预算 1.5 亿元。人员编制达到 128 人，超过了年初预算的 120 人。

在该案例中，企业在四个季度的预测中出现了销售收入的大幅波动，人力资源过度投入，以及费用超标，造成了较大的预测偏差。接下来，我们来复盘一下整个预测过程，看做对了什么，做错了什么，如图 5-17 所示。

山东战区	年度目标	4 月预测	7 月预测	10 月预测	12 月预测	年度实际
收入预测（亿元）	15	13	18	14	12	10
收入预测波动（亿元）	—	−2	+5	−4	−2	−2
人力实际（人）	100	135	150	142	128	128
费用预测（亿元）	1.5	1.1	1.7	1.25	1.1	1.2

图5-17　山东战区年度滚动预测变化情况

1. 收入预测不准确且波动大，感觉像坐过山车

通过图 5-17 的数据发现，4 月收入预测是不乐观的，预测全年收入只能达到 13 亿元，不能完成年度目标（15 亿元），还差 2 亿元。从年初发布全面预算案到 4 月初做预测，仅隔 3 个月。为什么在 3 个月的时间里目标预测会少了 2 亿元？是年初目标定高了，还是一些机会丢失了？究竟是哪些机会点丢失了，要把具体项目罗列出来，并把每个具体项目的根因识别出来。

7 月做滚动预测时，预测全年收入可达 18 亿元，为什么如此乐观？从 4 月预测的 13 亿元到 7 月预测的 18 亿元，短短 3 个月，为何收入预测如此迅速地增加了 5 亿元？这 5 亿元的具体机会点是什么？是政策性的机遇，对手的失误，还是做了某些关键动作，带来了这 5 亿元。如果没有把这 5 亿元的机会点分析清楚，可能就会产生错觉，导致资源错配。

10 月做滚动预测时，预测全年收入只能完成 14 亿元，相比 7 月下调了 4 亿元，那就需要分析为什么会下调 4 亿元，是 7 月盲目乐观了，还是哪些大机遇错失了？10 月做完年度预测，离本年度结束只有不到 3 个月，距离年度目标 15 亿元还有差距，这差的 1 亿元该如何解决，是否有补救措施？从哪些区域市场（如青岛、烟台），哪些产品，哪些分销商，哪些

门店去补救这1亿元，这就需要把目标分解下去，并定期进行跟踪。

到了12月，年度收入预测数据继续下调2亿元，预测只能完成12亿元。而实际年度收入只完成了10亿元，也就是12月当月预测还偏差2亿元。10月和12月这前后两次预测差异的2亿元，需要做深度复盘分析，到底是什么原因导致的？后续的改进举措是什么？要找到问题背后的真正原因，不能轻信销售人员“讲的故事”，要以数据和事实为依据进行论证。

销售收入预测偏差是正常现象，关键是要沉下心来找问题、找根因、找解决方案，要做能力沉淀，不能一场败仗下来，一无所获。**销售滚动预测是销售主管对行业、竞争对手、消费者和自身的综合判断，这是销售主管个人的一项综合能力，需要不断在实战中锤炼，最终才能找到销售的“手感”，提高销售预测准确率。**

2．人力资源的调整不与预测结果挂钩，过于乐观

通过图5-17可以发现，人员的调整相比销售收入预测慢了半拍，没有跟上销售收入预测的节奏。例如4月销售收入预测数据相比目标下调了2亿元，4月的人员净流入却有35人，为什么在业绩不如预期时却大量新增人员？是业务主管对未来充满信心，还是心存侥幸？同样地，到了年底，在已经确定业绩不能完成的情况下，为什么人员调减幅度如此缓慢？为什么不能把山东战区的人员调往其他区域，让其他区域来填补山东战区的目标亏空？这些都是需要深刻反思的，资源是否服务于作战，服务于年度目标？

3．费用控制不佳，先松后紧，紧的幅度又不够

通过图5-17的数据对比发现，年度实际销售收入数据只完成了年度目标收入预测的67%，但费用完成率达到了80%，超过了销售收入完成率，为什么费用没有控制在合理范围？在预测销售收入不能完成的情况下，对

费用控制力度不够，导致费用完成率超过收入完成率，出现销售收入和利润双塌陷，这是不能接受的。在销售收入不能达标的情况下，至少要对利润兜底。

从这个案例中，我们可以看到预测偏差管理的具体表现和可能造成的后果，这种偏差不仅导致了公司的经营决策失准，还可能引发内部的动态失衡，进而影响公司的长期健康发展。下面我们来进一步分析其原因与解决措施。

首先，销售收入预测的准确性是决定企业业绩的关键因素，销售收入预测的波动，说明企业在预测模型的建立与执行上可能存在问题。预测不仅需要科学严谨的模型和方法，也需要足够准确的信息输入，如果预测中的偏差频繁且幅度大，则需要对现有的预测模型和信息收集机制进行重新审视和优化。例如，对市场趋势、行业动态、客户需求等信息的收集和解析是否准确，对内部销售情况、产品竞争力、市场策略等因素的考虑是否周全等。这个过程中需要注意对机会点的逐一审视，了解销售收入增长或减少的具体原因，从而做出更有效的决策，以减少预测偏差。

其次，人力配置的不合理进一步放大了预测偏差的影响，公司在销售收入预期减少的情况下却增加了人员，显示出过于乐观的预期和对风险的忽视。人员管理是企业运营的核心组成部分，企业应建立一个与销售收入预测和业务需求相匹配的人力规划，避免人力过度投入导致的风险。当预测经营形势不容乐观的时候，应及时调整人力资源相关策略，包括减少招聘、优化员工结构、提高劳动效率等。

最后，关于费用控制，公司在销售收入完成率低于预期的情况下，费用完成率却超过了销售收入完成率。针对此情况，应建立合理的预算执行制度，加强对资源配置过程的管理，严格控制不必要的开支；同时，建立科学的成本控制系统，费用控制是企业维持盈利状态的关键，加强对费用的监控，优化费用结构，提升费用使用效率，确保费用的投入能够带来相应的收益。

总的来说，预测偏差是一个复杂而重要的问题，需要企业全方位、多角度进行管理和控制。通过建立有效的预测系统，加强对市场和业务环境的分析研究，实施有效的人力资源管理，进行严格的费用管理，以及完善内部控制机制，从而实现对预测准确性的有效管理，推动公司的健康发展。

经营分析报告

经营分析报告是企业在特定时期（如月度或季度）生成的一份详尽的内部文档，用于全面评估公司在该时期的运营状况和业绩。它总结了前一时期的业绩，识别并分析了存在的问题及其根因，同时，基于最新的数据和趋势，对企业未来的经营情况进行预测。

简而言之，**经营分析报告就像企业的“体检表”，旨在检视企业是否朝着年度目标前进，是内部决策支持的关键工具，帮助管理层识别风险与机会，优化战略和运营决策。**它作为经营分析会的核心讨论材料，信息安全等级高，企业应该严格控制该材料的发放范围，不能随意流传，以保护企业机密信息，尤其是上市公司，更加需要注重信息安全。

定期编写经营分析报告，主要有以下三个管理意义。

- 决策支持：经营分析报告为管理层提供了关键的数据和分析，帮助他们理解企业的运营状况，从而做出更加明智的决策。通过这种方式，管理层可以根据市场变化、财务状况、运营效率等关键指标来调整策略。
- 问题识别和解决：经营分析报告帮助企业跟踪其业务目标和计划的执行情况。通过定期的经营分析，公司可以及时发现运营中的问题或挑战，比如成本过高、收入下降、市场份额减少等，进而采取相应的措施来解决这些问题。

- 沟通工具：经营分析报告是一种沟通工具，它将复杂的数据和信息转换为管理层、股东或外部利益相关者可以理解的语言，以便他们清楚地看到企业的经营成果和面临的挑战。

经营分析报告常见问题

一份比较好的经营分析报告可以聚焦目标、聚焦问题、聚焦机会点，让与会人员快速找到主要矛盾，群策群力解决问题。而一份比较差的经营分析报告可能会导致决策者得出错误的结论和制定不当的策略。事实上，我们审阅过数百份经营分析报告，令人满意的经营分析报告非常少。报告质量参差不齐，总结下来主要存在以下三个问题。

1. 只有结果而忽视差距，避重就轻

在这类报告中，大量的财务数据如一面镜子，反映了企业的运营情况，但这面镜子只展现了事实，没有揭示背后的问题和差距，也缺乏突出的重点，例如，没有对关键数据与发现的问题进行标注。财务数据是企业经营面的基本反映，但是如果仅停留在数据的展示，而没有对数据进行深入的分析和解读，那么这些数据的价值就大打折扣，管理者也很难在数据的海洋中发现问题所在。

很多管理者看到财务报告就头晕，如图 5-18 所示，都是各种数据的堆砌，需要管理者自己去抓取关键信息，自己做分析。

图 5-18 的报告缺少多维度的分析，例如，同比和环比的变化、与年度预算目标的差距、与上期预测的偏离度，以及与行业和对手的对比等。这些多维度的分析能够揭示数据背后的深层信息。如果缺少这些分析，那么报告就无法提供有效的决策参考，也无法指导企业提升经营业绩。

科目	1月	2月	3月	…	年度合计
销售收入（万元）	9 181	8 638	8 969		103 495
—销售成本（万元）	6 755	6 213	6 581		77 928
销售毛利（万元）	2 426	2 425	2 388		25 567
销售毛利率（%）	26.4	28.1	26.6		24.7
—销售费用（万元）	1 030	969	1 197		14 288
—销售费用率（%）	11.2	11.2	13.3		13.8
—管理费用（万元）	581	605	715		7 489
—管理费用率（%）	6.3	7.0	8.0		7.2
—研发费用（万元）	1 231	1 262	1 289		13 450
—研发费用率（%）	13.4	14.6	14.4		13.0
经营利润（万元）	-416	-411	-813		-9 660
经营利润率（%）	-4.5	-4.8	-9.1		-9.3

图5-18 月度财务报告

2. 根因分析局限于表象，找不到真正的根因

许多经营分析报告在进行根因分析时往往停留在表面，采用“蜻蜓点水”的分析方式，未能深入挖掘问题的真正根源。尽管报告中可能列出许多问题，但分析往往流于表面，缺乏深度。例如，报告编写者可能仅从表象出发，迅速找到一个看似合理的解释，如归咎于宏观环境等外部因素，从而忽视了企业内部管理和运营的深层问题。这种分析不是对问题本质的深入理解和探讨，而是选择了一个方便的“替罪羊”。

此外，许多报告在描述问题时过度使用形容词和副词，虽然这使得内容看起来华丽，但却掩盖了问题的实质，增加了问题的复杂性，从而不利于管理者准确理解和解决问题。因此，这种报告无法为企业提供真正有价值的解决方案。

以我们辅导的广东一家家电企业为例，该企业原计划3月上线一款支撑销售的app软件，由于没有如期完成，该企业进行了根因分析（见图5-19）。

目标偏差	根因分析	改善措施
app 3 月 1 日正式上线，但是体验与需求有差距	测试不够充分，bug 及体验未能达到预期（IT 问题）	加大参与人群，主要依靠总部层面加大测试力度，确保加速 app 体验优化
总部团队人员未匹配到位（合计需要 8 人），实际到位 3 人	对创新项目认知不足，因成本因素犹豫不决，导致招聘进展缓慢，内部调动效率低下（财务问题）	提高认知，加快节奏，先内部调动，再外部招聘
分公司直销业务全面上线，实际上线偏慢，业务已够支撑开展	因 app 体验未达预期，领导决策暂不全面推广，先内部推广，改善体验后再全面上线（领导问题）	总部层面先推广，待 app 优化后再全面推广

图5-19　根因分析

上述案例该企业总共分析出三点原因：第一点是 IT 问题，第二点是财务问题，第三点是领导问题。这些原因中没有一点是销售部门自己的问题。这不是在找根因，而是在找借口，这不是解决问题的态度。这样的分析是没有意义的，下次还是不能如期完成。

3．分析缺乏深度和广度，不能支撑下一步行动

在撰写经营分析报告时，仅依赖财务数据而忽略对业务维度的深入分析，这已成为一个普遍问题。财务数据只是冰山一角，虽然可以显示利润和亏损，但这些数据并不能全面解释背后的原因，就像驾驶时只有速度表而忽视前方道路的情况一样。这种分析方法忽略了业务的实际驱动因素，导致分析缺乏深度，无法有效支撑决策。

横向分析的广度至关重要。不能仅关注单一产品的表现而忽视对整个产品线或市场环境的分析，就像只关注一棵树而忽略整片森林一样。市场是相互关联的，产品之间可能相互影响，不考虑这些关联性会导致错失机会或忽视潜在风险。

纵向分析则要求详细审视每个细节，例如，当产品销量下降时，需要

深入探究是产品质量、市场定位还是营销策略出现问题。数据背后的每一个影响因素都需要用放大镜去细查，同时还得抬头看远方，预判未来的趋势。综合这些因素，如果分析报告不能做到这些，其对决策者的帮助将是有限的。

经营分析需要眼观六路，耳听八方，手握放大镜，心系远方。我们应该认识到经营分析报告不应该只是为了报告而做报告，其作用和目的是帮助企业改进经营管理，提升经营业绩。因此，我们在撰写经营分析报告时，不仅要注重报告的结构和内容，还要深入挖掘数据背后的信息，进行横向和纵向的分析，以便为企业的决策和改进提供有价值的参考。

优秀经营分析报告的特征

经营分析报告是企业决策的指南针，是了解企业内外部状况，制定和调整策略的重要依据。**撰写一份优秀的经营分析报告，就如同战场上的军师做战况分析，在这里，我们只遵循一个原则：仗怎么打，报告就怎么写。**

经营分析报告不需要撒胡椒面，面面俱到，而是要抓主要矛盾，根据当下经营的主要矛盾进行撰写。具体来说，一份优秀的经营分析报告要做好五个聚焦：聚焦目标、聚焦结果、聚焦根因、聚焦机会和聚焦资源。这些聚焦点都围绕着一个经营分析报告的核心要点：对准目标达成，支撑有效决策。

1．聚焦目标：目标达成是经营分析报告的及格分数线

首先，目标达成是衡量一个企业或组织成功的标准。如果报告不与既定的目标对准，那么所提供的信息便可能不具备参考价值，因为这些信息并不能准确地反映组织在实现其目标方面的进展。

其次，只有聚焦于目标的报告才能为决策者提供真实、有用且有意义

的数据。一份偏离目标的报告，很可能是在编数据、编故事。这样的报告不仅不能帮助决策者做出明智的决策，还可能误导他们。

最后，一份优秀的经营分析报告不仅是列出数据和事实，更是对这些数据和事实进行深入的分析，找出问题，提出改进建议，并为未来的发展方向提供参考。所有这些都必须建立在对目标准确理解的基础上。

2. 聚焦结果：抓关键指标，对结果负责

在经营分析报告中，无论经营结果是好还是坏，都应该直接、清晰地呈现出来。只有当我们面对真实的经营结果时，才能从中吸取教训，持续改进。正如在战场上我们要明确打了多少发子弹，多少命中了目标，多少偏离了靶心，经营分析报告也应清晰地记录所取得的经营成果。这些成果不仅是抽象的数字，还是与公司战略目标和年度目标紧密相关的关键业绩指标，如销售收入、销售毛利率、净利润等，它们精确地反映出企业在市场竞争中的实际表现。

当结果不如预期时，要有决心去探究根因，改正错误，并重新再出发。经营分析报告不仅应该展示数据，还应该提供对不良结果的根因分析。如果是某个团队或个人的失误导致的，在报告中应该明确指出，并提出相应的批评和处罚建议。这不是为了责怪谁，而是为了确保企业的正常运作和长期成功。在经营分析报告中对关键业绩指标的追求都应该是毫不妥协的。

图 5-20 所示的这家企业，月度和年度目标完成情况都不尽如人意。公司召开经营分析会时，大家看到这一数据都非常焦虑，但也必须正面面对，该通报就要通报，该处罚就要处罚，以结果论英雄。通过聚焦结果，督促大家聚焦于改进计划上。

指标名称	当月实际					年度累计				
	本月数（万元）	本月目标（万元）	达成率（%）	同期数（万元）	同比增减率（%）	累计数（万元）	年度目标（万元）	达成率（%）	同期数（万元）	同比增减率（%）
营业收入	34 493	85 514	40.3	69 507	−50.4	86 075	166 945	51.6	144 123	−40.3
直销	12 610	58 590	21.5	51 334	−75.4	35 382	105 817	33.4	102 842	−65.6
渠道	21 883	26 924	81.3	18 173	20.4	50 693	61 128	82.9	41 281	22.8

图5-20 月度和年度目标完成情况

3．聚焦根因：只有找到根因，才能真正找到解决问题的办法

根因分析是一种用于识别问题根因并制定永久性纠正措施的方法。进行根因分析的目的是防止同样的问题再次发生，而不仅仅是解决表面上的问题。

在战场上，找准战斗主要方向是决胜的关键。经营分析报告也不例外，一份优秀的报告不会回避问题，而是会在展示结果的基础上，深入分析问题的出处与影响程度，揭示主要矛盾和矛盾的主要方向，找到影响问题的根本性“因子”，从而提出解决方案，确保问题能被一次性解决。

根因分析是一项非常专业、逻辑性很强的工作。后面将单独阐述。

4．聚焦机会：销售撑大喇叭口，提升转化率

在经营分析的过程中，如果实际和预测的完成情况都非常理想，都能超额完成，那还需要看新的销售机会点吗？一般情况下是不需要的，或者不作为重点来看。

但是，如果实际没有完成目标，或者预测完成情况不理想，存在目标缺口，此时就必需做一件事情：寻找新的销售机会点，用新的销售机会点来填补目标缺口。这就是经营分析报告需要“聚焦机会”的主要原因。

如果不聚焦机会，不找到新的机会点，那么经营分析报告就仅仅是揭示问题，不负责推动解决问题，这样的分析又有何意义？

聚焦机会，寻找新的销售机会点，是一个业务动作，不是一个财务动作。如果是财经部门在主导经营分析报告，要实现这个目标就比较困难，唯有和销售部门一起深入分析，通过对行业、区域、客户、产品等多维度进行审视，结合公司的产品、竞争、商务、供应和服务等策略进行综合评估，才能找到新的机会窗，撑大销售喇叭口。这实现起来非常有挑战，我在后续的销售周例会中会详细讲述。

5．聚焦资源：对准战略、对准经营、对准能力

弹性资源配置部分已经详细讲述了资源配置原则、资源属性、资源用途和资源弹性管理等。**资源是达成年度目标的基础，而每个企业的资源都是有限的，“聚焦资源”的目的就是利用有限的资源，实现资源价值最大化，从而确保目标达成。**

针对不同类别的资源，我们应该如何管理呢？华为每年制定全面预算时，将费用类资源分为三类，如图 5-21 所示。

资源需求汇总			
序号	重点工作 / 战略项目 / 关键任务	人力需求（人）	费用需求（万元）
1	战略预算：A 产品在 TOP3 客户实现市场准入	12	2 000
2	经营预算：浙江区域追加销售目标 3 亿元	15	2 000
3	能力预算：销售体系的组织变革	10	1 000
汇总		37	5 000

图5-21　费用类资源预算表

（1）战略预算：用于支撑战略规划落地的预算。

对准战略的资源服务于战略，确保战略落地。建立面向未来的能力或护城河，是来自公司的战略发展诉求。这类资源是公司根据确定的战略项目清单授予的，不需要相关部门另外申请。根据企业规模，建议战略预算占总体预算的 10% ～ 20%，例如，实现价值客户的首次销售订单突破，加

大基础技术研究以提高产品门槛，对关键战役提供竞争补贴，开展客户/渠道回馈活动等方面的预算。这类资源在年初规划时就需要单独列出，战略资源不能被挪用，必须专款专用，确保战略项目得以落地，而不是喊口号。如果战略类预算没有花完，也要问责，为什么战略没有得到有效执行。在经营分析报告中，每次都要单独通报战略项目的进展，以确保战略资源的正确使用。

（2）经营预算：用于支撑年度目标达成的预算。

全面预算中80%以上的预算都属于经营预算，如市场拓展费、展览费、交际应酬费、差旅费等。经营预算对准经营的资源，服务于作战，服务于年度目标，确保年度目标的达成。在图5-21中，浙江区域追加销售目标3亿元，就需要增加15个人的编制和2 000万元的费用预算。经营预算面向作战部门，这类资源不是授予的，而是基于项目或目标自下而上获取的，项目多且目标高，就可以获取更多的资源。这类资源的使用，要严格遵循弹性资源配置管理原则，根据滚动预测情况加大资源投入力度或释放资源。

（3）能力预算：用于提升组织能力的预算。

对准能力的资源能提升组织能力和个人能力，同时把个人能力转化为组织能力，把作战能力建设在组织中，最终构建系统化的管理体系。例如，高管攻读EMBA、员工内训、组织和业务变革、数字化转型、企业大学建设等。这些资源的预算制度，可能是根据公司管理意图设计的自上而下的授予制，也可能是根据项目情况设计的自下而上的获取制，没有严格限制，建议能力资源预算占总体预算的5%～15%。这部分预算也不能挪用，该花的都要花掉，确保组织能力得到持续的提升。**如果一家公司没有能力预算，就只能依靠几个“超级英雄”，那么他们就是公司最大的风险，因为他们离开公司就可能导致业务瘫痪，因为没有把作战能力建设在组织中。**

总的来说，聚焦资源是实现年度目标的关键，而经营分析报告是反映运营状况的重要工具。经营分析报告能帮助企业了解资源使用的效率和效果，从而做出有效的资源调整，提升经营效率，更好地达成业务目标。

在进行经营分析时，除上述5个聚焦之外，还需特别强调结构性分析的重要性，这也是大部分企业经营分析的短板。经营分析可以分析的问题非常多，可以分析的维度也很多，但怎么抓住主要矛盾呢？

例如，**对于资源的分析，很容易局限于对费用科目的分析，这种"就费用分析费用"的价值不大，最终可能演变为非常刚性的控制费用。很多企业一提到降本增效，就认为是控制员工不出差、下班及时关灯、晚上加班不开空调、控制纸面打印等这些细节。**

如果经营分析工作局限于此，是很悲哀的。经营分析，建议多分析经营结构，从结构上找问题，因为大部分企业的问题都是结构的问题，而不是单个科目的问题。例如，费用结构包括人力类、业务类和行政类费用，客户界面和非客户界面费用，战略预算、经营预算和能力预算等；订单结构包括行业、区域、客户、产品、竞争、盈利等单一维度和组合维度；在企业层面的结构包括区域、产品和客户三个组合维度。

根因分析：找到真正解决问题的因子

1．摆正姿态，直面问题，坚持"三讲三不讲"原则

在进行根因分析时，应专注于可控的内部因素，而非外部不可控因素。这样的分析方法可促使组织内部承担责任，从而更积极地识别和解决问题，因此，我们坚持"三讲三不讲"原则。

- 多讲主观原因，少讲客观原因。
- 多讲自己的原因，少讲别人的原因。
- 多讲内部的原因，少讲外部的原因。

坚持这三条原则是为了增强组织的自我改进能力和组织内人员的责任心。通过关注主观原因、自己的原因和内部的原因，组织能够控制和优化这些因素，从而更有效地解决问题并防止问题再次发生。这种方法鼓励团队成员诚实面对问题，主动承担责任，而不是寻找借口。这样不仅能够促进问题的真正解决，还能培养一种积极主动、持续改进的组织文化，从而推动组织向更高效和更具竞争力的方向发展。

2．根因分析就是剥洋葱，用“5WHY法”找到最根本的“因子”

根因分析是通过深入地探究问题，追溯问题产生的源头，分析内部和外部因素，以及这些因素是如何互相影响导致当前问题的，只有这样才能提供针对性的解决办法。那么，具体如何实施呢？

首先，定位问题，清晰、准确地描述问题是关键。明确主要问题并将问题提炼出来，尤其是关键问题，必须一针见血，直指问题本质，而非绕开重要问题或关注次要问题。

其次，列出所有可能导致问题的原因，了解问题的起源和影响程度，使用工具和技术来确定最可能的根因。

最后，找到针对确定的根因的纠正措施并主动实施，确保问题得到了解决，并持续监控，以防止问题再次发生。

图 5-22 所示的根因分析只看到了问题，描述了问题的现象，但是不知道如何解决，拿不出针对性的解决方案。

×× 分公司			根因分析
直销（万元）	2024 年累计	2 876	①客户流失：×× 等客户流失，同比下滑 997 万元 ②价格竞争：线上价格波动，行业竞争激烈，客户体系销售低端机型受到较大冲击，服务体系同比下滑 800 万元，分销体系同比下滑 500 万元；内购出口较多，内购同比下滑 400 万元 ③协同不足：与渠道、电商协同不足，整体规划未能按照预期落实
	预算偏差	−4 615	
	同比偏差	−3 219	

图5-22　根因分析的问题示例

为了深入剖析问题，在撰写经营分析报告时，建议使用5WHY法来做根因分析。5 WHY法是一种简单有效的问题分析方法，它通过连续五次问“为什么”来追踪问题的根本原因。这种方法起源于丰田生产系统，旨在通过逐层深入的提问找到问题产生的根本原因，而不仅仅是表面现象。这个方法不需要复杂的统计分析或技术工具，任何人都可以使用，易于理解和实施。

5WHY法是一个强大的工具，尤其适合解决复杂问题，就像剥洋葱一样，每一层都可能隐藏着更深层次的原因，通过逐层揭示和深入分析，找到能够解决问题的最根本因素。**剥洋葱的过程就是一个不断剖析、解决问题的过程，我们要对每个部分、每个问题都进行深入、仔细的研究，直到找到那个最关键的、最核心的因素，只有这样的分析才能让我们看到问题的实质。**

为了便于理解这个工具，我以重庆某ToC消费品制造企业为例说明。在评审月度经营分析报告时，我们发现该企业销售毛利率持续下滑，已从去年的25%下滑到16%，并且还有进一步恶化的趋势，于是我们用5WHY法进行了根因分析，如图5-23所示。

（1）首先，问第一个“Why”，为什么销售毛利率低？其中一个原因是平均客单价下滑，从去年的2 500元下滑到2 250元，因此初步得出结论，产品售价偏低导致销售毛利率下滑，解决方案是提高产品售价吗？其实不是。

（2）然后，问第二个“Why”，为什么平均客单价下滑呢？分析后发现，因为自研产品的比例偏低，自研产品比例只占30%，另外70%的产品在某种程度上可被视为行业的“众筹研发”，出现产品同质化竞争，没有差异性，解决方案是加强产品自研吗？也不是。

（3）接下来，问第三个“Why”，为什么自研产品比例偏低？分析后发现，主要是因为中低端产品都是外包的，只有高端产品才进行自主研发，而高端产品并不好卖。上一年发布的一款高端产品客单价为10 000元，产品上市时，公司计划1年内销售30万台，结果一年之后，销售部门说卖了30 000台，而财务数据显示只卖出8 000台，大大低于销售预期。为什么高端产品不好卖？销售业务员解释说，因为客户不知道公司有高端产品。解决方案是加强高端产品的广告宣传力度吗？显然不是。

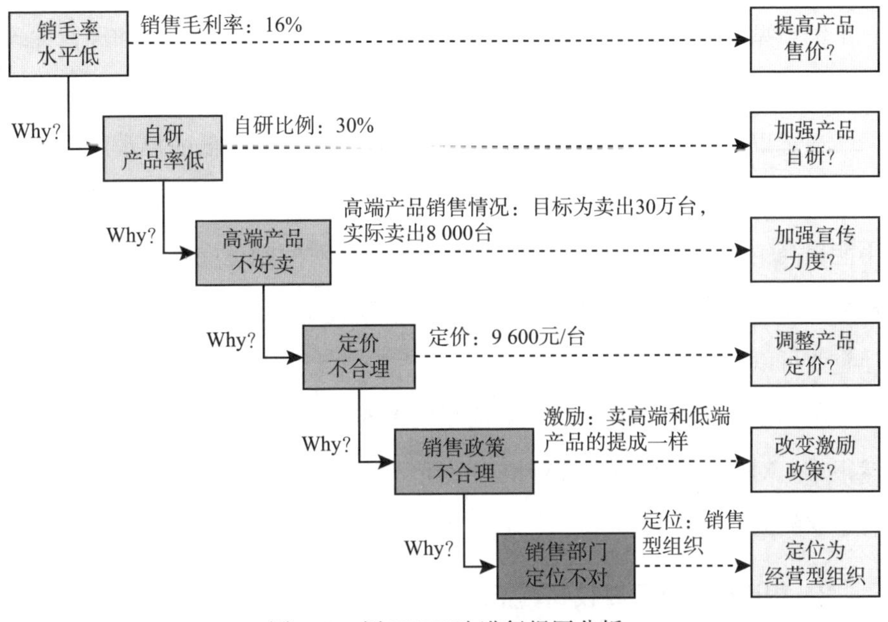

图5-23　用5WHY法进行根因分析

（4）之后，问第四个“Why”，继续分析为什么高端产品销售不佳。这其实不是广告宣传力度不足的问题，而是定价不合理的问题，定价太低。这款高端产品的成本都超过9 000元了，定价却没有体现出高端产品的属性。因此，解决方案是调整产品定价吗？当然不是。

（5）最后，问第五个“Why”，既然调整产品定价不是问题的症结，那为什么高端产品卖不出去呢？再次分析后发现，是销售政策不合理，卖10 000元的产品和卖2 500元的产品对销售业务员来说是一样的，其提成都是200元。对销售业务员来说，卖贵的产品还是卖便宜的产品，跟自己没有关系。于是提出针对性的解决方案：改变销售激励政策，以销售金额的比例作为提成标准。

同时，我们还发现销售部门只是一个销售中心，不是利润中心，仅对销售金额和数量负责，不对利润负责。为此，公司发起了基于责任中心的组织变革，把销售部门定位为利润中心，为其设计专门的损益表，让其从一个销售型组织转变为经营型组织，对销售收入、贡献的利润和经营性现金流负责，这一系列解决方案使以上问题得以根本解决。

通过以上"剥洋葱"的过程，我们发现销售毛利率低的根本原因是销售部门定位不对，这是最需要解决的根本性问题。简单地提高产品售价并不能提高销售毛利率。找到了问题的根源，针对问题逐层解决，这样不仅提高了销售毛利率，还激活了组织活力，提升了产品竞争力与市场地位，让企业可以走得更远。

虽然以上案例解释了5WHY法在根因分析中的应用，但实际做起来仍然很难。对一个复杂问题进行根因分析，可能需要花上几天的时间，还要有足够的耐心来应对。

3. 根因分析就是要找到真正的责任人

找根因，主要就是找责任人，找到能真正解决问题的责任人。责任人不一定是问题的产生者，但一定是问题的解决者，是将解决措施落到实处的人。具体如何实施呢？

首先，我们不能仅仅停留在数据分析阶段，数据分析是手段，而非目的，数据可以帮助我们理解问题的现象和趋势，但要真正地解决问题，需要有人去负责。在数据分析之后，我们需要明确谁去做什么，形成具体的行动计划，而这个行动计划的执行者就是责任人，要先找到这个责任人。

其次，根因分析的结果要清单化管理，并形成闭环。清单化管理意味着我们要将问题、原因、对策、责任人等信息清晰列出，形成可视化的管理工具，以便跟踪和管理。闭环则意味着问题从发现到解决的全过程要有始有终，每一步都要有责任人负责，并最终验证问题是否真正得到解决，确保问题并非形式上的解决。

最后，找根因需要深厚的业务洞察力和较高的专业水平，这需要专家会诊，群策群力，因为问题的产生往往涉及多个领域，一个人难以覆盖所有的知识面，所以需要多个专业领域的人员共同参与，运用各自的专业知识和经验，一起深入剖析问题，找到真正的根因和解决方案。在这个过程中，每一个参与的人都可能成为责任人，他们需要共同承担解决问题的责任，这也是定期召开经营分析会的意义之一。

之所以说经营分析会是一个非常“烧脑”的会议，是因为需要参与者贡献智慧，一起分析根因，找到解决问题的真正办法。

优秀经营分析报告的样例展示

1. 经营分析报告的编制原则

这是我们辅导浙江一家重型机械类上市公司经营分析会时拟制的原则，仅供参考。

- 只讲问题，不讲 / 少讲成绩。
- 经营分析会聚焦年度经营目标，目标→差距→根因分析→方案→行动举措（SMART 化）。
- 找差距，弥补差距，完成目标；找机会，抓住机会，超越目标。
- 订单数据交叉验证，进行产品、区域、客户等多维度分析。
- 仗怎么打，经营报告就怎么写，反映业务实质。
- 问题剖析，逐层剖析，找到问题的真正根因。
- 不撒胡椒面，抓住主要矛盾和矛盾的主要方面。

- 10 秒钟看懂一个标题，1 分钟看懂一页报告。
- 敢于坚持原则，善于坚持原则，谁的问题就由谁来解决。
- 响应一线对炮火的呼唤，需要一线对呼唤炮火的承诺。

2. 经营分析报告模板的目录样式

这是我们辅导四川一家材料类上市公司经营分析报告的目录结构，仅供参考。

- 上期遗留问题回顾 / 本期关键问题揭示。
- KPI 审视和财务指标达成情况。
- 订单结构分析。
- 收入毛利结构分析。
- 费用与成本结构分析。
- 运营资产、经营性现金流分析。
- 重大机会和风险审视。
- 重点问题与建议。

3. 经营分析报告的内容首页至关重要

我们辅导了一家河南上市公司的经营分析会，每个部门的经营分析报告都是 80 页以上的 PPT，有的部门甚至多达 150 页。这么大的信息量让与会人员如何消化？于是我们提出要萃取核心观点到内容首页，开篇就概括性地提出本期重点发现和重大问题。例如：

（1）订单金额预计全年达到 120 亿元，Q4 新增 40 亿元订单存在风险。

（2）主粮区的五大区域项目个数占比 60%，项目金额占比 80%；区域排名波动较大，去年排名第三的广东区域今年未进前十。

（3）近三年总交易客户数为 380 个（100 万元以上），其中 2018 年 140 个，2019 年 180 个，2020 年 200 个。2020 年直接客户金额占比为

35%，单个客户平均项目数为 1.3 个，单次交易 (一锤子买卖) 客户数为 140 个，占比 70%，客户没有黏性。

（4）年初计划内项目订单金额占比过低（40%），大部分机会点在年初未看到，60% 的订单都是由新机会点产生的，随时都在打新客户和投标。

（5）客户界面费用增长幅度不大（预计全年增长 20%），非客户界面费用上升快（预计全年增长 45%）。管理费用增长率（50%）远高于销售收入增长率（30%），出现“前方吃紧，后方紧吃”。

4. 会议结论清晰明了，遗留任务简单直白

经营分析会不是务虚会，而是面向作战的，是面向年度目标的。这样的会议要聚焦目标、聚焦结果，开会就一定要有结论。任何一个经营指标的达成有风险都需要像图 5-24 一样做经营分析会议跟踪表进行管理，确保目标管理无死角。我们在多家公司采用这样的表格管理，只要坚持 1 年以上，管理效果就非常显著。

类别	项目	目标	预测	差距	责任部门	工作要求
确定类	新增订单					
	主营业务收入					
	经营性税前利润					
	税前利润					
风险类	经营性现金流					
	应收账款					
	逾期应收账款					

图5-24　经营分析会议跟踪表

小 结

一份卓越的经营分析报告，犹如对一场战役的深刻总结与睿智反思。它承载着企业决策的重要使命，不仅审视了过去的业绩，还揭示了诸多挑

战和机遇，更为未来的发展提供了明晰的路标。秉持“聚焦主要矛盾，客观有效呈现”的原则，详细阐述我们的业绩如何、问题何在、根源在何处、机遇何在以及资源之所在。确保报告与公司的经营活动深度融合，以保障资源实现最有效的配置，从而推动企业的不断发展。

经营分析会

经营分析会是企业定期召开的会议，目的是评估和分析公司的财务表现、运营状况、市场趋势以及竞争环境等。在这个会议中，相关部门负责人会汇报公司总体和部门的目标达成情况、面临的挑战以及未来的行动计划。此外，通过召开这种会议，企业可以识别问题、分享信息、调整战略并制定解决方案，以推动公司目标的实现和整体业绩的提升。

下面我将结合经营分析会的常见问题、会议导向、会议机制、会议架构等进行详细阐述，帮助企业开好经营分析会。

经营分析会的常见问题

经营分析会旨在通过系统分析和讨论目标达成情况，制定或调整业务策略，推动年度目标的实现。然而，在实际操作中，会议流于形式，经常出现“为了开会而开会”的现象，会前无充分准备，会中无目的地讨论，会后无明确的结论或行动计划。这种情况下的会议更像是一场表演，并不能解决实际问题。结合辅导多家公司的经验，我们总结了经营分析会存在的 3 个主要问题。

1. 会议流于形式，为了开会而开会，具体表现为走过场，一言堂，表功劳、诉苦会，批斗会，喊口号、假动作，没对策、没决策、没结论

（1）走过场：这类会议通常是因为日程规定或程序要求而召开的，大家对会议的内容并不关心，只是为了完成一项任务或者遵守一项规定，导致会议缺乏实质性的内容，会议的效果往往不尽如人意。

例如，山东的一家大型软件公司的月度经营分析会定在每个月中旬的第一个星期五 19:00 召开，会议基本要持续到凌晨 2 ～ 3 点。每次会议主题有近 20 个，各部门都要在会议上进行单独汇报。这样的会议形式坚持了 1 年，公司上下苦不堪言，都希望对这种“走过场”的会议做出改变，于是找到了我们。

（2）一言堂：会议中只有少数人在讲，而多数人在听，这些发言者往往是公司的高级领导，他们强势输出自己的观点，缺少真正的交流和讨论，这种形式的会议极大地限制了员工的思考和发言的机会，导致无法提出许多重要的问题和不同的观点，缺乏全面性和公正性。

许多企业的老板拥有“大家长”风范，他们口才很好，有些年纪较长的老板甚至把员工当作儿女一样看待，在这样的企业里开会基本都是老板一言堂，这种模式也很难改变。我们服务的企业半数都是这种现状，如何有智慧地让老板“闭嘴”是一件非常困难的事情。根据我们的经验，外部顾问的“嘴”在这个时候要比内部高管好使。

（3）表功会、诉苦会：**表功会主要在夸耀自己的成就，没有对问题和困难进行真实、全面的讨论；诉苦会主要在抱怨自己的困难，没有寻找和提出解决问题的方法。**这两种会议都没有解决实际问题，只是一种情绪的宣泄。

出现这种情况与老板的风格有关，特别是研发技术出身的老板，他们的脾气相对好得多，在会上出现这种情况，不仅不打断他人，甚至会理解和开导他人，老板是大学老师的企业尤其明显。但是销售出身的老板，不太可能容忍会议中这样的情况发生，他们相对简单粗暴。

（4）批斗会：特别是在经营形势不好的情况下，批斗会很常见。在这样的会议中，个人的错误和失败被无情地揭露和放大，而没有进行全面、公正、理性的讨论，这不仅不能解决问题，反而可能引起员工的恐惧和消极情绪。

（5）喊口号、假动作：这也是许多会议中常见的情况，虽然口号能短暂地激发员工的热情，但它不能解决实际的问题；假动作更是让人看不到会议的实质性作用，它让员工误以为问题已经得到了解决，实际上问题依然存在，甚至可能因为被忽视而变得更严重。

（6）没对策、没决策、没结论：会议本应是一个找出问题、分析问题、解决问题的过程，但在这些流于形式的会议中，我们往往看不到这样的过程与行动。虽然我们花费了大量的时间和精力在会议上，但只是对问题进行了讨论，并没有形成有效的对策与决策，也没有形成对一线的支持与承诺，这样的会议不仅没有帮助，反而可能引起混乱与焦虑。

2．会场无紧迫感，会议按部就班、平铺直叙，会场一团和气，没有正在进行一场战斗的硝烟味道

经营分析会为管理者与员工构建了一个交流平台，旨在深入挖掘问题，精准分析现状，并研究出切实可行的对策。在理想状态下，这样的会议应该焦点明确、紧迫感十足，充斥着求真务实的气氛。这种气氛能激励团队形成对工作的高度责任感和对目标的紧迫感。

但遗憾的是，很多经营分析会逐渐偏离了其本意。首先，一些会议内容过于官方和程序化，使得信息传达变得平淡无奇，缺乏深入的讨论。这种按部就班的传统模式可能会导致重要问题被掩盖或忽略。我们辅导经营分析会时，最反对的就是要求每个部门每个月在这个会议上进行述职汇报，这种“排排坐”的程序只会消耗内部管理成本，很难有什么管理改进，这是形式主义。

其次，**当会场氛围过于和谐，缺乏必要的紧迫感时，可能会误导团队认为当前的工作状态是理想的，这也意味着员工可能不会对自己的工作产生真正的责任感。**这种“温柔”的氛围是在扼杀优秀员工的积极性，明明任务完成得这么差，为什么大家都还坐得住？主管不敢带头直面问题，为什么还要纵容这种行为和结果？在经营分析会现场，有时候我都看不下去了，直接拍案而起，他们才意识到向老师生气了，才知道问题的严重性。要知道，有时，一点儿适度的压迫感能更好地帮助团队正视现状的不足，并驱使他们采取行动。

最后，**一场有效的经营分析会应该注重“硝烟”的氛围，强化对目标的追求和解决问题的决心。这并不是鼓励冲突，而是强调应有的竞争意识和应对挑战的态度。真正的经营分析会应该具备强烈的目标导向性和紧迫感，而不仅仅是一个固定流程的例行公事。**确保会议的氛围既有压迫感，又充满挑战性，才能激励团队向前，并驱使企业持续进步。

3．会上没有结论，会议始终都是在讨论，没有拍板的事，没有形成对一线炮火的支持，以及一线对炮火支持的承诺

为什么会出现这样的情况？我们认为有以下几个原因。

首先，经常性地出现漫无目的的讨论，这是因为没有明确的议题和目标，当与会人员不清楚会议的主要目的，或者没有明确的议题来指导讨论时，就会导致讨论经常性地偏离主题，缺乏方向，从而难以达成明确的结论。这里最难管理的就是管理者，如果管理者特别喜欢发散讨论，那是很难往回拉的，或者没有人敢去阻止这种行为。大部分企业的经营分析会都没有结论，这是一件很可怕的事情，那我们开会的目的是什么呢？通常，在每个主讲人离开的时候，我都会追问一句，今天的结论是什么？他们才会意识到好像遗漏了什么。

其次，缺乏决策的权威性和决策机制，会议主持人的角色至关重要，会场需要引导讨论，确保参与者都有机会发表观点，促使讨论围绕着明确的目标进行。如果主持人缺乏经验或不具备适当的技能，会议可能会陷入无休止的讨论中，而不会形成结论。如果会议中没有权威的决策者或者明确的决策机制，那么最终很有可能无果而终。

最后，参与者在沟通和协作上可能存在问题。如果参与者没有足够的准备，或者在会议中不愿意分享观点或听取他人的意见，就会导致讨论停顿不前。缺乏明确的责任分配和行动计划也可能导致会议无法得出结论。讨论的结果需要转化为具体的行动步骤，并明确这些步骤的执行者以及截止日期。

面对这些问题，我们需要重新审视经营分析会的本质。经营分析会不是一个走过场的仪式，而是企业管理层和员工进行深度交流、共享信息、解决问题、明确目标的重要场合。需要让会议回归本质，真正做到为了企业的发展而开会，确保每个会议都有目标、有紧迫感以及结论，让每个参与者都能在会议中有所收获、有所行动，这样的会议才有价值。

经营分析会的定位

经营分析会的定位（会议导向）是对准年度经营目标识别问题找根因，瞄准差距找机会，决策下一步行动计划，支持年度目标达成。经营分析会是一个作战讨论会、决策会、问题解决会。因此，经营分析会的核心是要聚焦目标、聚焦问题和聚焦机会。

1. 聚焦目标

会议讨论的焦点就是目标，包括年度目标、季度目标和月度目标。如果本期目标完成得非常不错，且下期目标预期也大差不差，那么经营分析会就可以提前结束，没有必要浪费时间，这样的理念才是聚焦目标。

目标完成得好，经营分析会 3 分钟就结束；目标完成得很差，经营分析会 3 小时也停不下来。不同层级的经营分析会也是如此，对于目标完成得好的责任中心，看看有没有求助项，没有就可以快速通过，鼓励它们下期继续努力。对于目标完成得不好的责任中心，就要开始一场精神之旅了。

深圳某新能源配套制造企业过去 5 年都没有完成年度目标，老板在我们的引导下，下定决心要达成本年度目标。在每月召开的经营分析会上，凡是没有完成目标的主管，都要全程站着开会，一站就是 3 个小时。第一个月的经营分析会有超过一半的主管都没有完成，站着的人很多，大家嘻嘻哈哈就过去了。到第二个月的时候，只有不到 1/3 的主管站着了，站着的主管脸上明显有点儿挂不住，没有了第一次的那种随意感。到第三个月的时候，就只有 3 位主管站着了。到了第六个月的时候，已经没有人站着开会了。当年，企业顺利达成了目标，年底隆重地举办了庆功会。那一年，我全程与会，每个月都在感受企业的变化，以前销售主管以无所谓的状态藐视目标，认为目标是老板的目标，与自己关系不大。后来这种体罚的方式刺激了大家重视目标，在目标背后做大量工作，逐步提高了团队作战能力，销售的线索多了，打单的水平也高了，目标达成率自然也上来了。

虽然我们不提倡推广这种体罚的方式，但是如果目标完成得不好，就必须要进行适当的检讨和反思，不能和稀泥地糊弄过去。开经营分析会时，我们服务的部分企业高管在会议中紧张到衣服都湿透了，那种没有完成目标所带来的压力太大了，因此他们承诺下期无论如何都要完成目标。这种氛围往往自然就会转变成工作压力，进而促使高管审视和优化当前的经营策略。持续下去，经营情况一定会有所改善。**如果大家都不敬畏目标，那何必制定目标呢？目标不是摆设，需要“威逼”所有责任人达成。**

如果不能达成目标，公司哪有利润和现金流来给员工发奖金和涨工资，以及向股东分红呢？聚焦目标，就是一种简单、直接、甚至粗暴的管理方式，但非常有效。

2. 聚焦问题

聚焦问题，就是在经营分析会上少讲成绩，多讲问题，围绕问题展开讨论，并找到问题解决的办法。聚焦问题，就是不回避问题，大家在思想意识上要达成这样的共识。然而，在有些高管的汇报中，总结上期用了 10

页 PPT，其中 9 页都在总结过去的光辉成绩，最后只有 1 页在讲不足，还是轻描淡写地讲。

这种情况要是在华为出现，高管会受到批评。我们每次汇报时，前面 9 页都在讲问题、不足，自己在哪些方面还没有做好，应该如何做才可以做得更好。最后 1 页讲过去的成绩，都是一笔带过。这才是对待问题、解决问题的态度，是企业文化。如果一个企业，长期坚持自我批判，就不会发生这样的情况。

企业要鼓励员工在经营分析会上讲问题，营造一种开放的氛围。企业不怕问题，就怕问题被捂着、藏着，说不一定哪天就“爆炸”了。不仅在经营分析报告中要讲问题，在经营分析会上，主持人也要引导大家多讲问题。经营分析会本身就是一个问题解决会，所以不怕有问题。

是否聚焦问题，是经营分析会的立场问题、基调问题。

3．聚焦机会

对准目标，但是完成不了目标；看到了差距，但是没有找到弥补差距的措施，这都没有形成闭环。当与目标有差距时，就要想办法找到机会点，用新的机会点来填补差距。针对下期业绩的滚动预测，需要看看预测值是否大于等于目标值。如果大于等于目标值，则说明当前的机会点可以支撑目标达成；如果小于目标值，就说明现有机会点不足以支撑目标达成，需要打开机会点清单，重新审视当前的机会点，从机会点的数量、金额和转化率三个方面探讨改进方向和改进措施，确保找到弥补差距的机会点，最终促成目标达成。

如何召开经营分析会

一场高效的经营分析会，是需要引导和策划的，以下内容按照会前准备、会中管理、会后跟进三个阶段来讲述如何召开经营分析会（会议机制）。

1. 会前准备：失败的准备，就是准备失败

（1）明确经营分析会的主持人。

很多人误以为董事长或CEO就是主持人。他们是经营分析会的关键决策者，但不一定合适当主持人。这个主持人通常是企业的经营操盘手，负责总体的经营管理，建议由首席运营官（COO）或首席财务官（CFO）来担任。主持人的个人水平，直接决定了会议效果。

（2）会议议题提前申报和审批。

每个月的经营分析会不建议变成月度述职会，不需要各部门排排坐，轮流汇报，这不痛不痒的10～30分钟并没有什么意义。应采取“固定议题+申报议题”的方式进行，公司层面的月度经营分析报告讲解是固定议题，一般由CFO进行讲解。其他议题通过各部门申报，主持人审批的方式上会。这种方式有助于加强议题的规范管理，抓主要矛盾，不能什么议题都上会，浪费管理者的宝贵时间。

（3）所有议题材料需要提前评审。

所有的议题材料必须经过评审才能上会。建议成立经营分析会的执行团队或秘书机构，由主持人担任执行团队的负责人，同时把相关部门主管或接口人纳入执行团队，由此团队组织会议材料的评审。材料一定要精简，与主题不相关的材料不要放进来，可以做一些篇幅限制，例如不超过20页。任正非要求华为的管理者用不超过600字清晰表达一个问题，本意是希望减少PPT，聚焦主要矛盾。

一般汇报议题分为决策类议题和知会型议题。在材料的第二页，要明确本次汇报要点或决策事项，要让与会人员知道议题的汇报目的，便于大家围绕这个目的来决策，而不是发散讨论。

对于材料中的争议点，汇报人应提前与相关干系人沟通，不能事前不沟通，直接在大会上争吵，这种情况要坚决杜绝，否则不能让其上会。同

时，强烈建议至少提前一天把议题材料发给与会人员。让大家提前熟悉材料，可以大大提升会议效率。

（4）所有高管一定要常出差和见客户。

部分高管沉迷于听下属汇报，团队里聚集了很多PPT高手，靠PPT管理业务。**很多企业都反映，公司的内部会议太多了，每天都要开10个以上的会议。在我们看来，这是见客户和出差少造成的。不深入一线了解业务，不知道一线业务的真相，高管了解的所有信息都是由下属过滤之后汇总的。然而，下属讲的不一定是高管想听的。**

华为的高层主管每个月的1～20日都在全球各地出差，21～30日集中在总部开会，并且高管的年度日历表年初就在全公司发布，他们每个月有近20天的时间在出差、见客户，他们对一线业务非常了解，下属很难写个材料欺骗他们。如果高管都知悉一线情况，都了解客户诉求，在经营分析会上大家就会特别聚焦，会议效率和会议质量自然就上去了。

（5）会议时间需要安排得当。

我们原本以为这是一个小问题，结果发现辅导的企业中好几家企业的高管都在抱怨，会议有的安排在工作日晚上，有的安排在周一上午，这都不是最佳时间。**经营分析会是一个“烧脑”的会议，需要大家集中精力共同贡献智慧，高管的精神状态直接决定会议效果，不能白天辛苦一天，晚上再来苦战，这样的会议效果将大打折扣。**在时间上，我们建议将月度经营分析会安排在月中第一个周六的上午，这个时间也是大部分上市公司月度经营分析会的召开时间。

2．会中管理：聚焦主题，充分讨论，加速决策要有结论

（1）主持人的控场能力很关键。

首先，开场前，主持人要宣布今天会议议程和会议纪律要求，让大家都遵守会议规则。不能开场就直接开始第一个议题的讨论。仪式感很重

要，否则就没有规矩了。

其次是时间控制，应区分汇报时间和讨论时间，分别控制，谨防严重超时。每个议题在会前都要明确总体时间、汇报时间和讨论时间，如A议题总体时间为45分钟，汇报时间为25分钟，讨论时间为20分钟。一定要严格把握汇报时间，规定了多长时间讲完就要强制执行，提前5分钟进行预警，这是最容易拖堂的地方。

最后是发言控制，在汇报中途原则上不能打断，让汇报人按照自己的思路一气呵成。一旦打开讨论，就很难再收回，这时时间就不可控了。**在讨论时间，每个人也需要控制发言时间，建议先说结论，再谈论据。作为决策人，不要第一个发言，一旦决策人盖棺定论，其他人就不愿意发言。**在每个议题结束时，主持人要进行总结，不能决策人发言完毕就结束会议，否则会后写会议纪要时，不清楚到底是通过了决议，还是没有通过。

（2）会场氛围管理很重要。

企业的经营风格直接决定了经营分析会的会场氛围，期待中的会场氛围是既紧张又活泼的。只有在大会上讲真话，才不会在私下传小话。首先，要倡导大家讲真话，用数据或案例陈述事实，越是在会上讲真话，会下才越能紧密协作。会上大家都嘻嘻哈哈，会后基本都按兵不动，我行我素。

其次，对月度目标完成得好和不好的主管要区别对待，要营造紧张气氛。月度目标完成得好的主管，坐在座位上简要陈述一下进展即可，快速通过，不必浪费大家时间。**月度目标完成得不好的主管，可以请他站起来，到讲台前面陈述为什么没有完成，背后的根因是什么，下期是否可以完成，改进计划是什么，不讲清楚不能下台。前面提到的有些企业让没有完成目标的主管全程站着开会就是战斗的氛围和硝烟的味道。**

最后，经营分析会是一个问题解决会。能在这个会议上争辩的事项，至少在会前争辩了不下10次。既然问题来了，就必须要有结论。每个主管都有责任代表自己的部门表达心声，不能和稀泥，能做到就勇敢站出来，做不到也要讲事实、摆证据。我们见证了很多“老实”的主管在经营分析会上被欺负却没有人帮衬，这时主持人要敢于“伸张正义”。

（3）与会人员规模多大比较合适。

与会人员规模多大比较合适并没有明确的结论，我们建议成立经营管理委员会，各主要业务部门一把手都应该是这个委员会的成员，人员规模控制在20人以内。

经营分析会是公司经营层面最高等级的会议，很多业务决策都是在这里产生的，因此这里也是培养高潜力干部的地方，建议各个部门安排1～2名副职或高潜力干部参与旁听，让他们学习决策的艺术。同时，让他们知道决策结论的由来更利于决策落地执行。我们建议有些议题不必每次都由部门一把手汇报，可以让具体操刀的责任人来汇报。这里是选拔高潜力干部的舞台，应多给高潜力干部一些机会晾晒。在我们辅导的上市公司中，每次经营分析会都有近60人参加，当然，为了信息安全，参会人员都是要上交手机的，且全程不容许打开电脑干其他工作。

3. 会后跟进：散会不追踪，开会一场空

会议结束后，应由专人整理会议纪要，包括会议的讨论内容、决策和行动计划等，并将会议纪要与决议分发给参会人员和其他相关人员。对会议中确定的行动计划形成任务令，指定经营管理委员会的执行团队或秘书机构进行执行跟踪，确保计划得以实施，用严密的运作机制来实现计划的闭环管理。

在下次会议上，第一个议题就是通报遗留问题的处理进展，并且直到问题被解决才能关闭问题。但这只是单个事件的闭环，如何防止下次再发生同样的问题呢？

在问题解决中建立明确的规则，优化流程，建立管理机制并提升组织

能力。经营分析会的问题解决原则是：解决一个问题，补上一个漏洞，形成一套方法。

如图 5-25 所示，讲问题、讲根因、讲方法、讲机制这“四讲”是对一个问题全面、系统的处理方式。不仅要找到问题、解决问题，还要找出问题的源头，修复可能导致问题再次发生的漏洞，并将这个过程形成一套可以复制的方法，变成一个管理机制，这才是真正的闭环管理。

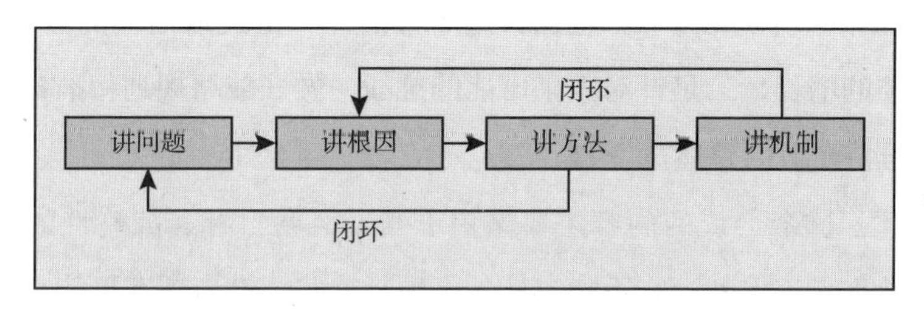

图5-25 问题驱动的闭环管理模型

经营分析会的“四讲”构成了一个由问题驱动的闭环管理模型，这个模型把问题解决的各个环节串联起来，形成了一套完整的管理模式。这个过程不仅解决了当前的问题，提升了组织解决问题的能力，提升了组织中的每个人每个月的目标达成率，确保了年度目标的达成，更为企业的长远发展提供了一种有效方法。

综上所述，经营分析会的成功不仅依赖于会议本身的管理和组织，还需要在会前、会中、会后的各个环节都有详尽的计划和周密的准备。经营分析会重在“疗效”而不在程序，还是要聚焦问题的解决和目标的达成。

分层分级的经营分析会

分层分级的经营分析会（会议架构）如同战争中的指挥体系，具有明确的层级和分工。这种会议体系的核心原则是上下衔接、各有侧重、高效协同作战，旨在构建一个有力的管理控制系统，这个系统保证了完成年度目标任务的执行和监控，为企业提供了清晰的方向和执行逻辑。

1. 第一层：公司级的经营分析会

公司级的经营分析会就是集团层面的经营分析会，通常每月组织一次，时间安排在集团管理报告发布之后，大约在每月 10 ～ 15 日之间召开，会议时间一般为 0.5 ～ 1 天。也有部分公司每月组织两次公司级的经营分析会。

第一层经营分析会在公司层面全盘拉通，进行全局决策，重心在“打赢当下和未来两场战争”。这包含两个方面，一是达成当期的经营目标，实现业绩的增长；二是针对未来可能的挑战，做好战略规划和准备，以此构建和维持企业的整体竞争力。

因此，这个会议的内容主要聚焦于当期经营目标、战略性的山头项目，以及重点工作和存在不确定性的事项。这些关键事项有可能直接影响到公司未来的生存和发展，需要在战略层面进行深入的分析和预判，并制定出相应的应对策略。

例如，高层管理者可能会讨论关于公司的全球化扩张策略，选择进入市场的方式，制定产品策略等。也会讨论可能对公司未来产生重大影响的不确定性事项、可能出现的新竞争对手、可能的行业政策变化等，并制定相应的应对策略。

2. 第二层：事业部/销售体系/产品线层级的经营分析会

这是公司下一层组织的经营分析会，如子公司、事业部、销售体系和产品线等层级的经营分析会，通常每月组织一次，时间大约安排在集团经营分析会之后，会议时间一般为 0.5 ～ 1 天。

第二层经营分析会的主要目的是确保年度经营目标的达成，重心在要做市场的“收割机”，旨在构建企业核心竞争力，通过新产品的研发、新客户的获取、新模式的探索等，实现市场份额的增长。

这一目标的实现，需要各部门共同协作，同时指挥和统筹多场战斗，即同时管理多个下级组织或项目，这需要各部门有清晰的目标认知、明确的责任划分以及有效的沟通机制。

这个层级的会议重点是在实现集团战略目标的同时，具体落实资源配置和能力建设以及跨部门的协作，使战役层面的工作与战略层面的工作相衔接，将战略层面的决策根据自身职责与实际情况转化为具体的经营目标和工作计划，并将其分解给下级组织，即承上启下。同时，明确所需的资源和能力，并监督这些资源和能力的构建与发展。

3．第三层：各级销售组织/各级产品线的作战会议

这是公司基层作战单元，如各级销售组织、大客户管理部、电商团队、渠道团队、各级产品线等层级的经营分析会，通常每周组织一次，时间一般都安排在周末或工作日晚上，每次会议时间为1～3个小时。

第三层经营分析会类似战争中的一场场战斗，其重心是打赢每一场战斗。一线部门工作人员需要直面市场，接触客户，负责公司的产品和服务在市场中的推广和销售，他们需要有足够的战斗意志和饱满的战斗精神，面对机会敢于扑上去，面对竞争对手勇于挑战，同时结合战时需要，及时呼唤炮火，争取到上级和周边部门的支持。

这个层面的经营分析会围绕着各省、市的销售情况，每周例行召开，聚焦机会点、合同执行和回款等情况。这些会议可以帮助一线解决具体的执行问题，提升销售效率，使他们能对市场动态和竞争态势进行快速响应。这个会议也是接下来即将介绍的“销售周作战会议”。

销售周作战会议

前文介绍了经营分析报告和经营分析会，这两者与本节所述的销售周作战会议合称“两会一报”。

销售周作战会议（周例会）聚焦销售方面的工作，是一个每周都会召

开的会议，专门讨论销售业绩、预测及销售策略等。该会议是一个目标对标会、一个策略研讨会、一个信息分享会，具体达成如下四个目的。

- 目标对齐与进度检查：定期的周例会可以确保团队成员对销售目标有清晰的理解并对齐，同时对销售进度进行检查，确保销售活动与组织目标和策略保持一致。
- 策略调整：根据市场变化和团队反馈，周例会可以迅速调整销售策略和技巧，以适应不断变化的市场环境。
- 信息共享与问题解决：周例会为团队提供了一个平台，成员们可以分享市场信息、客户反馈和竞争情况，及时发现并解决在销售过程中遇到的问题。
- 激励与团队建设：通过表扬优秀成员和分析案例，周例会有助于激励团队成员，增强团队凝聚力和士气。

经营分析会关注企业的整体运营和长期战略，而销售周作战会议则注重销售业务的短期目标和策略，主要内容是销售目标管理、销售日常行为管理和销售项目群管理。销售周作战会议时间建议优先安排在周末，或者工作日的晚上，因为工作日白天的主要时间都用于客户拜访。会议时长建议为 1 ～ 3 个小时，根据实际需要设定。会议方式基本都是电话会议。

销售目标管理

销售目标管理是一个系统性的工程，旨在为销售团队设定明确、量化的业务目标，并持续跟踪和评估实际业绩与这些目标的对齐程度。通过召开每周的销售周作战会议，团队可以及时了解目标完成情况，确保关键事项得到落实，并为下周制定新的目标和关键任务。

销售目标管理，按照滚动预测管理的 3GAP+3LIST 思路，主要围绕

“目标—预测—实际”这三个数据来匹配和分析，通过销售周作战会议来督促实现月度目标的达成。图 5-26 是北京某服务型企业在湖北区域销售周作战会议的目标管理表格。

销售员	年度目标销售额（亿元）	1～3月累计完成销售额（万元）	4月销售额（万元）				年度累计完成额（万元）	年度目标完成率（%）
			年度目标销售额分解	3月预测销售额	4月预测销售额	截至4月25日的本月累计销售额		
A	1.2	4 000	1 000	1 100	800	500	4 500	37.5
B	2	4 750	2 000	1 800	2 250	2 000	6 750	33.8

图5-26　湖北区域4月业绩情况

我们先看销售员 A 的目标情况，年度目标销售额为 1.2 亿元，1 季度累计完成 4 000 万元，截至 4 月 25 日销售额累计完成 4 500 万元，年度目标销售额完成率为 37.5%。从年度目标实际完成情况来看，完成情况还行。但是 4 月的总体业绩情况是很糟糕的，下面按照 3GAP 的思路来看差距到底有多大，如图 5-27 所示。

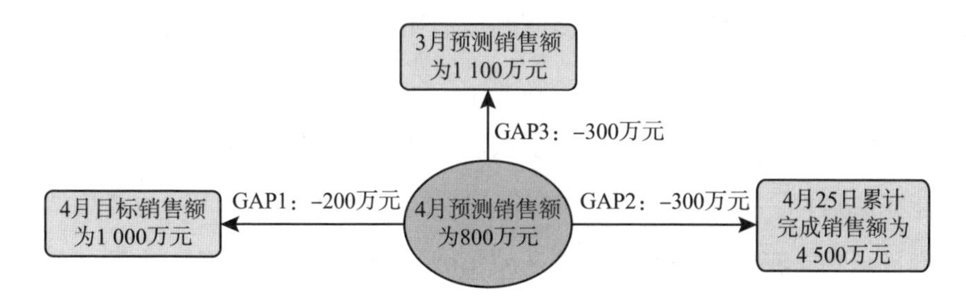

图5-27　销售员A的4月预测分析

1．首先看GAP1（目标差异分析）：200万元

销售员 A 按照年度目标销售额分解到 4 月的月度目标销售额是 1 000 万元，在 4 月初预测的本月目标完成情况为 800 万元，这就意味着销售员

A 在月初就缴械了，说自己搞不定，有 200 万元的目标缺口。预测时间点在月初，未战先降，这是我们不允许出现的，没有战斗气势。为什么这么早就投降了呢？这 200 万元的目标差距还有没有其他机会点可以弥补呢？所以 GAP1 的差距是我们不能接受的，在月初的销售周作战会议上就不能放过他，必须让他找到 200 万元的机会点才能通过。**目标差异分析的目的是看到差距，找到差距，弥补差距，完成目标。**

年度或月度目标的设定与实际预测结果之间存在差异，这种差异可能是由于对未来市场形势的预测偏差所引起的。这种偏差可能来自对市场趋势的误读，或者对企业自身销售能力的过度乐观预估。例如，若在年初预测行业形势过好，可能会定下高远的销售目标。但市场状况变化无常，新竞争者的出现或行业的暂时低迷都可能对销售造成冲击，导致原定目标难以实现。

同时，这种差异也可能受企业内部因素的影响。例如产品质量问题、服务问题或者销售策略调整不及时等，都可能使得实际预测结果跟目标值产生较大差距。此外，**销售目标制定者“未战先降”，还没开始就降低预期，降低对自己的要求，在面对困难时缺乏应对能力。这种情况一旦发现，必须加强目标管理，培养团队的自信和执行力，必要时适当调整责任人或者对激励策略进行调整。**

我们在辅导企业的过程中，多次碰到这样的问题：如果 4 月预测当月不能完成目标，同时预测 Q2 和全年都不能完成目标，请问这时需要调减年度目标吗？我们的结论是不能调减年度目标。从销售的角度来看，年初看到的都是困难，这是正常的情况。面对问题，解决问题；面对困难，战胜困难。如果管理层听取销售人员的一面之词，随意调减年度目标，在销售人员看来，说服领导比完成目标更容易，就不会努力去维护客户关系，直接找领导动动嘴，几百万元、上千万元的目标就被调减下去了。长此以往，销售人员只会做说服领导的工作，而不努力去改善客户关系，最终会导致“以领导为中心”的企业文化。因此，不建议调减目标。

本期预测并不是一味地追求与年度或月度目标完全一致，年度或月度目标是在目标制定时对于未来的一种期望，而本期预测则是基于当前已知情况的一个预判，二者存在差距这是正常的。不管预测是正偏差（预测数据大于目标数据）还是负偏差（预测数据小于目标数据），都会对后端的计划管理、资源配置、中后台协同造成较大影响。因此管理GAP1的目的不是完全消除差距，而是缩小差距，加强计划协同和资源协同。

2．其次看GAP2（执行差距分析）：300万元

截至4月25日，销售员A在4月才累计完成500万元销售额，和月初预测的800万元相差300万元，而4月还剩5天的时间，需要思考是否还有再冲刺的可能。同时，需要反思，为什么预测可以完成800万元，而实际完成不了？为什么不能“说到做到”？这300万元的差距到底是什么，需要拿出项目清单来审视，看到底是哪个区域、哪个产品、哪个客户导致的，具体根因是什么。是项目丢标了，项目延迟了，还是客户需求变化而将项目取消了？

通过进行执行差距分析，找到目标不能完成的真正根因，是客户关系、项目运作能力、产品性能、商务价格的问题，还是合同条款的问题？只有找到了根因，才知道怎么解决问题。通过不断复盘、总结，提升我们的项目运作能力，确保实际目标完成数据和预测数据的差距不断缩小，缩小执行差距，真正实现“说到做到”。

对于执行上的负向差距，可能存在预测过于乐观的情况，或销售作战能力有问题。如果是前者，企业应基于客观的数据和市场分析，避免过于乐观的预测。通过更实事求是地考虑市场需求、竞争情况以及内部运营能力，设定更为合理的销售预测数据。如果是后者，发现差距主要源于销售作战能力的问题，那么需要提升销售团队的销售技能。

3．最后看GAP3（预测变动分析）：300万元

销售员 A 在 3 月预测可以完成 1 100 万元，而 4 月初预测只能完成 800 万元，两次预测变动了 300 万元。而时间仅仅过去了一个月，为什么预测波动会这么大，到底是什么原因造成的？我们需要分析，找到这 300 万元的差距在哪里，同时，我们需要下沉到每一个销售项目，逐个对项目进行分析，最终找到预测变动的根因，包括客户关系、项目运作能力、产品性能、商务价格、合同条款等。通过每月不断地滚动预测，找到预测变动背后的根因，提升我们的滚动预测能力，增强对销售项目的销售感觉，缩小预测变动，使得预测数据基本可信。

预测变动分析衡量的是同一目标在不同时期预测数据之间的差异，以评估预测的稳定性和可靠性。在本例中，销售员 A 的预测数据相较于上期都有所下调，而销售员 B 的预测数据存在上调。

销售员 B 的预测上调反映了其对销售业绩的自信和期待，观察到了市场变化将带来新的机会点，例如新的客户群体、竞争对手的重大问题或是有利的市场趋势等，这些都可能促使销售员 B 提高自己的销售预期。销售员 B 的预测数据上调反映了他对未来市场的乐观评估。

需要注意的是，**频繁的预测变动可能反映出预测模型的不准确或对市场理解的不稳定，应警惕过于乐观的预测，防止过高的预期带来的风险，避免“放鸽子”[1]行为，同时也要避免过于消极的预测所导致的“放卫星”[2]行为。**

预测变动分析的本质就是通过比较两期预测结果的差距来查找问题并预见未来，将预测外转为预测内，同时规避潜在风险，避免出现极端波动，这就要求我们加强对预测精准度的把握，以此保持预测的稳定性。

㊀ 放鸽子是指承诺了结果没达到。

㊁ 放卫星是指没有预兆，直接爆出令人大为惊喜的结果。

我们既不要惊喜，也不要惊吓。惊喜，会造成资源错配，原定的资源策略失调，万一资源没有跟上，就会造成订单丢失或客户满意度下降。惊吓，会造成资源与成本的浪费，同时会影响士气。我们提倡言出必行，通过持续优化预测模型，提高预测的准确性和稳定性，同时提升销售团队的执行力，确保公司进入有序循环的状态，以此减少预测波动。

销售日常行为管理

销售日常行为管理对于销售团队的成功至关重要。这不仅关乎“做了什么”，更关乎“如何去做”。日常的销售行为，无论大小，都是决定是否成功的关键要素。它们决定了我们与客户的关系如何，决定了我们是否能够有效地传递价值，以及是否能够达到或超越销售目标。

单纯的结果导向可能会带来短期的成功，但没有稳固的以行为为基础的销售策略，这种成功很难持续。真正的胜利来自细节，即我们每天如何执行、沟通和互动。因此，确保销售团队采用正确的日常行为并管理这些行为是确保组织长期成功、持续胜利和保持活力的关键。

销售日常行为包括客户研究、竞争对手研究、客户拜访、邀请客户来访、与客户进行技术拓展、自我学习等，通过正确的行为引导和管理，可以促进销售成果的转化。我们不仅关注作战结果，也关注作战路径，确保销售团队按照正确的方式行动，持续打胜仗。

销售日常行为管理在推动组织的成功上起到了决定性的作用。为确保销售组织按照正确的方式行动并持续获得胜利，我们需要坚持以下三大原则。

第一，以客户为中心原则。

所有的销售行为和决策都应以满足客户需求和为客户提供价值为核心。客户是销售工作的核心。无论销售团队采用何种策略或行为，都必须真正满足客户的需求或为客户带来价值，否则这些努力都将是徒劳。以客户为中心的原则确保了销售团队始终聚焦于客户的实际需求和痛点，从而建立良好的客户关系，提升客户忠诚度。例如，与客户进行技术拓展不仅要展示产品特点，更要突出其如何解决客户的实际问题。

我们经常遇到这样的问题，如果客户暂时没有项目需求，我们是否应该经常性地拜访客户呢？相信大家都会说，应该经常去拜访客户，给出这个答案虽然很简单，但真正做到是很难的。

第二，销售行为系统性和连贯性原则。

销售的各个环节，无论是客户研究、竞争对手研究还是与客户互动，都是相互关联的，不应被视为孤立的行为。整个销售流程应该是一个统一、连贯的系统，每个环节都为下一个环节提供支撑。

在一个连贯的销售系统中，前一步的行为将直接影响后续的行为效果。例如，深入的客户研究能为客户拜访提供更有针对性的信息，而高质量的客户拜访又能为后续的技术拓展创造有利的环境。系统性原则确保了整个销售流程的效率和效果。

因此销售日常行为是需要被设计和管理的，只有这样才能有效支撑销售目标和项目打单。

第三，销售行为持续调整和改进原则。

随着时间的推移，原先有效的策略可能会失效。持续改进原则强调了对销售行为的实时反馈和调整的重要性，从而确保销售策略始终与市场需求保持同步。通过定期分析销售数据、收集客户反馈并据此做出调整，销售团队可以持续优化其策略，应对市场变化。例如，若发现与某个客户的交流方法不再有效，就应迅速找出原因并进行调整。

为了确保销售日常行为管理效果和组织的长期成功，建议围绕这三大原则进行操作：销售行为的系统性确保销售行为的连贯性和销售管理的效率，持续调整和改进销售行为能保障策略的有效性，而以客户为中心则确保了销售行为始终与市场和客户需求相匹配。

接下来的内容为销售日常行为中的客户拜访、邀请客户来访、与客户进行技术拓展等活动的示例。

1．客户拜访

办公室里不会产生将军，销售业务都是靠双腿跑出来的，真相都在客户现场。

客户拜访的目的不仅仅是销售产品或服务，还是企业与客户建立稳固关系的重要环节。客户拜访是建立信任和亲近感的有效途径。销售人员需要通过对客户进行频繁的拜访与沟通，经常性地“泡”在客户那里，与其建立稳固且持久的关系，理解客户的需求和期望，从而更好地满足他们的需求。这种信任和亲近感可以使客户更愿意与企业合作，甚至可能为企业带来其他潜在客户。

此外，拜访是向客户传递重要信息的机会。销售人员可以通过拜访告知客户所有他需要知道的信息，包括新产品、促销活动、公司动态等。及时传递这些信息，能够让客户了解企业的优势和竞争力，提高客户对企业的认可度。

最重要的是，通过频繁的拜访，可以让客户没有时间去接触竞争对手，这一点大部分企业都没有意识到。当我们与客户保持频繁的沟通和互动时，便能掌握第一手信息，给予客户更好的支持和服务，从而在竞争中占据优势地位。客户也会意识到与我们建立的关系更具价值，更愿意选择我们作为长期合作伙伴。

然而，仅仅进行客户拜访是不够的，关键在于如何有效地管理这一过程。销售人员应根据客户的需求和特点，制订合适的拜访计划和目标，在拜访过程中注重倾听客户的反馈和需求，并记录拜访成果，例如记录客户提出的问题、意见或需求，以便后续跟进、解决和满足，如图 5-28 所示的客户拜访记录表模板。

拜访日期	拜访时长	拜访对象	拜访类别	拜访目的	拜访成果	遗留事项
2024/04/15	2 个小时	总经理	售后服务	处理投诉	解决问题	持续观察

图5-28　客户拜访记录表模板

图 5-28 是每个销售人员在拜访客户后需要及时录入销售管理系统 CRM 或工作日志中的信息。作为销售管理部门，要把所有拜访情况晾晒出来，在每周例会上做通报，对完成不佳的人员要提出要求。这样做的目的就是把销售人员赶往客户现场，因为在办公室不可能产生订单。

湖南某精密仪器上市公司的销售团队大约有 230 人，我们第一次统计每个人的客户拜访数据，发现差异非常大，每人每月平均拜访客户次数不到 10 次，最高纪录也就 30 次，最差的情况是不到 5 次。这就意味着每人每月只有 10 天在见客户，有 20 天是见不到客户的。为了进一步了解情况，财经部门分析了这 230 人过去半年的出差记录，发现一个重要规律：大部分销售人员都是周一出差，周五回到总部基地，在家里度过周末。在一周共 7 天的时间里，2 天在途，2 天周末，只有 3 天有效工作的时间。基于这种结果，人均月度拜访次数自然不会太高。后来通过优化差旅管理规定和客户拜访管理制度，这种情况大为改善。因此，我们建议参考图 5-29，把销售人员每周和每月拜访记录晾晒出来。

区域 / 业务员	本周累计		本月累计		本年累计	
	累计次数（次）	部门排名	累计次数（次）	部门排名	累计次数（次）	部门排名
A	5	1	22	2	120	3
B	4	2	26	1	140	1
C	3	3	18	3	135	2
D	1	4	12	4	80	4

图5-29　客户拜访记录表

安徽一家消费品类上市公司，由于最近几年业绩显著下滑，我们参与并辅导了该公司的经营分析会和销售周作战会议。当我们第一次走到销售办公区域时，就察觉到了各种不对劲。每位销售人员的工位都很整洁，有绿植、茶叶、烧水壶、水杯、书架等，这和华为销售人员的工位完全不一样。我们立马要求财经部门调取了销售人员的出差数据，结果显示，平均每人每月出差次数不超过两次。董事长最后决定取消销售人员的固定工位，改为都集中在一个会议室流动办公，目的是倡导大家都要积极奔赴一线，积极拜访客户。

2．客户来访管理

邀请客户来访企业、参观样板点、参加展览会是华为早期的销售三板斧。

首先，邀请客户来访作为一项关键策略，能够为企业与客户之间的互动与合作提供有力的支持和保障。邀请客户来访是销售三板斧之首，是打破客户对企业认知局限的重要措施。对于尚未来过企业的客户而言，他们对企业的产品和服务可能只有模糊的认知，对企业的了解可能仅仅来源于第三方或者表面的信息，这其中不可避免地存在误解和偏见。通过邀请客户来访，企业可以直接向客户展示真实的生产线、技术实力和团队风貌，从而更加真实、直观地展现企业的核心竞争力。

其次，邀请客户来访是成为核心供应商的基础。作为战略或核心供应商，企业必须在客户心中建立起可靠和值得信赖的形象，而邀请客户来访正是实现这一目标的重要途径之一。通过展示企业的专业知识、质量控制体系以及完善的客服体系，可以让客户看到企业作为合作伙伴的价值和能力。客户通过亲眼看见企业的生产过程、品质管理和团队协作，进一步巩固了对企业的信任和合作意愿。一次印象深刻的现场体验，往往胜过数次的电话沟通或电子邮件交流。

再次，邀请客户来访是检验客户关系是否建设到位的重要指标。这不仅是我们向客户展示企业实力的机会，也是客户投入和参与的体现，我们可以将客户的这种表现作为其合作意向的评估因素之一。**如果销售人员不能够成功邀请客户来企业参观，这可能意味着客户关系还没有达到理想状态。因此，邀请客户来访的成功与否是一个重要的衡量指标，它能帮助我们评估和改进客户关系管理。邀请客户来访、拿到客户投资计划和周末请客户吃饭等，这些动作都是衡量客户关系的主要方式。**

最后，客户来访是构建紧密合作关系的契机。这不仅是一次简单的参观，还是一次双向的交流和互动，企业可以利用这个机会与客户进行深入的沟通，了解客户的业务需求与挑战，帮助客户解决问题并提供价值。通过建立密切的合作关系，企业能够更好地把握客户的需求变化，提供个性化解决方案，加强客户黏性和忠诚度。

为了有效管理客户来访，每位销售人员都应该生成自己的客户来访记录表，通过记录和跟踪每次客户来访的情况，企业可以更好地管理客户关系，及时回应客户需求，并持续改进企业的服务质量和客户体验。图 5-30 是一个客户来访记录表模板。

来访日期	来访时长	来访人员	接待人	来访目的	参观内容	来访成果	遗留事项
2024/04/15	2 个小时	总经理	张三	技术交流	实验室	解决问题	持续观察

图5-30　客户来访记录表模板

图 5-30 是每个销售人员在客户来访后需要及时录入销售管理系统 CRM 或工作日志中的信息，作为销售管理部门，要把所有来访情况晾晒出来，建议参考图 5-31，在每周例会上做通报，对完成不佳的人员要提出要求，促使其加强客户关系管理。

通过这样的记录，销售人员和团队可以全面了解每个客户的来访情况、参观内容和反馈意见，可以更好地了解客户需求并采取相应的行动，进一步加强与客户的关系并促进合作的发展。

区域/业务员	本周累计		本月累计		本年累计	
	累计次数（次）	部门排名	累计次数（次）	部门排名	累计次数（次）	部门排名
A	2	1	5	2	16	3
B	1	2	6	1	18	1
C	1	2	4	3	17	2
D	1	2	2	4	8	4

图5-31　客户来访记录表

很多企业都在深耕大客户，希望加强对大客户的管理，当问及在大客户中都有哪些高管曾来访过企业时，多数企业只能回答上几个人的名字，企业没有系统性的策划，缺乏大客户来访管理。对于大客户的 CXO、决策支撑人员和关键技术人员，企业都需要定期邀请他们来企业参观，进行技术交流和学术交流。只有与大客户深度融合，才能构建起立体式的客户关系，即两个企业之间的组织客户关系、关键决策人的关键客户关系和可以影响决策人员的普遍客户关系。

结合拜访和来访管理，对于大客户可以用 TOP 客户往来活动记录表（见图 5-32）进行有效管理，并制订大客户关怀计划，比如企业董事长每年拜访 TOP10 的是哪几个客户，拜访了客户的哪些 CXO，拜访频次如何。

年度累计	客户拜访管理			客户来访管理		
	董事长	总经理	…	董事长	总经理	…
TOP1 客户（次）	3	5	10	0	1	1
TOP2 客户（次）	5	8	15	0	0	1
⋮						

图5-32　TOP客户往来活动记录表

邀请客户来访是深化客户关系、展示企业实力的重要手段。加强邀请客户来访不仅是一种策略，更是企业持续发展、深化客户关系、提高市场竞争力的必要举措。

3．技术拓展管理

技术拓展是指向客户呈现企业的产品、服务和解决方案的一系列活动，包括产品演示，为客户提供技术咨询、培训、技术支持、解决方案设计和技术文档等，技术拓展的目的是展示产品的技术优势，满足客户需求，提升产品吸引力和客户满意度，最终促进销售成功。技术拓展不仅增强了客户对产品的理解和信任，还为销售团队提供了必要的技术支持。

现在各个行业竞争日益激烈，价格战成为常态。很多销售项目在还没有与客户建立联系的情况下就开始投标，这种情况大概率需要拼价格。因此企业需要让客户知道企业的技术，了解企业的产品，理解企业的解决方案，只有这样，企业才具备错位竞争的条件。因此，企业需要理解技术拓展的必要性。

首先，**技术拓展是企业获得竞争优势的关键。**当客户认为企业的技术方案独步市场，能够为客户带来真实的利益和价值时，客户更容易被吸引并做出购买决策。这不仅意味着更高的赢单率，还意味着更高的客单价，因为客户愿意为高质量和有高附加值的产品支付更多。

其次，技术拓展能够帮助企业彰显技术优势和突破市场限制，进而扩大市场份额。通过与客户进行深入的技术交流，企业可以准确把握客户需求，进行有针对性的技术研发，创新产品和服务，从而持续满足客户需求。

最后，强化技术拓展还能提升销售团队的技术水平。一方面，技术培训让销售人员更加专业，能够更有效地与客户沟通和解决问题；另一方面，深入了解产品技术优势也使销售人员更有信心，从而提高销售业绩。

既然技术拓展管理如此重要，企业应该怎么做呢?

首先，销售人员在与客户沟通的过程中应强化技术交流的频次和深度，并将客户反馈的问题、需求和建议及时带给研发团队。这种双向的技术交流有助于销售人员更好地理解市场需求和客户痛点，并为研发团队提供宝贵的市场反馈信息，助力团队有针对性地突破技术壁垒，为客户提供更为专业的解决方案和支持，满足客户需求。

为了有效管理技术交流，每位销售人员都需要生成面向客户的技术拓展记录表，如图 5-33 所示。

区域	销售人员	本月累计			年度累计		
		参加产品研讨会次数（次）	参加技术恳谈会次数（次）	参加各种展会次数（次）	参加产品研讨会次数（次）	参加技术恳谈会次数（次）	参加各种展会次数（次）
北京	张三	2	10	2	8	25	5
	合计						

图5-33　技术拓展记录表

其次，研发团队应积极面向市场与客户，及时了解行业技术新趋势，并与客户直接交流技术问题。这种以市场为导向的技术交流能够帮助研发团队深入了解客户需求，把握市场动态，从而指导技术的拓展和创新；同时，研发人员作为专家，通过与客户进行面对面的交流和培训，能够让客户更好地了解产品技术知识和应用情况。

最后，如何构建销售人员的技术交流能力，这是大部分企业碰到的一个难题。销售人员不能只会请客吃饭，还应该懂产品，能粗略地讲解产品或解决方案。那么如何构建这个能力呢？

在研发产品线上搭建学习平台是技术拓展管理的重要举措之一。研发部门通过内部学习平台发布各产品的宣讲材料、视频和销售话术，使销售团队能够深入了解产品的技术特点、优势和应用场景，从而更好地进行销售推广工作。

以考促训是一种推动员工学习和发展的方法。研发团队应定期对销售人员进行产品知识的培训和考试，以此检验销售人员对产品的理解程度和推广能力，激励销售人员不断学习并提升自己的技术水平。

以上的销售日常行为管理，不仅适用于销售人员，也适用于各级主管。管理者应该更积极地参与与客户相关的活动，明确自身与客户相关活动的行为准则，打通高层客户关系，确保公司立体式地服务于客户。

销售项目群管理

单个销售项目管理是指对于某个具体的项目，从获取线索或机会点之后，公司内部启动销售项目立项，同时了解客户投资计划和技术关注点等，分析客户关系、项目决策链和客户诉求，明确企业的技术策略、商务策略和谈判策略，直到合同签订的管理过程。本书主要围绕年度目标来讲，对单个销售项目管理不做阐述。

销售项目群是指针对多个销售项目的集中管理，这些项目可能属于某个特定的事业部、行业、区域、客户或由特定的业务员负责。销售项目群的管理，本质上是对销售漏斗的管理，涵盖从获取线索到合同签订的整个销售流程。

1．为什么需要进行销售项目群管理

- 整合优质资源：销售项目群管理可以更有效地分配资源，通过对多个项目进行集中管理，可以实现资源的最优配置，避免资源浪费，并确保关键项目得到足够的支持，同时允许企业在多个项目之间分配或调剂资源。
- 加强内部协同：销售项目群管理可以促进团队之间的沟通和合作，使得多个项目能够共享知识、经验和资源。
- 提升运作效率：通过集中管理和执行标准化流程，可以提高处理速度和效率，加速决策过程，更快地推进项目，减少不必要的重复工作和浪费。

2．如何进行销售项目群管理

（1）撑大销售管道。

按照销售组织或销售管理维度（如事业部、行业、产品、区域或销售业务员）统计线索和机会点的动态状况，如图 5-34 所示。

业务员	本周累计				本月累计				本年累计
	线索数量（条）	线索金额（亿元）	机会点数量（条）	机会点金额（亿元）	线索数量（条）	线索金额（亿元）	机会点数量（条）	机会点金额（亿元）	…
A	2	1	1	0.5	10	5	6	1.2	…
B	3	0.8	2	0.6	15	6	5	1	…

图5-34　销售管道统计表

在销售周作战会议上，要动态监控线索和机会点的变动情况，及时掌握销售喇叭口的状态。销售喇叭口越大，进入销售管道里的项目越多，目标完成的可能性才会越大。图 5-34 所示的销售管道统计表使每个销售单元尽可能地获取更多的线索和机会点，扩大销售管道。

（2）加强销售项目清单管理。

加强销售项目清单管理有助于通盘掌握项目进展，充分评估项目风险和明确下一步计划。图 5-35 所示的销售项目管理表供读者参考。

项目名称	客户名称	区域	产品名称	项目金额	项目等级	进展阶段	客户关系评估	预计签单时间	本周进展				下周计划		
									日期	问题与风险	进展	求助项	任务描述	责任人	计划时间

图5-35　销售项目管理表

为确保企业能够集中精力应对最有价值或有潜力的项目，应该结合客户重要程度、项目金额、战略意义等因素对销售项目进行分级管理，并设定不同等级。

（3）利用好企业高管资源。

在销售项目群的管理过程中，应该把领导（企业中的高管）看作一种资源，而非仅仅是权力的代表。领导已经逐渐从纯粹的权力代表转变为公司内部的宝贵资源。特别是在销售项目的管理中，领导是否参与和支持往往决定了项目的成败。

首先，项目群及项目的成功不仅与销售策略或价格竞争有关，还与客户建立的深度关系，以及对市场动向的敏锐洞察有关。领导在这里可以起到关键的作用。他们往往拥有丰富的经验、广阔的人脉和较高的决策权，这使得他们在与客户高层建立联系、洞察市场趋势以及解决复杂问题时更加得心应手。

其次，当公司主管，如研发部门、销售部门和生产部门的领导，亲自参与项目分析会时，不仅可以为项目团队提供更高层次的战略指导，还能够确保项目获得必要的资源支持。这种从高层直接得到的支持往往比中层管理者提供的支持更为直接、有效。

再次，领导的亲自参与也是对团队的认可和鼓励。他们的关注和支持往往能够激发团队成员的积极性，使团队成员更有动力去面对项目中的各种挑战。

因此，领导在销售项目群管理中的角色不应被低估。他们不仅是决策者，还是团队的导航仪和坚强后盾。当我们把领导看作一种宝贵的资源，而不仅是权力的代表时，销售项目管理的效果往往会大大提升。

公司领导拜访客户不要太功利，即使没有销售项目机会也需要例行去拜访客户。如果领导仅仅是为了支持销售项目落地才去拜访客户，大概率对销售项目不会有太大帮助。领导到了项目现场，除了过度承诺，很难对项目带来实质性改变。我们提倡把工作做在平时，定期地拜访高层客户，在销售项目阶段会更加主动。

在华为，每个销售项目在立项时，会根据项目等级确定一个主管来做销售项目 sponsor（赞助人），他就是项目最大的资源，要解决项目运作中的重大问题，并且参与关键客户关系维系。

（4）固化项目运作经验，形成组织能力。

让签单成为一种惯性，而不是偶发事件。

首先，进行经验整合与知识管理：在每个项目结束后进行详尽的总结，并将这些信息文档化，识别最佳实践并转化为工作模板。同时，建立一个知识库，整合与项目相关的行业动态、客户信息和竞争对手分析，为团队提供一个集中的学习和查询平台。

其次，进行培训与文化建设：为团队成员提供系统性培训，特别是新入职者，确保其快速融入并掌握项目管理的核心技能。此外，通过经验分享会议，促进团队间的交流，形成一个持续学习和改进的文化。

最后，进行激励与奖励：设立激励机制，鼓励团队成员分享经验并在项目中取得卓越的表现。这不仅增强了团队的凝聚力，还有助于推动销售团队朝高效和持续改进的方向发展。

通过上述方法，销售团队不仅可以固化项目运作的经验，还可以形成一个有序、高效和持续改进的销售文化，使得签单成为一种习惯。

小 结

销售周作战会议不仅是销售团队回顾和总结销售业绩的平台，还是预测未来趋势、制定销售策略的关键。在每周的会议中，团队能够基于实际销售数据和市场预测，及时对目前的销售策略进行深入的分析和评估。这样的持续反馈机制能够使团队迅速识别并应对市场的变化，调整销售策略，确保始终与市场保持同步。这种周期性的调整和优化显著提高了销售团队的应变能力和销售技能。简而言之，销售周作战会议为企业提供了一个与市场紧密对接的机会，确保销售策略始终有效、务实，从而持续提升销售业绩。

CHAPTER 6
第6章

目标绩效管理

在前面的4章中，我们主要讲解了目标文化管理、年度目标制定、年度目标分解和目标过程管理，这些都是企业的经营活动，从价值链管理的角度来看，它们属于价值创造，如图6-1所示。**价值创造就是做大“蛋糕”，价值评价就是论功，价值分配就是行赏，论功行赏的依据都是价值创造。如果企业的价值评价和价值分配背离了价值创造的逻辑，那么注定企业的价值管理是无效的，甚至起副作用。**

价值创造的目标就是当期“做大蛋糕和多打粮食”，长期增加“土壤肥力”。因为是客户给企业钱，所以价值创造的源头是客户，以客户为出发点，对外为客户创造价值，对内追求持续的商业成功，让企业能生存下去，让员工有更好的生活。

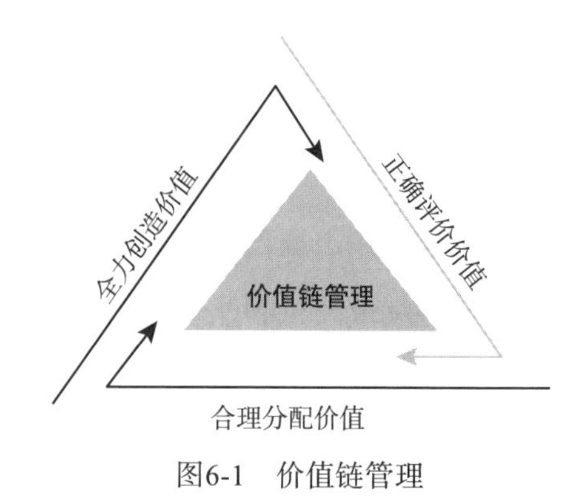

图6-1　价值链管理

价值评价以客户满意为唯一的

衡量标准，以责任结果为导向评价组织和个人。团队要完成组织绩效目标，员工要贡献大于成本，坚决淘汰低绩效与懈怠者。价值评价导向高绩效文化、绩效改进和人均效益提升。因此，学历、认知能力、工龄、社会荣誉、工作中的假动作以及内部公关，不能作为价值评价的依据，责任结果是员工获得回报的唯一基础。

价值分配的总体原则是基于责任结果贡献和多劳多得。价值分配导向企业可持续发展，导向冲锋和不让奋斗者吃亏。不能让组织里坐车的人比拉车的人拿得多，否则拉车的人没有干劲，不愿意艰苦奋斗。基于获取分享的理念，用合理的价值分配撬动更大的价值创造，激励的资源来源于价值创造。价值分配是一套复杂的体系，需要均衡长期和短期激励，刚性和弹性部分，个体与整体，稳定平衡与打破平衡等，这部分将在第 7 章进行详细阐述。

企业的经营机制说到底就是一种利益的驱动机制。企业的价值分配系统必须合理，价值分配系统合理的必要条件是价值评价系统合理，而价值评价系统要合理，价值评价的原则以及企业的价值观系统、文化系统必须是积极的、蓬勃向上的。因此，我们倡导的绩效方案是挣钱方案，而不是分钱方案。绩效方案是导向作战，导向冲锋，持续打胜仗、打大仗。

绩效管理的问题与挑战

绩效管理在目标体系中的价值不仅是评估员工的表现，还是确保组织目标和战略得到有效执行的关键工具。但是绩效管理不如预期，以下场景是否熟悉。

1. 在公司里老板/主管总是最忙最累，大家都在等着老板/主管安排工作

这种现象在中小企业尤其明显，领导层的权力过度集中，缺乏自主性

的工作氛围。这是由于缺乏授权和信任，以及明确的职责分配。员工可能不清楚自己的职责范围，或者不被鼓励自主工作。长期如此，这种工作模式可能导致员工依赖性增强，创新和主动性减弱。

2．每个人都签署了绩效承诺书，钱也没少发，但是业绩始终没有起色

这种现象是绩效承诺与实际表现脱节。可能是因为绩效目标不具有挑战性，或者与员工的实际工作关联不大，导致员工缺乏达成目标的动力。此外，绩效管理过程可能缺乏有效的监控和调整机制，以及及时的反馈和激励措施。

3．各部门之间扯皮推诿，销售上蹿下跳，不靠老板/主管主持会议很难推动

这是部门之间缺乏协同机制的表现，通常是因为缺乏跨部门合作的文化和机制。组织结构可能过于僵化，阻碍了信息流通和资源共享。缺少共同的目标和合理的奖励机制，也会导致部门之间的竞争而非合作。

4．工作任务交代多次，毫无进展。都已经告诉他们如何完成任务，但结果事与愿违

这是指导与执行脱节的表现。可能是因为任务的指导和期望没有被清晰地传达或理解，或者员工缺乏完成任务所需的资源、技能或动力。这也可能反映了员工培训和发展的不足，以及管理层在跟踪进度和提供支持方面的不足。

5．主管对员工考核不敢扮演“恶人”，或不能一碗水端平，偏袒与自己关系好的人

这是绩效评估的不公正和偏见，通常源于绩效评估体系的不完善，缺乏客观、量化的评价标准。同时，如果对管理人员的培训不足，管理人员可能在处理敏感的绩效评估和反馈时缺乏必要的技能和信心。

当然，不同的企业在不同的发展阶段，面临的绩效管理问题也不一样。我们认为，如果一个组织不能持续打胜仗，组织缺乏活力，不能为客户创造价值，那么就需要不断审视绩效管理中的问题，以此作为改进的方向。

为什么需要绩效管理

当企业已经完成了目标制定和目标分解，有了目标的过程管理措施，是否还必须要有绩效管理才能保证目标结果的达成呢？显然是的。

绩效管理需要明确企业中每个组织和每位员工干什么，怎么干，这都需要设立标准，才能最终衡量干得好与不好。结果是评价的产物，绩效是评价结果背后的行为和努力。

结合前述内容，企业需要绩效管理的主要原因有以下三点。

1．推动战略目标和年度目标达成，不让目标成为摆设

绩效管理将员工的日常工作与公司的年度目标和战略目标对齐，确保每位员工都在为共同的目标努力。通过设定具体的绩效目标，员工可以了解自己对企业的贡献，同时企业可以通过跟踪这些绩效指标来监控目标的达成情况，及时做出策略调整。

2．建立明确的工作标准和期望，让员工知道奋斗的方向

绩效管理通过设定明确的工作标准，帮助员工理解自己的工作职责以及如何有效地完成这些职责。这为评估工作成果提供了量化指标，确保每位员工都明白什么是优秀的工作表现，哪里是需要改进的地方。这样不仅有助于员工自我管理和提升工作效率，同时也为管理层提供了公正评估和激励员工的依据。

事前明确的衡量标准可以消除不确定性顾虑，绩效管理立足于公司战略，设定价值衡量标准，通过机制保障评价相对公平，是支撑激励方案的

核心依据。

在激励评议过程中，经常会遇到想给员工加薪、增评奖金，但该员工绩效不佳的场景。原则上绩效评议标准和评议结果不应受到挑战，绩效是评价，激励是评价结果的应用，要避免做事的时候一套标准，激励的时候又是另一套标准，这也是很多华为员工觉得在华为工作氛围简单的原因，因为绩效管理的扎实、有效开展，使衡量标准清晰透明。越努力，绩效结果越好，收获就越大。

3．评估员工表现，激励员工，区分到底干得好与不好

绩效管理提供了一个评价和反馈的机制，通过定期的绩效评估，企业能够识别员工的强项和弱点。这为员工提供了持续学习和职业发展的机会，并为管理层提供了数据支撑决策，例如培训需求分析、晋升决策以及继任计划的制订等。绩效管理还可以作为激励员工提高工作绩效的工具，奖励、认可和鼓励高绩效员工继续保持高绩效水平，同时帮助低绩效员工提高其表现。

如图 6-2 所示，华为一般情况下将绩效结果划分为 A、B+、B、C、D 五类。

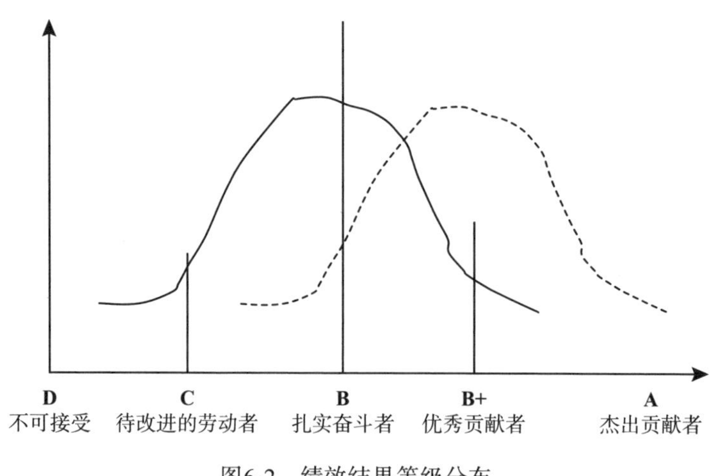

图6-2　绩效结果等级分布

A：杰出贡献者（outstanding contributor），明显超出组织期望，在各方面均超越所在组织 / 岗位层级的职责和绩效期望，取得杰出的成果，绩效明显高于其他组织 / 他人，是绩效标杆。

B+：优秀贡献者（excellent contributor），达到并经常超出组织期望，经常超越所在组织 / 岗位层级的职责和绩效期望，不断拓展工作范围与影响。

B：扎实奋斗者（solid contributor），达到组织期望，部分目标超出组织期望，始终能够满足所在组织 / 岗位层级的职责和绩效期望，部分目标能够超出组织期望。

C：待改进的劳动者（need improvement），未达到组织期望，不能完全履行所在组织 / 岗位层级的职责和绩效期望，需要及时改进绩效，以正常履行岗位职责。

D：不可接受（not acceptable），不能履行所在组织 / 岗位层级的工作职责，远未达成相应的绩效期望，明显缺乏职责所需的知识技能、工作有效性和积极性，或者连续两次被定级为较低贡献者（可能是 C，也可能是 D）后，仍未展示出绩效改进。

其中，在比例分配上，一般 A 类占整体绩效比重的 10% ～ 20%，B+/B 类占 70% ～ 85%，C/D 类占 5% ～ 10%。

做出这种划分可能会让后 10% 的 C 类和 D 类员工离开，不做这种划分可能会导致前 10% 的 A 类杰出贡献者离开。**企业最“贵”的人才不是薪酬最高的人，而是没有给企业创造等同价值的后 10% 的员工。**

这种区分不仅是为了识别和管理绩效低、贡献少的员工，还是为了识别 A 类杰出贡献者。通过识别 A 类杰出贡献者，企业可以倾斜更多的机会和资源，让 A 类杰出贡献者更快速地到更重要的岗位发挥更大的价值，其自身也能通过持续的努力取得更高的成就。同时我们要相信“火车头”的力量，找到正确的火车头，给火车头加满油，才能引导激励大多数 B+/B

类贡献者向前进步，在提升组织整体效能的同时，使员工个人能力得到发展，有效防止人才流失。

对于后 5% ～ 10% 的员工，干得不好也要有个说法。识别和管理贡献较少、绩效待改进的员工，进行清单化管理。企业业务快速发展，大浪淘沙是持续的，只有优秀的人才能获得更多的发展机会和回报，而跟不上组织发展脚步的员工只能被淘汰。

综上所述，绩效管理通过明确考核标准，识别先进、管理后进、支撑奖励，将企业的文化价值观应用到日常工作中，推动人才发展，夯实组织能力，激活组织活力，在支撑短期目标实现的同时，为组织的长期发展奠定坚实的基础。

什么是一个好的绩效方案

绩效方案是为了确保企业员工的努力与企业（组织）的战略目标和年度目标保持一致，并有效地激励和评估员工。绩效方案是企业中一个系统性的工程，需要考虑的因素非常多，那什么样的方案才是一个好的绩效方案呢？

1. 对管理者来说，是一个简单、实用、适用的绩效方案

优秀的绩效方案应该是简单和易于理解的。该方案应减少不必要的复杂性，使管理者和员工都能清楚地知道预期结果。这样的方案能提升目标设定、跟踪和评估的效率，使管理层能够聚焦于推动业绩增长，而非陷入烦琐的程序之中。简单还意味着绩效方案易于实施，能适应不同的工作环境和员工需求。

组织绩效匹配企业整体指标，依据相关性和协同性，将企业指标横向分解到各部门后，将部门指标纵向进行汇总和瘦身。原则上各部门的 KPI 数量，以不超过 10 个为宜，数量过多则基于重要性和相关性进行排序后删减，以保证聚焦，关注“关键的少数”更有效。

2003 年，我在华为山东代表处做业务部门主管的时候，我们代表处的考核指标非常多，多达 15 个。过多的考核指标导致不聚焦，在实施过程中，对真正重要的指标投入不够，而在次要指标上投入了过多精力，因此缺乏工作重心，也不知道该抓哪一个。后来，华为总部将一线的考核指标逐步精简到 5 ～ 8 个。

对于绩效方案，我们提倡抓主要矛盾和矛盾的主要方面。例如，我们辅导的陕西一家医疗机构上市企业，该企业连续 3 年亏损，并且亏损趋势越来越严重。那么企业当下的工作重心毫无疑问是打响“灭亏战役”，各部门积极响应“对客户要好，对内部要狠（勒紧裤腰带过日子）”的号召，共同攻坚“灭亏战役”。最终企业数千名员工共同努力，用 1 年的时间达成了止损目标，用 2 年的时间实现了盈利目标。

2．对客户来说，是一个聚焦客户，服务客户，为客户创造价值的绩效方案

绩效方案应当以客户为中心，鼓励员工理解并解决外部矛盾，如客户需求和市场变化，将这些外部挑战转化为组织内部的动力。这种导向不仅提高了员工对市场动态的敏感性，也促进了跨部门之间的协作，让员工共同为提高客户满意度和产品质量而工作。当员工意识到自己的工作与客户满意度之间的紧密关系时，他们的工作将更有目的性和紧迫感。

每个组织在拟制绩效方案时，第一个问题就应该回答：组织的客户是谁？就如“人力资源部的客户是谁”这个问题在华为也是讨论了很久才清晰的。后来华为明确，华为只有一个客户，就是最终的客户，无论哪个部门都是如此。业务部门不是人力资源部的客户，也没有“内部”客户的说法，所有部门都应该聚焦服务好“外部”客户。

3．对员工来说，是一个能够让员工“挣到便宜”的绩效方案

绩效方案必须让员工能够清晰地看到他的努力如何转化为个人利益，

让他能够清晰地计算出他的利益。例如，员工在干活之前就知道，干多少活，可以拿多少钱。利益可以是更高的薪酬、晋升以及其他形式的认可等。

绩效方案应当确保努力和成果是被看到和奖励的，这样员工就可以理解，更高的业绩将带来更好的回报，也才相信努力是可以改变命运的。激励机制应该公平、透明，让所有员工都有机会"挣到便宜"，从而激发他们持续提升业绩的动力。

华为在全球的120多个代表处，在年底完成下一年度的全面预算案时，就能根据自己的全面预算结果，计算出自己的奖金包，知道奖金包的增减情况，以此反向倒推年度目标是设置高了，还是设置低了。这些都可以自己评估出来，在年初干活之前就已经知晓了预期的结果。基于这样清晰透明的规则，每个代表处都会铆足劲干活，期待超额完成目标，获取更多的奖金和回报。

总之，一个好的绩效方案应当简化管理过程，坚持以客户为导向，以及明确激励机制，这些都是激发员工潜能、提升工作绩效和推动组织发展的关键。

绩效管理的导向

绩效考核是组织管理中的重要环节，对于激励员工、促进组织发展和提升整体绩效具有关键作用。然而，在常规的绩效考核方案中，往往存在着一些问题和局限性，为了突破传统束缚，我们提倡一种新的绩效考核方案，将焦点放在目标需求、行为表现和评价结果之间的有机联系上，接下来将具体分析这两种绩效考核方案。

常规绩效考核方案：为了绩效而绩效

1. 做什么才考什么

绩效考核方案仅考核员工当前职责范围内的工作，忽视了个人潜能和发展空间，这可能导致员工只关注自己的日常工作，而不会更广泛地思考如何为企业创造更大的价值。

在快速变化的市场环境中，员工可能需要超越常规职责来应对挑战，仅基于职责的考核可能抑制这种主动性和创新性。

2. 什么"行"就考什么

如果只关注做得好的方面，可能会忽略需要改进的领域，导致个人和组织的潜力得不到充分发挥。

这种做法可能导致评价标准的不一致，员工可能会感觉绩效考核缺乏公正性，因为它没有全面反映他们的工作表现。如果制定考核目标时，采取员工自己填写、主管审批的模式，员工就会按照自己能完成的指标和指标值来设计，这是主管"偷懒"的做法。

3. 什么重要考什么

虽然重要事项确实应该得到重视，但是日常工作的稳定执行同样重要。如果仅仅关注重大项目或关键绩效指标，可能会忽略维护组织正常运作所需的基础工作。同时，过分关注当前的重要事项可能导致对长期目标和发展战略的忽视，从而损害企业的长期发展。

当然，以上考核方式并不是错误的，而是一种考核风格的主张，也是大部分企业正在使用的方式。本书更多的思考，是如何从经营视角激发组织和个人的活力，而不是从管理上怎么去规范绩效。因此，从经营诉求上，我们已经不满足于过去的成绩，正在寻求更大的进步，因此考核方式也需要随市场环境和经营诉求不断审视和调整。我们不希望员工过分关注个人绩效指标，而忽视团队或组织的整体目标。为了达到考核指标，员工可能采取短期行为，而牺牲长期利益。员工也可能会寻找绕过规则的方法，以表面上满足考核指标，而不是提高工作质量或效率。

我们提倡的绩效考核方案：考核是指挥棒，指向哪里就考核哪里

采用“考核是指挥棒”这一理念来制订绩效方案，意味着绩效考核的重点将直接影响组织和员工的工作重心和行为方向。这种方法试图确保员工的工作紧密对接组织的当前需求和战略目标。

1. 领导层要什么就考什么

领导层要什么就考什么，这个思想，不是告诉员工要围着领导转，以领导为中心，服务于领导。而是**因为领导是企业的战略规划制定者，是企业的带路人，强调将组织的战略目标和领导层的期望直接转化为组织和员工的绩效考核指标。**由于领导层对组织的方向和战略有最全面的理解，这种方法确保了员工的工作能够直接支持组织的长期目标和当下的经营诉求。

绩效考核标准的制定应始终与组织的战略目标和领导层的期望保持一致。这可能涉及定期的战略审视会议，确保所有绩效指标仍然符合组织的当前需求，确保所有员工都能理解组织的战略目标以及自己的贡献方式。这要求组织有一个清晰、透明的沟通机制，让员工明白领导层的期望。

例如，华为每年都会制定 8×× 战略规划，包括公司层级和各部门层级的战略规划，制定完毕之后，会在一定范围内进行宣讲，确保大家的工作方向都对齐战略。同时每年年初，各部门都会召开年度述职大会，每个主管都会针对当年的业务规划做述职，这也是为了确保全员都理解部门的业务规划并执行，并以此作为绩效制定的基础。华为每年年初都会发布公司层级的重点工作清单，让全员都知道公司在当年的主要工作方向是什么。任正非对未来的思考、与不同部门座谈的会议纪要都会以总裁办电子邮件的形式发布，供全体员工学习。

2. 什么不行考什么

什么不行考什么，这一点侧重于识别和改进个人和组织层面的弱点。

这种方法认为，通过识别表现不佳的领域并将其作为考核的焦点，可以激励员工和团队积极寻求改进，从而推动个人成长和组织发展。

例如，对 ×× 成熟产品的考核，过去的竞争可能没有那么激烈，利润水平也比较可观，但是现在毛利水平下降很严重，继续考核市场规模可能导致只能赚个吆喝，没有利润。因此，对这个产品的考核就需要从市场规模转移到销售毛利上。

通过定期的自我评估和上级评估，结合客观的绩效数据，来识别工作表现中的不足之处。针对识别出的弱点，与员工一起制订具体的改进计划和行动步骤，包括所需的支持和资源。

我在华为每年年初的述职报告中，有 30% 的篇幅在总结上一年的工作，70% 的篇幅在展望当年的业务规划。其中上一年总结部分，大约 10% 的篇幅讲成绩，而 90% 的篇幅都在讲不足和待改进点。这些不足和待改进点就是当年绩效制定的重点参考依据，要在绩效管理中做闭环。

3. 缺什么要考什么

缺什么要考什么，此要点着眼于组织的短板，特别是那些妨碍达成关键目标的领域。通过集中精力补齐这些短板，可以有效提升组织的整体表现和竞争力。并不是考核需要面面俱到，而是强调抓关键性的问题，对当期经营和未来战略有较大影响的事项。

通过市场洞察、标杆学习、内部审计、员工调研等方式，识别组织当前面临的关键短板。针对这些短板制定“特别”的考核指标和目标，确保员工的努力可以直接对改善这些关键领域产生影响。

例如在华为，**当我们讨论一个产品功能或关键任务要不要做的时候，不管内部讨论得多么激烈，反对声音有多么强烈，但只要团队里有一个声音说“××（对手）已经做到了”，大家就会马上停止争吵，迅速达成一致意见——我们必须要做。随后的讨论会聚焦于怎么做。**这种外部的与竞争对手之间的能力差距，驱使内部产生强大的号召力和凝聚力，充分激活了组织活力。

通过以上对比，可以清晰地看出我们提倡的绩效考核方案以领导需求为核心，注重员工的全面发展和行为表现，将绩效结果作为测量的产物。这意味着我们不仅看重员工的绩效结果，还关注他们在工作中的付出和努力，这种方案能够更好地激励员工、推动组织发展和提升整体绩效。采用这样的绩效考核方式，企业可以在建立高绩效文化的同时，实现个体和组织的共同成长与成功。

组织绩效管理

绩效管理分为组织绩效管理和个人绩效管理。组织绩效主要用于评价企业里的实体组织，个人绩效主要用于对员工的评价与激励。

组织绩效的定义

组织绩效是指在某一时期内，对组织基于自身职责定位承接的公司或上级组织目标完成情况的衡量，以关键绩效指标（key performance indicator，KPI）的形式表现。组织绩效应分解落实到相关责任主体，包括管理者、下级组织或下级组织的全体员工。

组织绩效的作用

组织绩效管理以企业战略规划为驱动，以组织的责任结果为导向，聚焦做大“蛋糕”，其核心价值在于围绕企业战略落地、牵引组织协同，在实现年度经营目标的同时，为未来的长期发展构建组织能力，准确识别和展现每个组织的价值与贡献，激发组织最大的潜力，促进组织持续改进。组织绩效对企业管理有着重要的作用，主要体现在以下三个方面。

1．明确组织目标与战略对齐，支撑战略落地

组织绩效管理有助于明确各个部门或团队的目标，并确保这些目标与战略目标保持一致。通过这种方式，组织绩效管理促进了整个企业目标和各层组织目标之间的良好对接，确保所有组织的工作都在支持企业的总体发展方向。

企业对一个组织在战略上的诉求或者目标，最终一定要落到组织绩效中去。一定要确保战略解码出来的事项在组织绩效考核中体现出来，确保组织绩效的指标项和战略举措是保持一致的。

例如，华为的消费者 BG 业务，在早期，华为并不认为消费者 BG 是主航道，因为任正非一直觉得消费者 BG 如果存在大量的库存，很容易把企业拖死。那时消费者 BG 的考核方向主要是库存周转，因为公司对它的战略诉求就是自己养活自己。直到 2011 年华为在三亚开了 3 天的战略务虚会，明确消费者 BG 是公司的主航道，并提出面向高端、面向开放市场、面向消费者的三个核心战略，从此消费者 BG 的考核方向就调整为牵引规模、牵引利润、牵引品质、牵引品牌。通过不断地耕耘，最终消费者 BG 在 2019 年高峰时销售收入达到 5 000 多亿元，实现通信领域里少有的在 ToB 设备市场和 ToC 终端市场的双突破。

2．打破部门墙，促进部门间协同

组织绩效管理还涉及跨部门的目标和绩效指标，这有助于促进不同部门之间的协作和沟通。通过共同努力实现跨部门目标，打破信息孤岛，从而提高整个组织的协同效应。

我们辅导的一家北京软件企业，它们的研发部门只考核开发及时性、开发效率、重大事故等业务指标，而不与企业的规模和利润挂钩。这导致研发部门不对产品是否好卖负责，且平时研发部门很少接触客户，经常与销售部门发生争议。后来，我们将研发部门定位为利润中心，考核研发部

门的销售收入和贡献利润，将研发和销售部门的目标和利益完全捆绑在一起，很快它们之间的争议就少了很多，一同去拜访客户，共同解决客户问题。在这种组织机制运作下，部门墙自然就被打破了。

3. 准确识别和显现出各类组织的价值与贡献，发挥组织最大的潜力

每个组织在公司的定位和职责都不一样，每个组织效能最大化和加强组织协同，是提升组织作战力的关键。通过组织绩效评价，可以有效地评估每个组织的价值呈现和关键贡献，从而进一步推动自我改进，最终发挥组织最大的潜力。

通过设定明确的绩效指标和目标，组织绩效管理可以帮助组织识别流程中的瓶颈和低效环节，从而有针对性地采取改进措施。这有助于提升部门和团队的工作效率，优化资源分配，减少浪费。

组织绩效的设置原则

组织绩效的制定原则是确保绩效管理系统既公平又有效，能够真正反映组织的目标和需要。因此建议遵循以下三个原则。

1. 强调自我比较，不断改进，牵引各组织发挥最大潜力

通过与自身过去的表现比较，组织可以持续追踪进步和改进。这种方法鼓励持续的学习和自我超越，促进组织内部的创新和进步。同时，强调自我比较和内部潜力的挖掘，有助于激发员工和团队更深层次的潜能，推动组织实现更优的绩效水平。

例如，华为研发产品线组织，每年都会提出 10% ～ 30% 的降本目标，这是一项极具挑战性的工作，并且已经持续了 10 年以上。这样的强目标导向，就会牵引研发组织从产品设计、融合平台、自有芯片替代、产品归一化、新技术替代、采购降本等方面持续改进，最终达成降本目标，从而提升产品竞争力和市场地位。

2．差异化考核，考虑根据不同组织的定位、职责、业务特征和发展阶段来设置

考虑不同组织的定位、职责、业务特征和发展阶段的差异，差异化的考核能够更公平地评价各组织的绩效，同时确保绩效目标与组织的实际情况相匹配。通过差异化考核，可以确保每个组织的特点和需求得到充分考虑，从而更有效地激发各组织的积极性和创新能力。

例如，2017 年华为云 BU 刚成立时，重点考核销售市场规模，对盈利和现金流就没有考核要求。因为新业务最需要的是市场规模，要上量，让市场充分验证产品，把产品的市场规模拉到一个新高度。市场规模是当时的主要矛盾，于是只抓主要矛盾，忽略次要矛盾。

3．聚焦核心战略诉求，精简KPI数量，不让管理变复杂

组织绩效要对准战略，理解和解码战略，通过将战略目标解码为具体的行动计划，并分配给相关部门，让组织绩效全面承接战略意图，确保战略规划在年度里落地，最终促成战略目标的达成。否则战略规划报告就是一沓废纸，一直躺在抽屉里。

例如，江苏某一家 3C 产品的上市企业，国内销售收入规模为 50 亿元，在海外持续耕耘了 20 年，销售收入达到 10 亿元。企业拟制了未来 5 年的战略规划，明确海外优先战略，计划用 5 年时间再造一个海外市场，建立海外大粮仓（利润区）。于是我们协助企业拟制了详细的出海战略规划：确定了第一年要实现销售收入增长 60%，利润贡献占企业总体的 40%；在 5 个海外重点国家建立本地营销组织，海外本地招聘 100 人的年度目标；以快速扩大规模为核心，优化海外销售模式等。将这 3 ～ 5 条关键举措列为明确的绩效指标，并落实到对应的组织绩效中，以此确保海外优先战略落地。

组织绩效的制定方法

目前业界普遍使用的组织绩效衡量方法主要是平衡计分卡（balanced score card，BSC），华为也一直沿用此方法。组织绩效制定主要分为以下几个步骤。

1. 明确每个组织的定位和职责

组织的定位和职责是绩效设置的前提，确保组织的所有活动和努力都有方向和目的，进而促进整体绩效的提升。

组织定位反映了其在市场或企业内部的角色和目标，而职责则明确了为达成这些目标需要承担的具体任务。绩效评估时考虑这些因素有助于确保组织活动与其战略目标保持一致，避免资源浪费在非核心活动上。

理解组织的定位和职责有助于在资源分配时确定优先级，确保关键领域和项目得到足够的关注和投入。这种方法有助于优化绩效管理过程，确保资源被有效利用。

将组织的定位和职责融入绩效评估体系，可以帮助员工理解自己工作的最终目的和价值，激发员工为实现组织目标而工作的积极性和主动性。这样不仅有助于个人和团队绩效的提升，也有助于构建一个以目标为导向的组织文化。

例如，上海某连锁医美企业，对每个门店的定位都是一个利润中心，要求门店在开业 1 年后能实现自负盈亏，对门店的考核指标主要是规模、利润和运营效率等。如果一个门店，两年内还不能实现自负盈亏，那么就需要关店或调整班子成员。

2. 确定每个组织的考核指标集

平衡计分卡是一种综合绩效评价体系，旨在将组织的战略分解为可操作的具体目标，并对这些目标的完成情况进行衡量。这种方法强调从四个维度（财务、客户、内部运营、学习与成长）来评价组织的业绩，通过这四个维度的平衡来确保组织目标的全面实现。

（1）财务：财务维度描述组织的财务目标。通常包含规模、利润、现金流等方面的指标，具体指标如：订单额销售收入、贡献利润率、净利润、现金流等。

（2）客户：客户维度明确了组织的目标客户和客户的需求与期望，以及满足这些需求和期望的考核指标。通常包含市场目标、客户满意度等方面的指标，具体指标如：市场目标完成率、客户关系、山头项目、客户成功指标、客户满意度等。

（3）内部运营：内部运营维度描述组织的关键内部流程，通常包含时间、质量、成本、风险管理等方面的指标，具体指标如：存货周转率（ITO）、应收账款周转率（DSO）、人均销售收入、工资性薪酬包 / 销售收入（E/R 值）、研发降本率等。

（4）学习与成长：为了实现长期的业绩和竞争优势，组织必须不断地学习和成长，该维度明确了对未来的成功至关重要的无形资产。通常包含组织效益、无形资产准备度等方面的指标，具体指标如：骨干员工流失率、内部提拔比率、干部末位淘汰率等。

这些指标主要来源于三个方面：①上级组织和本组织的战略解码，即战略解码的关键任务。②组织定位和组织职责。③管理诉求和业务短板，即当下的管理差距。

3. 设置每个指标的考核权重

一个完整的组织绩效涉及牵引点、指标集、指标权重、赋值等几个关键事项，具体如图 6-3 所示，这是一个销售组织的绩效考核表。

不同考核指标如何设置权重，什么情况下权重高，什么情况下权重低，需要考虑以下侧重点。

牵引点		KPI指标	权重	目标			完成值	KPI得分
				底线	达标	挑战		
客户	客户	市场目标	10%					
		客户满意度	10%	90%	95%	98%		
财务	规模	订单额	10%	100 亿元	120 亿元	150 亿元		
		销售收入	15%	80 亿元	100 亿元	120 亿元		
	利润	贡献利润率	15%					
	现金流	现金流	10%					
内部运营	效率	存货周转率	10%	60 天	55 天	50 天		
		应收账款周转率	5%	110 天	90 天	80 天		
	风险	合规运营	扣分项					
		超长期欠款	5%					
学习与成长	干部	内部提拔比率	10%					

图6-3　组织绩效考核表

（1）与目标的关联度：与目标关联度越高，就越重要，分配的权重也越大。如销售部门的销售额、回款、销售毛利、销售毛利率。

（2）工作的紧迫性：工作时间要求越紧，分配的权重也就越大。比如公司要打响灭亏战役，降本增效的紧迫性就很高。

（3）工作的难易程度：工作的难度越大，分配的权重也就越大。比如公司级的战略项目和各部门的山头项目，难度都很大。

（4）工作量的大小：工作量越大，所耗费的时间和精力就越多，分配的权重也就越大。比如公司级变革项目和效率提升项目，都是长周期的工作。

在一个组织中，最重要的指标往往只有两三个，这些指标的权重应该占到 60% 及以上，导向组织要抓主要矛盾。同时，权重的设计应该尽可能客观，避免主观性和随意性，因此，在设计过程中，应该参考历史数据、行业标准、公司战略等因素。

4．设置每个指标的目标值

如前所述，设置每个指标的目标值是一项非常艺术性的工作。既要保障目标的可实现性，又要保证目标具有足够的挑战性，牵引组织拼搏奋斗。目标值的设置可以从四个方面进行比较：和自己去年比增速，和内部其他部门比增速，和行业平均比增速，以及和竞争对手比增速。通过反复比较，确保目标设置的合理性。

关键业务目标设置的合理性尤为重要，为规避目标设置过高或过低的风险，一般建议设定挑战值（最高）、达标值和底线值（最低）三档目标值。其中挑战值一般为达标值的 120%，底线值为达标值的 80%。对于特定场景的计分方式，如果实际完成值超过挑战值，一般按照 120 分计；如果实际完成值低于底线值，则按照 60 分或 0 分计。

（1）挑战值是超出正常期望的绩效水平，代表着杰出的表现。一般基于组织的最佳实践和行业最高标准，设定一个高于目标值的水平，以激励员工追求卓越。

（2）达标值是期望达成的正常绩效水平，应既具挑战性又具可实现性。一般结合组织战略目标、员工的能力和资源可用性，通过协商设立。可用 SMART（具体的、可衡量的、可达成的、相关的、有时限的）原则作为指导。

（3）底线值是指标的最低可接受标准，低于此标准则表明绩效不达标。一般参考历史数据和行业标准，考虑组织的实际运营状况和环境因素，设定一个现实而基础的标准。

组织绩效的应用

组织绩效只有强应用、强关联，各层组织和主管才会重视，组织绩效的应用是直击要害的，每一条都切中组织关键，组织绩效只有应用好了才能充分激发组织活力，否则“把能力建在组织上”就是一句口号。组织绩效应用主要体现在以下三个方面。

（1）把组织绩效应用到主管个人绩效评价及奖金评定中，并作为主管个人绩效的主要评价要素，确保主管对当期经营结果和长期可持续发展负责。

（2）将组织绩效结果与组织内的考核比例分配挂钩。

上述第一个方面是组织绩效与主管个人绩效挂钩，那么组织绩效与员工是否有关系呢？当然有，并且跟员工利益也是完全挂钩的。

不同的组织绩效结果，决定了部门内员工 A、B+、B、C、D 五类考核结果的不同占比，当然也就决定了每位员工的考核结果。

如图 6-4 所示，研发部年度组织绩效为 A，部门内可以得“A”的员工总共有 40（=200×20%）人；得“C”的员工为 0 人；公司统一要求每年必须淘汰总人数 5% 的员工，所以得“D”的员工为 10（=200×5%）人。

而销售部年度组织绩效为 B，部门内可以得“A”的员工总共有 5（=100×5%）人，相当于绝大多数员工都被部门业绩拖下水；得“C”的员工为 10（=100×10%）人；得“D”的员工为 5（=100×5%）人。

部门	组织绩效	总人数	员工 A 的比例	员工 B+ 的比例	员工 B 的比例	员工 C 的比例	员工 D 的比例
研发部	A	200 人	20%	45%	30%	0	5%
销售部	D	100 人	5%	40%	40%	10%	5%

图6-4 组织绩效与个人绩效的关系

通过图 6-4 可以看出，研发部和销售部的员工绩效比例差异非常大，虽然销售部员工愤愤不平，但销售部组织绩效没有达成，那就是部门内每一位员工的责任，大家都不能推脱，号召大家“胜则举杯相庆，败则拼死相救”，以促进团队的紧密合作，荣辱与共。**过去，大家依靠组织内的几个“超级英雄”来达成目标，现在，公司规模大了，市场环境也发生了变**

化，靠个人单打独斗的时代已经过去，只有发挥“全营一杆枪”的精神，把能力建立在组织上，提升组织战斗力，才能打赢更大的战役。

（3）作为管理末位的主要依据

管理末位不是开除，不是离开公司，而是由管理岗位调整为专家岗位，即不再从事管理工作。只有将组织绩效结果与部门一把手的前程和待遇强挂钩，才能确保主管的重视程度，否则很有可能出现“假积极”和“喊口号”。

比如华为在中国区，每年年末都会针对近30个代表处的组织绩效进行排名，如果是排名后三位的代表处，其一把手可能会面临管理末位的调整，使每个组织都不希望自己掉入中国区的最后三名。这一运作机制与各代表处一把手的个人前程紧密相关，因此，他们会非常重视组织绩效结果，带领团队不遗余力地达成目标，甚至超额完成目标，以确保自身步入“安全区”。

组织绩效与个人绩效的关系

组织绩效与个人绩效之间存在着密切的关系，组织绩效是源头，组织绩效指导个人绩效的设定，确保组织绩效与个人绩效的一致性。

它们之间具体有着什么样的关系呢？

首先，组织绩效反映了整个组织在达成其战略目标和使命方面的表现，包括财务状况、市场份额、客户满意度等关键维度。为了实现这些宏观目标，组织需要将其分解为具体的部门和个人目标，这就是个人绩效的来源。

其次，个人绩效关注的是员工在其职责范围内的工作表现和成果，包括任务完成的质量和效率、职业技能的发展以及团队合作和创新能力等。通过个人绩效管理使每位员工的绩效目标与组织的宏观目标一致，能够确保个体的工作输出直接贡献于整体的绩效。

再次，组织绩效的提升往往需要个人绩效的优化，反之亦然。优秀的个人绩效可以激发团队和组织层面的改进，而组织绩效的提升也为个人提供了更多的发展机会和激励空间。因此，两者之间形成了一种相互依赖、相互促进的正向循环。

最终，通过明确的绩效管理体系，将组织绩效的目标细化并与个人绩效紧密结合，不仅有助于实现组织的年度目标，也能够促进员工个人的职业成长，提升员工的满意度，实现组织与员工共赢。

管理报告和考核报告是组织绩效评价的主要依据

财务报告是企业对外和对内沟通的共同语言，在遵循会计准则的前提下，企业将各个细小经营活动量化、记录，最终以财务报告的方式呈现。财务报告反映了企业的经营状况、战略意图和企业未来的价值。同时，财务报告就像天书，只有少数人能真正读懂，大部分人对它又爱又恨。

财务报告真实、客观，但它也隐藏了企业所有的管理意图和决心、经营的理念和选择，揭开这层面纱就是管理报告的职责所在。管理报告是内部使用的报告，是在财务报告的基础上进行的二次核算，主要使用者是企业管理层。管理报告基于企业内部的经营规则，拟制不同责任中心的报告，用于指导各责任中心的资源配置和投资决策。

考核报告是在管理报告基础上进行的三次核算，考核报告的数据源自管理报告，在管理报告的基础上进行数据调整，考核报告既要体现激励导向，也要最终能够保证经营结果的达成。结合企业战略诉求和牵引，通过落实考核调整政策，形成各责任中心的考核报告，以此衡量责任中心的管理绩效。在第 7 章将结合考核报告讲述获取分享制的奖金方案。

关于这三个报告之间的关系和区别，请参考图 6-5。

对比项	财务报告	管理报告	考核报告
目的	对外披露，反映企业财务状况	对内管理，资源配置和投资决策	KPI考核、评价组织和奖金分配
核算类型	**一次核算，**类似上市公司发布的财报	**二次核算，**以财务报告为源头，叠加经营规则	**三次核算，**以管理报告为基础，叠加考核调整规则
核算对象	法人实体	责任中心	责任中心
报告使用者	政府、股东、债权人等	财经部门、各管理者	HR、各管理者
管理导向	外部遵从管理	战略规划、资源配置、投资决策、评价与激励	

图6-5　财务报告、管理报告和考核报告的关系和区别

组织绩效管理的典型问题探讨

1．为什么要设置组织绩效，而不是只设置个人绩效

员工的绩效考核与奖金挂钩，员工考核成绩好，就可以获得更多的奖金。如果没有组织绩效，就意味着没有组织奖金包，那么员工的奖金就不是由组织来承担的，而是由企业来承担的。这样会导致部门主管把绩效考核变成“做人情”，不能将绩效压力层层传递给每位员工，甚至对某些员工在目标上“放水”。

如果设置组织绩效，那么每个组织都会有组织奖金包。这样员工分到的是组织奖金包，不是企业的钱。这时候部门主管的角色就会发生转换，不会再给部门员工放水，因为一旦放水，不仅他身上的担子和压力不能有效传递，还会影响到组织奖金包分配的公平性。对员工而言，在利益分配上，他们就会关注部门这个“大家庭”，只有“大家庭”好，组织总奖金包才会更多，个人“小家庭”的利益才能得到保障。这样做的好处是，员工会聚焦到组织贡献上，而不会只强调个人贡献，从而提升组织能力和激发组织活力。

2．组织绩效和主管PBC是什么关系

组织绩效一般只有KPI部分。原则上部门主管个人业务承诺（PBC）

中的 KPI 部分，可以跟组织绩效的 KPI 部分保持一致，这样也是为了简化管理。

3．组织绩效和个人绩效同时实施会不会太复杂？什么样的企业适合组织绩效

组织绩效核心解决“企业→组织→个体”这三层的管理关系，目的是构建组织能力，把企业的能力建立在组织之上，而不是建立在个体之上，摆脱对个体或超级英雄的过度依赖，确保企业发展的可持续性。因此，组织绩效不是复杂的问题，而是企业是否需要构建组织能力的问题。

组织绩效管理对绝大多数的企业都是适用的，尤其是高科技和制造型企业。

为了简化管理，企业刚开始实施绩效管理时，可以只做组织绩效，不做个人绩效，甚至也可以将组织绩效等同于管理者个人绩效。实施方法不重要，核心是理解组织绩效的目的和价值，这样才能确保绩效考核起到指挥棒的作用。

4．组织绩效制定时哪一点是争吵的焦点？

绩效制定的三个核心要素：考核指标项、权重设置和目标值设置。其实争吵的主要焦点是权重设置和目标值设置，特别容易把这两个搅合在一起讨论，一会儿抱怨目标值太高，一会儿抱怨权重设置不合理。

因此我们在指导企业制定绩效时发现，如果把权重设置和目标值设置分开讨论，矛盾就会小很多。**原则上每个组织先确定考核指标项，只有考核指标项达成一致后才能开始讨论权重，待权重确定之后再讨论目标值，不能颠倒讨论。看似非常简单的流程，实则每年很多企业被它困扰，年初迟迟不能敲定绩效承诺书。**

组织绩效考核示例

销售部门考核示例

销售部门是公司的龙头部门，直接决定公司的生存与发展，作为企业中具有重要影响力的部门，其绩效考核是确保销售部门中团队和个人整体绩效达到预期目标的关键。

销售部门的考核设计既要考虑对当期经营结果的贡献，也要审视经营质量和长期销售能力的构建。图 6-6 是浙江一家销售收入 100 亿元的高科技制造上市企业销售部门的组织绩效表，供大家参考。

分类	牵引点	KPI 指标	权重	保底值	目标值	挑战值
财务层面	规模	销售收入	30%			
	利润	销售毛利	20%			
	现金流与运营资产效率	回款额	20%			
客户层面	市场目标	市场目标完成率	10%			
	客户关系管理	客户关系提升目标完成率	5%			
组织运营	运营效率	存货周转率 + 应收账款周转率（DSO+ITO）	10%			
	运营质量	交易质量山头问题改进	扣分项			
学习与成长		铁三角[⊖]能力提升	5%			

图6-6　销售部门的组织绩效表

前面大篇幅讲解了销售目标的设置和管理，这里将不展开讲解。

⊖ 铁三角是华为贴近客户、感知市场变化、满足客户需求的最基本组织和一线作战单元，由客户经理、产品经理和交付经理构成面向客户的铁三角。

研发部门考核示例

研发部门在企业中扮演着创新和技术推动的重要角色，是企业竞争力与可持续发展的重要推力。为了激励和评估研发团队的绩效，设计一个科学合理的考核方案至关重要。研发部门的绩效考核不仅关乎个人的成就，更关乎企业整体的商业结果和长远发展。

研发部门的绩效方案非常复杂，要考虑的因素特别多，也很容易受到挑战。例如，加班时长和代码行数是否可以作为衡量绩效结果的标准。研发属于创造性工作，开发周期长，开发失败或延期都是常态，工作成果也很难量化。团队成员普遍学历较高，抗压能力相对较弱，团队之间可比性不强。从企业的角度来看，研发投入不少，好卖的产品却没有几个。研发工作都是项目型，周期长，年度目标不好确定。这些问题的确是研发部门绩效设置的难点。

基于以上问题，华为在设计研发部门考核方案时，主要坚持三个理念，作为研发部门绩效设定的依据。

（1）研发绩效需要体现商业价值，对企业形成有效产出。研发工程师不管学历多高，只要没有产出就如茶壶里的饺子，是没有价值的。**研发工程师应被定位为工程商人，要追求企业的商业价值。**

（2）**研发绩效需要当期和远期利益的均衡，产品开发是一项长周期工作，研发部门既要确保产品的当期热销，又要确保产品的长期竞争力。结合产品特性，做好产品规划，例如华为的产品研发三代策略，即成熟一代，开发一代，预研一代，就充分体现了当期和长期利益的结合。**

（3）绩效责任结果不是单纯的结果导向，结果需要对准组织责任才有价值。例如产品开发部门要确保交付进度和产品竞争力，平台开发部门要确保平台竞争力和平台重用率，技术开发部门要确保技术探索和技术创新。基于组织责任，失败了就要勇于承认，企业不是科研结构，而是“功利性”组织，反复的失败可能导致企业面临危机。因此，研发失败了，考核结果为 B 是正常的，打 C 也不为过。

基于这些理念，我们设计了一家高科技企业的研发组织绩效方案，如图 6-7 所示。

<table>
<tr><th>分类</th><th>牵引点</th><th>KPI 指标</th><th>权重</th><th>保底值</th><th>目标值</th><th>挑战值</th></tr>
<tr><td rowspan="2">财务层面</td><td>规模</td><td>销售收入</td><td>30%</td><td></td><td></td><td></td></tr>
<tr><td>利润</td><td>销售毛利率</td><td>10%</td><td></td><td></td><td></td></tr>
<tr><td rowspan="2">客户层面</td><td>开发质量</td><td>产品质量事故</td><td>扣分项</td><td></td><td></td><td></td></tr>
<tr><td>交付及时性</td><td>产品交付上市</td><td>5%</td><td></td><td></td><td></td></tr>
<tr><td rowspan="4">组织运营</td><td rowspan="3">运营效率</td><td>项目立项计划书偏差率</td><td>10%</td><td></td><td></td><td></td></tr>
<tr><td>平台重用率</td><td>10%</td><td></td><td></td><td></td></tr>
<tr><td>开发周期改进</td><td>10%</td><td></td><td></td><td></td></tr>
<tr><td>运营质量</td><td>降本目标达成率</td><td>20%</td><td></td><td></td><td></td></tr>
<tr><td colspan="2">学习与成长</td><td>骨干员工流失率</td><td>5%</td><td></td><td></td><td></td></tr>
</table>

图6-7　研发部门的组织绩效表

小 结

组织绩效的核心目的是通过确保组织行为与战略目标的对齐，推进企业战略目标和年度经营目标的实现，进而释放组织潜能，提升其整体战斗力和活力。这一过程不仅关注于短期的业绩完成，更重视通过绩效管理体系激发组织的长期潜力，确保组织具备持续发展和适应变化的能力。组织绩效强调通过集体智慧和团队协作，而非单纯依赖个别“超级英雄”，来构建一种可持续的成功模式，使组织成为一个学习型、创新型和适应型的整体。

在这个框架下，每一位员工的贡献都被视为实现组织目标不可或缺的一部分，他们的个人目标与组织目标紧密相连。这种紧密的联系导向了一种组织文化，即团队精诚合作，个人和组织共同成长。这样，组织不仅能够在当前竞争中保持领先地位，还能够适应未来的挑战。

综上所述，组织绩效考核是一种全面的策略，旨在通过战略对齐、目标对齐、激发潜力和激发活力，建立一种自我驱动管理、持续进步的组织文化。这种文化确保了组织不仅能够实现短期目标，还能持续发展，应对外部挑战，实现长期有效增长。

本书主要围绕组织对年度目标的承载来阐述，因此个人绩效管理和具体的绩效管理实施不作为本书的讨论内容。

CHAPTER 7

第7章

目标结果应用

年度经营目标的达成对于企业整体战略的实施至关重要。这些目标不仅是企业未来一年内努力方向的体现，也是评估企业绩效、驱动组织成长的关键。将年度目标结果实时应用于组织层面，特别是在薪酬规划、薪酬调整、奖金发放以及人力规划等方面，根据目标完成情况动态调整策略，有助于年度目标的有效达成，并激励员工向着共同目标努力。

年度目标结果应用至关重要，因为它直接关系到员工的激励与工作动力。若无明确的结果应用，员工将无法感知工作表现与实际回报之间的联系，从而导致目标制定和管理形同虚设，员工努力与否变得无差别，严重削弱员工工作积极性和团队合作精神，进而影响整体业绩和企业发展。

因此我们需要充分认识到做好目标结果应用的意义。我们认为主要有三个方面的意义。

- 将年度目标与薪酬、奖金、晋升等直接挂钩，可以有效激励员工努力达成目标。这种做法能够让员工看到自己的努力与企业目标紧密联系，从而提升员工的工作积极性。

- 根据年度目标完成情况调整人力规划和薪酬结构，有助于企业优化资源配置，确保关键岗位和关键人才得到恰当的激励与支持，同时降低无效和低效的成本支出。
- 通过动态调整薪酬策略，企业能够更灵活地应对市场和内部环境的变化，降低不确定性带来的风险。

为了确保目标结果应用到位，并形成真正支撑目标管理的正向循环，需要坚持如下原则和导向。

- 薪酬管理的核心内容是将薪酬总包、奖金包和工资性薪酬包都与公司主要经营目标挂钩，确保组织和个人的努力方向与企业的整体目标一致，形成对人力成本的弹性管控，实现责任中心自我约束、自我激励的管理机制。
- **工资性薪酬包是薪酬总包的刚性因素，奖金包是薪酬总包的弹性因素。**工资性薪酬包导向和奖金包导向应当公开透明，让组织和个人在干活之前就清楚地了解达成目标与个人收益之间的直接联系。
- 在制定薪酬策略和人力资源计划时，需要考虑到市场和业务的变化，保持一定的灵活性，以适应不断变化的环境。导向灵活的经营策略，不是规划完毕就一成不变，而是适应市场，抓住一切可能的机会，尽可能地规避风险。

通过对年度目标的深入理解和有效应用，企业可以更好地动态调整其战略执行路径，同时确保员工的个人目标与企业的长期目标同步，确保企业在激烈的市场竞争中保持优势地位，从而实现双赢。

目标结果应用的问题与挑战

经过调查发现，大部分企业都没有有效的目标结果应用手段，导致组织效率低下、员工积极性不高，导致这个结果的主要问题集中在如下四个方面。

缺乏明确的薪酬规划和薪酬策略，导致薪酬管理随意性大

企业缺乏薪酬包概念，薪酬管理不规范，也未根据不同业务需求设计匹配的薪酬结构，导致薪酬分配随心所欲，主要依赖老板的个人判断和情绪，而非员工的工作表现或业务贡献。这种管理方式无法公正地反映员工的努力和贡献，使员工对于自己的工作表现缺乏明确的感知和动力。

长此以往，会削弱员工的积极性，影响员工的敬业精神、团队士气和企业整体业绩。因此，建立科学、合理的薪酬管理制度，根据业务需求和市场竞争力来规划薪酬，对于激发员工潜能、提升工作效率来说至关重要。

没有确定的事前奖金方案，发与不发都未知，员工之间差距也不大

大部分企业在奖金发放上都采取事后授予的方式，而非事前明确告知员工，奖金的发放显得相当随意。这意味着员工在投入工作之前，无法清楚了解自己的努力所能带来的对等回报，因为奖金的具体方案和额度是在工作完成后才确定的。奖金发放的总额一般在1～4个月的薪水之间浮动，不同员工之间的奖金金额差距并不大。平时很少有额外的奖励机会，年终奖的分配也主要依据企业的整体收益状况，这使得员工对于可能获得的奖金金额充满不确定性。

让员工事前不知道激励方案的这种做法，虽然可能在一定程度上保持了员工的期待感，但同时也带来了很多负面影响。首先，由于缺乏明确的激励机制，员工很难将个人的工作目标与奖金收益直接关联，这在一定程度上降低了工作的动力和积极性。其次，奖金的不确定性可能导致员工感到焦虑和不公平，特别是当他们看到自己的辛勤工作未能获得预期的认可和奖励时。此外，这种模糊的奖金方案还可能影响员工之间的关系，因为

缺乏透明度容易引发猜疑和不满。

长期下去，这样的薪酬和奖金体系可能会损害企业的文化，降低员工的忠诚度和整体的工作效率，从而影响企业的长期发展。因此，建立一个透明、可预测的奖金方案，对于提高员工的工作积极性和留任率至关重要。

企业多年都没有调整工资，新员工进来形成“工资倒挂”现象

企业多年没有对薪酬进行调整，这导致了老员工多年未见薪酬增长，而新员工的起薪却高于在企业服务多年的老员工，形成了所谓的“工资倒挂”现象。这种现象不仅严重打击了老员工的士气和忠诚度，也破坏了企业内部的公平感和正义感。

由于企业缺乏明确的调薪规则和机制，员工不清楚自己的薪酬前景。同时，新老员工之间的薪酬不公可能激化内部矛盾，导致工作环境充满了不满和抱怨，进一步影响团队合作精神和工作效率。

人员规模扩张速度超过业务增长，没有匹配业务动态调整人力需求

企业未能建立一个与年度经营目标紧密结合的科学人力规划体系，这导致了人员规模的增长远远超过了业务的实际需求。这种不匹配不仅导致了内部工作效率的低下，还造成了资源的浪费。尽管存在这样的问题，各部门甚至仍然会提出增加人手的需求，这一现象往往是由于缺乏对现有人力资源的有效分配，以及对部门实际需求的精确评估。

在没有科学的年度人力规划的情况下，企业很难实现人力资源的最优配置，这在一定程度上削弱了组织应对市场变化的灵活性和竞争力。此外，过剩的人力资源可能导致员工职责重叠，工作职能模糊，从而进一步降低工作效率，影响团队士气，进一步加剧了组织结构的臃肿，增加了管理的复杂度。

为了应对这一挑战，企业在年度过程管理中需要引入动态的人力资源

需求调整机制。这意味着根据年度经营目标的达成情况，及时调整人力资源配置，确保人力资源的供给与业务目标保持一致。

总体薪酬规划

薪酬规划概述

薪酬规划是指企业为了实现其战略目标和经营目标，而制定的一整套薪酬支付水平、支付结构的计划和策略。薪酬规划是企业薪酬政策的具体化，旨在为员工制定公平、合理的薪酬制度，同时也是企业引导员工实现个人和组织目标的重要手段。

薪酬规划涵盖了薪资水平、薪资结构、薪资调整、福利政策以及激励机制等多个方面。科学地确定薪酬策略，以确保薪酬规划与企业的整体目标相一致。

薪酬规划的目标是激发员工的工作积极性和创造力，提高员工的生产力，从而增强企业的核心竞争力。同时，通过合理的薪酬规划，企业还可以吸引和留住优秀人才，提升员工的满意度和忠诚度，降低员工流失率。

薪酬规划的本质

薪酬规划的本质是人效比改善，通过提高工作效率和产出，实现更优的人力资源配置和成本效益。这也是华为实现“3 个人干 5 个人的活，拿 4 个人的钱”的逻辑。

3 个人干 5 个人的活：这是强调工作效率的提升。通过优化工作流程、提高员工技能、引入更高效的工具或技术等手段，使得原本需要 5 个人完成的工作量现在只需要 3 个人就能完成。这不仅能降低企业的人力成本，还能提高企业的运营效率和响应速度。

拿4个人的钱：这是指薪酬分配的优化。虽然3个人完成了原本5个人的工作，但他们的薪酬并不是按照5个人的标准支付，也不是按照原本3个人的标准支付，而是参照4个人的标准支付的。这样做的好处是，企业既给予了员工相对合理的薪酬激励，又没有增加过高的人力成本。员工因提升了工作效率，提高了工作输出而获得了更高的薪酬，企业则因为提高了人效比而降低了成本。

结合华为2012～2019年发布的财报数据，如图7-1所示，围绕薪酬规划的本质展开分析。

指标	2012年	2013年	2014年	2015年	2016年	2017年	2018年	2019年	复合增长率
销售收入（亿元）	2 202	2 390	2 882	3 950	5 216	6 036	7 212	8 588	*21%*
净利润（亿元）	156	210	279	369	317	475	593	627	*22%*
薪酬包（亿元）	400	446	615	802	942	1 069	1 124	1 349	*19%*
人员数量（万人）	15.0	15.6	16.9	17.5	17.8	18.0	18.8	19.4	*4%*
人均薪酬（万元）	26.7	28.7	36.4	45.8	53.0	59.4	59.8	69.6	*15%*

图7-1　华为2012～2019年财报数据

通过图7-1的财报数据发现，从2012～2019年，销售收入、净利润、薪酬包和人员数量逐年增长。销售收入从2 202亿元增长到8 588亿元，净利润从156亿元增长到627亿元。与此同时，薪酬包从400亿元增长到1 349亿元，人员数量从15万人增长到19.4万人。这些数据反映出华为在这8年里，业绩一直高速增长，业务在快速扩张。

在这8年里，销售收入的复合增长率为21%，净利润的复合增长率为22%，人员数量的复合增长率仅为4%。相比之下，人员数量的增速明显低于前两者的增速。这些数据，说明华为的业务大幅度增长，但是人员规模却没有显著增加，这就是华为人均效率的重大提升。

同时，薪酬包的复合增长率为19%，其增长速度也要低于销售收入和净利润的增速，这说明企业在薪酬规划中注重控制薪酬开支的增长速度，以确保其与业绩增长速度相匹配。人均薪酬（总薪酬包 / 人员数量）逐年提升，从 2012 年的 26.7 万元增长到 2019 年的 69.5 万元，绝对值相比于 2012 年增长了一倍不止，人均薪酬的复合增长率为 15%。这些数据表明华为的人员规模控制得很好，同时员工在这 8 年里薪酬也翻番了。

这些数据结果，充分论证了任正非讲的“减员、增效、涨工资”这七个字的精髓。合理控制人员数量和薪酬开支的增长速度，确保与业绩增长速度相匹配，是薪酬规划的核心原则。薪酬包的设计要考虑销售收入与薪酬的关系，要能起到促进员工工作动力的提升，从而使绩效提升的作用。通过科学的薪酬规划，企业可以实现人才的有效管理和优化配置，提升整体绩效，促进员工和组织共同发展。

薪酬结构管理

薪酬结构是指企业薪酬分配的体系和框架，它反映了不同层级、部门和职位之间薪酬分配的比例、方式和原则。薪酬结构的设计旨在公平合理地反映每个职位在组织中的价值和对企业目标贡献的重要性，同时也考虑市场竞争力和内部公平性。薪酬结构回答了一个问题：员工在企业中赚钱的方式，即赚的是什么钱？具体来说薪酬结构有如下三个维度。

- 企业维度薪酬结构：涵盖了整个企业范围内员工的基本工资、津贴、福利和奖金等。它反映了企业整体的薪酬水平和薪酬政策，是薪酬结构中最为宏观的总体结构，旨在确保企业在同行业中的竞争力和吸引力。
- 部门维度薪酬结构：根据不同部门的定位、职责和目标贡献进行设计，反映了各部门之间薪酬的差异和特点。例如，销售部门可能更加重视业绩奖金和提成，以激励销售业绩的提升。

- 职位薪酬结构：依据不同职位的责任、难度和市场价值来设置薪酬，体现了职位之间的差异和层次，确保职责相同或相似的员工得到公平合理的报酬。

薪酬结构的设计需要综合考虑企业战略、市场状况、内部公平性和员工激励等因素，通过合理设置基础薪酬、绩效奖金、福利待遇等，形成既有竞争力又能体现公平性的薪酬体系，以吸引、激励和保留人才，促进企业目标的实现。

1. 企业维度薪酬结构：导向清晰，整体薪酬有足够的竞争力和吸引力

图 7-2 是企业维度薪酬结构，基于此分类类别来看，工资、津贴和福利是刚性支出，奖金是弹性支出，长期激励是资本支出。

薪酬结构	定位
工资	基于岗位职责，吸引与保留人才
津贴	特殊工作岗位 / 环境的补贴
奖金	获取分享，多劳多得，鼓励冲锋
长期激励	员工分享公司长期的价值增长，吸引员工未来长期为公司服务
福利	合法合规，基本保障

图7-2　企业维度薪酬结构

华为员工的工资是基于其所承担的职位来确定的，但员工的学历、工龄、社会职称等并不作为其工资确定的因素。员工的工资既要具有市场竞争力，对外部优秀人才具有足够的吸引力，又要激励和保留优秀员工。**基本工资是基于岗位职级来设定的，遵循“以岗定级、以级定薪、人岗匹配、易岗易薪”这 16 字的管理方针。员工工资调整的影响因素包括个人职级、个人绩效以及工资市场竞争力，同时要结合企业的财务支付能力综合考虑。**

华为的津贴非常丰富，比如岗位津贴分为 4 大类：责任岗位津贴、机要岗位津贴、兼职岗位津贴和特殊工作环境岗位津贴。同时，**国际派遣补助也是属于津贴的范畴，针对海外派遣人员，包括外派补助、离家补助、**

艰苦补助、伙食补助、探亲机票、战争补助、疾病补助、被抢劫安抚补助等，这是导向优秀的员工“千军万马上战场，升官发财就外派”。

华为的奖金类别很多，如年终奖、项目奖、战略奖、山头奖、多元化激励等。同时，奖金额度也非常大，不少员工的年度奖金甚至会超过工资部分的收入。因为华为实施的是奖金获取分享制，多劳多得，上不封顶，鼓励各业务板块做大“蛋糕”，鼓励员工为客户创造更大的价值。

华为的长期激励，主要采用虚拟受限股的模式，虚拟受限股是企业授予员工的一种特殊形式的股票。每年4月15日～5月15日是分红期，持有股票的员工都将获得分红。**短期激励机制对准目标责任结果导向多产粮食，产好粮食；而长期激励机制导向持续奋斗，让优秀人才在成长中始终保持价值创造的动力。**因此，虚拟受限股只分配给奋斗者，而不是全体员工。

在福利方面，华为不是一家强调高福利的企业，与很多外资企业相比，华为在福利保障方面的定位为基础到中等的水平，为员工提供了必要的保障和福利，确保了员工的基本权益。华为更强调通过合理的薪酬体系、激励机制以及多元化的价值分配，来激发员工的积极性和创造力，而不是单纯追求高福利。

以上5种薪酬类别里，只有工资、奖金和虚拟受限股分红是与年度经营目标紧密挂钩的，后续将围绕这几个方面展开说明。

不同的企业，在不同的发展阶段，应当设计适合自身的薪酬结构，并根据不同的薪酬类别确定不同的薪酬策略，确保构建有竞争力的薪酬体系。

2．部门维度薪酬结构：依据部门定位和职责，差异化薪酬结构和薪酬策略

不同的部门在公司里有着不同的定位，也承担着不同的责任，它们的薪酬结构需要匹配部门的定位和职责，实现管理的闭环，否则会导致内部不公平。图 7-3 是我们辅导的一家高科技制造企业，针对不同部门制定的薪酬策略。

薪酬结构	销售部门	研发部门	生产部门
工资	中	高	低
津贴	中	低	高
奖金	高	较高	低
长期激励	中	高	低
福利	保持一致		

图7-3　部门维度薪酬结构

如图 7-3 中，销售部门是一个和当期业绩紧密挂钩的部门，该部门员工的基本工资一般都很低，可能只够维持基本生活水平，但是他们的奖金比重却很高，并且业绩越好，奖金越高。因此，销售部门的薪酬特点一般是中等工资、高奖金。

研发部门是一个高知识、高技术含量的部门，该部门员工大部分都是技术大拿，研发工作是长周期的，对岗位稳定性要求高。要吸引优秀的研发人员，没有高工资可不行。企业为了构建长期竞争力，在长期激励方面也会特别侧重，因为掌握核心技术的人才是公司的关键竞争力。因此，研发部门的薪酬特点一般是高工资、较高奖金。

生产部门是一个相对劳动密集型的部门，人才获取比较容易，该部门员工不需要像销售人员那么高情商，也不需要像研发人员那么高技术，但他们需要敬岗敬业，有工匠精神，他们的工作强度大，工作环境较为艰苦。因此，生产部门的薪酬特点一般是低工资，高津贴。

这是按照企业不同部门的职能定位，匹配出来不同薪酬类别的薪酬策略。当然，不同类型的企业，根据行业属性和企业发展阶段，在充分调研市场行情和分析历史数据的情况下，可以制定对应企业内部各个体系的薪酬结构，以上模型仅供参考。

3．不同职位薪酬结构：基于不同职位的责任与使命，制定差异化的薪酬结构

不同职位的员工，在企业承担的责任与使命不一样，工作复杂度和所承担的工作压力也不一样。因此，他们的薪酬总额有很大的差异，同时薪酬结构上也会有很大差异。如图 7-4 是参考华为实践梳理的不同职位薪酬结构的大致分布，也是大部分企业希望打造的薪酬结构。

职位类别	激励导向	刚性支出	弹性支出	资本支出
基层员工	饥饿感	50% ～ 70%	25% ～ 50%	0% ～ 10%
中层主管和高级专家	责任感	30% ～ 40%	25% ～ 40%	30% ～ 40%
高层主管和首席专家	使命感	5% ～ 10%	10% ～ 30%	70% ～ 80%

图7-4　不同职位薪酬结构

对于基层员工，薪酬结构主要以固定工资为保障，以与业绩挂钩的奖金作为有力补充。这种设计旨在保持员工的饥饿感，激发他们追求更高业绩的动力。工资保障生活的基本必需，而变动的奖金则根据个人和团队的业绩进行调整，从而鼓励员工不断提升自己的工作效率和质量，以实现更高的收入。在这个层级，持有股票的员工较少，这反映了他们在企业中所承担的长期责任相对较小，但同时也表明了他们仍有上升的空间和潜力，激励他们为企业的长期发展做出贡献。

对于中层主管和高级专家，薪酬结构在工资、奖金和分红之间保持较平衡的比例。这一设计反映了他们在组织中的关键作用——他们既要对上负责，又要对下管理和赋能，是连接企业高层战略与基层执行的桥梁。这样的薪酬结构旨在强化他们的责任感，鼓励他们积极主动地管理和赋能团队，优化工作流程，提升团队效能，以支持企业的战略目标。他们的薪酬直接与其责任、业绩和对企业的贡献成正比，既体现了对他们工作的认可，也激发了他们为实现企业长期目标而努力的动力。

对于高层主管和首席专家，薪酬结构中的工资占比很小，他们的主要收入来源于奖金和分红。这种设计强调了对他们战略规划能力和长期主义的重视。通过将他们的主要收入与企业的整体表现和长期发展紧密绑定，不仅激发了他们深度参与企业战略规划和决策的动力，还强化了他们的使命感，促使他们在追求短期的业绩提升的同时，又要确保企业的可持续发展和市场竞争力。这种薪酬策略促使他们在做出任何决策时都将企业的长期利益放在首位，以促进企业健康、稳定地成长。

通过这样分层次的薪酬策略，企业能够确保每一级员工都能感受到自己的贡献对于企业有着重要的意义，从而在员工职业发展的不同阶段激发员工的饥饿感、责任感和使命感，共同推动企业向着更高的目标前进。

薪酬规划指导原则

薪酬导向反映了企业对员工激励机制的整体规划和实施方向。不同企业、不同经营风格、不同发展阶段，其薪酬导向差别较大。每个企业都有自己的特点，不能完全照搬其他企业的薪酬导向原则。正如华为当前的人均薪酬水平这么高，一般企业如何与之对齐呢，适合自己的才是最好的。下面以华为的薪酬导向原则作为参考。

1. 全面回报，各有侧重

全面回报是一个宽泛的范围，是基于“薪酬、福利、发展、认可”的四维激励矩阵。在这个框架下，企业不仅仅通过物质回报激励员工，还注重提供职业发展机会和增强员工的归属感与认同感。具体而言，全面回报包括工资、社会保障、商业保险、医疗服务、晋升与绩效反馈、学习与发展、进步与成长机会、挑战性工作和员工关怀等，充分体现了激励的全面性。

吸引人才时，物质激励为主导；保留人才时，非物质激励要用好。对不同层级和类别的员工需要使用不同的激励手段和力度，通过这种差异化的策略，使有限的激励资源产生最大的激励效果，从而提升员工的动力和企业的整体效率，特别是推动“发展和认可”方面的精神文化建设。

机会是对优秀人才的最大激励，给予机会也是使企业内部优秀人才不断涌现的关键手段。企业发展最缺乏的就是人才，尤其是优秀人才，需要为他们创造机会，让人才“倍”出。对于一些已经在岗位上做出突出贡献、有冲劲、有想法的员工，要给予冲锋的机会，让他们优先投入到公司战略性、挑战性岗位上；对于一些在关键事件上一战成名的“超级英雄”，要敢于破格提拔，给予他们新的挑战机会以及合理的短期激励，促使他们接受更高的业务与管理考验；对于一些缺点较多但在某些领域具有独特贡献的员工，要大胆给予他们担当重任的机会；对于在岗位上长期表现良好且有意愿有能力的老员工，要给予他们稳定奋斗的机会，并不是企业的所有岗位都需要冲锋陷阵。

2．控制刚性，增加弹性

弹性薪酬，如奖金，通常与员工的表现直接相关。这种直接的激励可以更有效地激发员工的积极性和创造性，因为员工能够看到自己的努力能够直接转化为收入。这种即时的反馈对于推动员工在短期内提高业绩尤为重要。同时，通过增加弹性薪酬的比例，企业能够更灵活地根据市场条件和公司的财务状况调整薪酬成本。

比如，奖金是经营所得，是弹性收入；分红是资本所得，是刚性收入。如何控制奖金和分红的比例，在华为就是一个很现实的问题。华为每年在全面预算案中，就特别强调劳动所得和资本所得的比例，一般都控制在3:1，即遵循劳动所得优先于资本所得的分配原则。**坚持向创造更高价**

值的团队与个体倾斜，让拉车的人比坐车的人、不拉车的人拿得多。

这也区分了短期和长期激励的功能，**短期激励如奖金、提成等，主要用于促进公司的进攻性增长，其目的是激发员工的即时表现和积极性。而长期激励如股权、退休金计划等则用于维持企业的稳定性和员工的长期忠诚度。**

通过适当控制刚性薪酬并增加弹性薪酬，企业不仅可以激励员工追求更高的业绩，还可以增强企业对环境变化的适应性，从而在保持员工动力的同时，也保障企业的长期有效增长，这种策略对于推动企业的进攻性增长和增强企业的持续竞争力至关重要。

3．打破平衡，拉开差距

华为敢于在薪酬福利上打破传统的均等分配模式，更多地向关键员工或高绩效员工倾斜，拉开员工间的薪酬差距。这种做法旨在奖励那些对公司贡献最大的员工，同时通过薪酬体系的改革，逐步建立竞争力强的薪酬结构，吸引和留住全球顶尖人才，从而提升公司的管理能力和市场竞争力。

“拉开差距”可能导致内部矛盾激化，“稳定平衡”可能使组织失去活力，这两者之间有没有灰度，如何才能更好地发挥激励的杠杆作用？对员工的个体分配既要落实责任结果导向，大胆打破平衡，向做出突出贡献的优秀人才、超优人才倾斜，又要掌握好灰度与妥协，将分配差异化程度与不同业务、不同员工群体的贡献特性相匹配。

对于需要团队协作的业务，比如研发团队的业务，我们的导向是团队协作，形成“全营一杆枪”的团队氛围，为了避免组织内耗，需要考虑拉开差距带来的影响，要有适当的灰度。对于需要“超级英雄”的业务，要基于明确的任务和目标，大胆悬赏和奖励，敢于拉开差距，让大家看到“火车头”效应，充分发挥超级英雄的引领作用。

总结而言，这三点薪酬导向原则共同构成了一个综合性的激励框架，不仅通过经济手段激励员工，还考虑到员工的个人发展和职业满意度，同时确保企业能够在动态的市场环境中保持竞争力和稳定性。这样的策略有助于建立一个高效、动态且可持续发展的工作环境，促进企业和员工的共同成长。

匹配年度经营目标的薪酬规划对企业而言，不仅是财务管理的一部分，更是企业战略的关键。它直接关系到企业吸引、保留及激励人才的能力，影响团队士气和工作效率，进而决定企业的竞争力和市场地位。良好的薪酬规划能确保企业资源的有效分配，激发员工潜力，推动战略目标和经营目标的实现。通过科学、合理的薪酬设计，企业不仅能控制成本，优化支出，还能构建正向激励机制，促进企业和员工共同成长，实现可持续发展。因此，薪酬规划是企业管理中不可或缺的一环，是企业走向成功的重要基石，也是确保目标结果达成的重要手段。

基于目标的工资性薪酬包管理

工资性薪酬包，从薪酬类型来看，包括基本工资、津贴补贴、福利（社会保障和商业保险）、加班费、离职补偿和工资附加等，但不包括奖金、分红等。

按照上述的明细来看，工资性薪酬包是刚性支出，它与年度经营目标有关系吗？有。对组织来说，它与销售收入和贡献利润弹性挂钩；对个人来说，它与绩效结果挂钩。

工资性薪酬包管理的关键点是控制其增速不能超过销售收入与利润的增速，要求组织或个人在每一道工序、流程中，都要在努力提高质量的前提下，不断提高效益。如果人效比目标不能达成或工资性薪酬包没有空间，企业就会难以维持现行工资标准，需要采取调整招聘节奏/结构、推迟或停止调薪、减少离职补充、裁员、降薪等举措。如果人效比目标能达成或工资性薪酬包有空间，则应优先确保优秀员工在业界的薪酬竞争力（调薪），再考虑补充人力资源，并考虑调薪。这就是任正非提到的“减员、增效、涨工资”。因此，工资性薪酬包的管理就是人效比管理、人头弹性预算管理以及组织规模管理，最终实现各组织自主经营、独立核算和分灶吃饭。

为了加强工资性薪酬包管理，我们将从工资性薪酬包规划、结构与影响要素和管控方式这三个方面阐述落地方案。

工资性薪酬包规划

工资性薪酬包规划，是指企业在匹配其战略目标、经营目标、财务状况和市场环境等的情况下，针对员工的工资和相关薪酬进行系统的设计、实施和管理，目的是确保薪酬结构合理、竞争力强，并支撑战略目标和经营目标在年度内达成。

工资性薪酬包的测算依赖于年度经营目标、用工策略、业务基线及改进方案（定岗定编、人均销售收入等）、人力招调计划、调薪计划等，是在满足以上各项约束条件下，最终测算出来的结果。因此，工资性薪酬包规划是一项复杂且困难的工作。国内多数企业都没有把这项工作做起来，如果没有工资性薪酬包规划，那么人均效益改进将会大受影响。

华为是基于“工资性薪酬包 / 销售收入”（*E*/*R* 值）改进率来设计工资性薪酬包的，这是一种有效的方法，依据业务规模（销售收入）的变化趋势来弹性管理工资性薪酬包。接下来将以图 7-5 为例，探讨如何基于 *E*/*R* 值改进率来设计工资性薪酬包。

我们来了解一下什么是 *E*/*R* 值和 *E*/*R* 值改进率，其中 *E* 是工资性薪酬包（Employee Fixed Remuneration Package），*R* 为销售收入（Revenue）。

指标名称	2022 年	2023 年	2024 年	2025 年	2026 年
销售收入 *R*（亿元）	100.0	200.0	300.0	400.0	500.0
工资性薪酬包 / 销售收入（*E*/*R* 值）	20.00%	18.00%	16.20%	14.58%	13.12%
E/*R* 值改进率	—	10%	10%	10%	10%
工资性薪酬包 *E*（亿元）	20.0	36.0	48.6	58.3	65.6

图7-5　工资性薪酬包规划

E/*R* 值是根据工资性薪酬包与销售收入的比例计算得出的指标，它衡量企业的工资性薪酬开支占销售收入的比例，它是一种反映人力资源效益的指标，其核心是人效比。**E/R 值较低表示公司在薪酬开支上的投入相对较少，E/R 值较高则意味着公司在薪酬开支上的投入较大。**一般情况下，高科技企业的 *E*/*R* 值较高，生产制造企业的 *E*/*R* 值较低。

E/*R* 值改进率是指 *E*/*R* 值相对于参考值的改进程度，参考值通常是公司上一年度的 *E*/*R* 值，主要用于衡量公司在薪酬效益方面的提升程度。**E/R 值改进率较高，则反映出薪酬效益的提升。华为在 2012 年开启的高速增长期间，每年的 E/R 值改进率都在 10% 以上。**

计算本年的工资性薪酬包的公式如下。

本年 *E*/*R* 值 = 上年 *E*/*R* 值 ×（1- 本年 *E*/*R* 值改进率）

本年工资性薪酬包 = 本年销售收入目标 × 本年 *E*/*R* 值

根据上表中数据可以看出，2022 年销售收入为 100 亿元，*E*/*R* 值为 20%，则工资性薪酬包 =100 亿元 ×20%=20 亿元，意味着 2022 年企业的工资性薪酬包是 20 亿元。

2023 年销售收入为 200 亿元，*E*/*R* 值改进率是 10%，2023 年的 *E*/*R* 值 = 上年 *E*/*R* 值 ×（1- 本年 *E*/*R* 值改进率）= 20% × 90% = 18%，即 2023 年公司的工资性薪酬包是 200 亿元 × 18% = 36 亿元。

从 2023 年开始，企业每年设定的 *E*/*R* 值改进率目标为 10%，这就明确了人均效益的提升方向，并约束了工资性薪酬包的增速要低于销售收入的增速。这样的控制手段，既控制了人头总数，也控制了工资性薪酬包。与大部分公司通过控制人头总数的方法相比，这是一种更为有效的管理方式。

基于 E/R 值改进率进行薪酬规划的意义在于，它不仅为企业提供了一个科学的薪酬管理工具，还为企业构建了一种以提高效率、控制成本和绩效改进为核心的企业文化。这种薪酬管理策略能够有效地将企业的财务表现与员工的个人贡献联系起来，促进企业的可持续发展并增强企业的长期竞争力。在当前复杂多变的商业环境中，采用这种薪酬管理方法无疑能够为企业带来更加清晰的发展方向和更强的市场竞争力。

工资性薪酬包结构与影响要素

从薪酬包的结构来看，工资性薪酬包 E 由存量薪酬包 $P1$、涨薪薪酬包 $P2$、净增人员薪酬包 $P3$ 和离职补偿包 $P4$ 这四部分构成。下面分别介绍这四种薪酬包。

1．存量薪酬包*P*1

存量薪酬包 $P1$ 是指在不考虑涨薪薪酬包和离职补偿包等因素的情况下，在岗员工的存量工资性薪酬包。每年 1 月 1 日，该类员工的工资性薪酬包将自动转入本年度。$P1$ 是由存量人员的数量、薪酬水平和薪酬结构决定的。

$P1$ 的预算 / 预测计算公式：

$$P1=\text{最近一个月的基本工资}\times\text{系数}N\times\text{月份数}$$

其中系数 N 等于上年度企业支付给员工的所有工资性支出除以上年度该员工的全年基本工资。例如，员工基本工资为 1 万元，且上一年全年在职，那么上年度该员工的全年基本工资为 12 万元。但该员工的薪酬结构还包括津贴、补助、社会保障、商业保险、加班费等，这些总计6万元。再加上全年基本工资12万元，即企业支付给该员工的工资性支出为18万元。那么此系数N等于18万元除以12万元，计算结果为1.5，该系数即为工资性薪酬包的放大系数。

那么上述员工在预算时的工资性薪酬包$P1$=1万元×1.5×12个月=18万元。

2．涨薪薪酬包$P2$

涨薪薪酬包$P2$是指在岗员工的涨薪部分。如果年度内不调薪，那么$P2$就是0。它的影响要素是调薪时间（何时调薪）、覆盖比例（给哪些人调）以及调薪幅度（调多少）。

$P2$的预算/预测计算公式：$P2$=涨薪净增幅度×系数N×调薪影响月份数

例如，员工在7月调薪1 000元，则涨薪薪酬包$P2$=涨幅1 000元×系数1.5×6个月=9 000元。

3．净增人员薪酬包$P3$

净增人员薪酬包$P3$是指人力增量部分的工资性薪酬包，净增人数由新招聘入职人员、调入人员、调出人员和离职人员数量决定。$P3$的影响因素是净增人数和净增人员的薪酬水平。

$P3$的预算/预测计算公式：$P3$=净增人数×各层级费率×净增人员影响月份数

例如，8月净增加10人，他们的平均费率是1.5万元/月/人，则净增人员薪酬包$P3$=10人×1.5万元/月/人×5个月=75万元。

4．离职补偿包$P4$

离职补偿包$P4$是指员工离开公司后给予员工的各种补偿，具体的计算方式可能会根据具体的法律条款、公司政策、劳动合同等因素而有所不同，离职补偿是常规业务操作，因此不再展开说明。

以上 $P1$ ～ $P4$ 的计算方式既适用于整个企业，也适用于部门层级。在确定了企业级的工资性薪酬包之后，通过将薪酬分解为不同的组成部分（$P1$ ～ $P4$），可以针对不同群体制定更有效的薪酬策略，例如涨薪薪酬包 $P2$ 关注现有员工的薪酬调整，而净增人员薪酬包 $P3$ 关注新招聘入职员工的初始薪酬设置。同时，这种计算方式有助于企业清晰地了解各项薪酬成本在总体薪酬结构中的比重，从而做出更有针对性的人力弹性预算管理。

工资性薪酬包的管控方式

对工资性薪酬包进行管控的目的是优化企业的人力资源配置，从而提高人效比和企业整体效能。通过精细化管理薪酬结构，能够更有效地控制成本，激励员工和提升工作效率。管控工资性薪酬包还有助于吸引和留住关键人才，提高员工满意度和忠诚度，从而促进企业进入良性的经营循环。这种系统的管控不仅有助于实现企业的短期财务目标，还能支持企业的长期战略发展。实现管控的方式有很多，以下提供两种参考方式。

1．基于E/R值，加强工资性薪酬包的总包控制，增强组织弹性

基于 E/R 值的管理方案，在年初，销售收入 R 的预测是模糊的，随着时间推移，越往后越清晰，例如 4 月预测全年销售收入的准确率只有 50%，9 月预测全年销售收入的准确率可以达到 90%，12 月预测全年销售收入的准确率达到 95%，这是业务实质，大部分企业都是这个规律。

而工资性薪酬包 E 是刚性的，只要企业正常运营，就必须承担这笔刚性支出，而不管经营的好与坏。在同一个年度里，时间越往后工资性薪酬包就越难发生变化，调薪和净增人员都对工次性薪酬包有直接的影响。工资性薪酬包的增加通常容易操作，减少则非常困难，因为员工都愿意涨工

资，而不愿意被降薪或辞退。

以上特征，决定了 *E*/*R* 值的波动性，以及在年度内的管理难度。因为时间越往后，管理的有效动作就越有限，可以调整的空间也就越小。越是如此，越是要提前对 *E*/*R* 值进行管理。

建议对 *E*/*R* 值进行弹性管理，即在经营约束条件下，人力资源的投入（工资性薪酬包）随产出（销售收入）的变化而动态调整。当面对重大市场机遇时，在政策保障下快速增加人力资源投入，确保不掉链子，抓住市场机遇；当业务不景气或短期看不到希望时，则应快速减少人力资源投入，将人力资源投入到更需要的地方，以此增强组织的弹性。

人力弹性配置管理，仅仅依靠上述方案是很难落地的，必须要有更完善的机制，并且这一机制是与各级组织和主管的利益直接挂钩的，人力弹性配置管理才有可能落地。例如，基于这样的调控手段：设计“减人不减包”的政策。这里的“包”是指总薪酬包。×× 事业部的预算方案设定销售收入目标为 10 亿元，总体人力规划为 200 人，工资性薪酬包为 5 000 万元。年底，该事业部顺利完成销售收入目标 10 亿元，而实际年度平均员工人数只有 180 人，工资性薪酬包为 4 500 万元，相当于 180 个人干了 200 个人的活，并省下 500 万元的工资性薪酬包。那么省下来的 500 万元工资性薪酬包如何处理呢？应在事业部享受原有奖金包的基础上，将这 500 万元额外计入该事业部，作为“意外惊喜”发放给他们，这是他们付出额外劳动获得的，就应该回报给他们，从而激励他们在第二年用更少的资源去完成更多的工作。

相反地，如果在刚好完成目标的情况下，实际的工资性薪酬包超过预算，那该如何处理呢？在这种情况下，应按照同等规则从其奖金包中扣除超额部分，但实际执行起来会有一定的难度，具体实施需结合企业实际情况。

这套方案的实施依赖的条件有很多，尤其对管理核算提出了很高的要求，如果企业目前基于责任中心的“账”都算不清楚，也没有基于责任中心的损益表，而又涉及如此直接的利益往来，很可能出现“向经营规则要利润”等各种奇怪现象，实施效果会大打折扣，甚至出现副作用。因此，实施这样的方案需要审时度势，判断企业实施的条件和时机是否成熟。

以上方案，就是基于工资性薪酬包的自我管理和自我约束，最终实现“分灶吃饭”。

2．加强资源的买卖机制，让资源效益最大化

结合前述内容，我们已经掌握了通过人力招调计划、调薪计划、业务基线改进计划等方法确保资源效益最大化，这些方法可能大部分企业已开始实施。接下来，我们将介绍另一种方式，即基于资源共享的买卖机制，尤其适用于项目制的场景。

项目都有哪些特点？工程项目、研发项目、投标项目、生产项目、变革项目等，都存在“合同契约、时间效应、资源灵活调配和忙闲不均”的特点。因此项目组的资源不能和职能部门的资源一样满配，而是按“需”配置或者没有配置。

那么，项目组的资源从哪里来呢？从资源中心购买。核心业务部门在机关或区域建立全球性的资源池，供一线“呼唤炮火”，如投标资源中心、交付资源中心、商务资源中心、售后资源中心、项目财务资源中心、合同经理资源中心等，促成“机关服务化、服务资源化、资源市场化”。

一线（需求方）有钱没人，呼唤炮火，向后方资源中心在预算内购买和使用资源；后方资源中心（供应方）有人没钱，响应一线炮火，向一线按服务水平协议（service level agreement，SLA）提供合格资源，双方进行结算。这样，谁有钱、谁指挥，不再是机关领导来审批资源。前后方相互制衡，减少了一线作战的盲目性，也给后方的资源供应明确了需求，这就是资源买卖的交易模式。

在具体实施上，要求后方资源中心把所有可用资源“上架”，供一线

需求方挑选。为了避免内部争议，由财经部门制定不同等级员工的结算价格，同时要约束后方资源中心的资源能力满足率和资源供给及时率，确保不影响一线业务的开展。

这种交易模式，对工资性薪酬包有什么直接影响，能否直接减少工资性薪酬包，提升人效比呢？先来看看两个实际发生的场景。

（1）关于“买卖”人员的数量规划。例如，某公司四川代表处的2024年人力预算，预计在业务高峰期需要1 000人，低谷期需要500人，那么，四川代表处的年初人力预算定为多少人合适呢？如果没有资源中心，大部分公司都会初始配置600～800人。如果有资源中心，则可能会配置500人，人员不够时可以从资源中心购买。如果再告诉四川代表处，省下来的工资性薪酬包可以转变为奖金包时，他们可能在预算时就只会申请300人。到年底的真实情况会是怎么样呢？大概率是自有人员300人，加上从资源中心平均购买的100人，也就是仅400人支撑了全年的业务，这远远低于年初规划人数。从企业、组织、主管、个人的角度来看，这都是最佳选择，这也是最好的业务模式。

（2）关于“买卖”人员的个人级别。例如，按照业务需要，四川代表处需要向资源中心申请一名18级的高级工程师，但代表处为了省钱，不想购买这么贵的高级工程师，于是他们希望申请一名16级的中级工程师，因为中级工程师的价格只有高级工程师价格的一半。那该中级工程师搞不定的工作怎么办呢？企业会提供学习平台和求助平台，同时也会对工程师施加压力，倒逼其成长。在这种情况下，四川代表处节省了一大笔工资性薪酬包，中级工程师也将得到快速成长。

如果有员工在资源中心一直没有被选中怎么办呢？基于买卖规则，3个月内没有被购买，就需要到后备资源池回炉，重新改造和学习。再过3个月依然没有被购买，就要降薪25%，继续回炉学习。过了6个月，依然还没有被购买，将继续降薪25%。这样的机制，促成资源中心不养闲人，不养无能的人。

这就是经营规则的魅力，充分激发组织的潜力和活力。**人效比的改善，关键在于组织运作机制的设计和实施，需要基于人性、基于人的动机、基于人的欲望，通过管理行为，激发人“天使”的一面，抑制人“魔鬼”的一面，促成组织和个人的自我驱动、自我闭环，最终达成目标。**

由于本书主要聚焦于企业和组织的经营，因此工资性薪酬包主要围绕企业和组织来阐述，不涉及个人相关的工资框架、调薪方案、岗位职级等。

基于获取分享制的奖金方案

奖金作为员工短期激励的核心手段，直接反映了企业经营成果与员工个人表现的紧密联系。有效的奖金管理机制不仅能够显著提升员工的积极性，还通过将奖金与绩效直接挂钩，确保了员工的努力与企业目标的一致性。这种机制鼓励员工持续追求高效率和高质量的工作输出，从而推动组织整体绩效的提升。

员工奖金的发放与企业经营状况、部门业绩及个人绩效紧密相关。当企业经济状况良好，部门或个人绩效表现突出时，员工可以获得更高的奖金作为激励。相反，如果企业经营不佳，部门或个人绩效不理想，员工的奖金可能会减少甚至取消。这种机制确保了奖金发放的公平性，鼓励员工在各自的职责中追求卓越，同时也将员工的利益与企业的整体目标对齐，共同应对市场与经济变动带来的挑战。通过这种方式，奖金不仅是对员工过去表现的回馈，也是坚定员工信心，激励员工未来努力的重要工具。

企业奖金分为经营奖金和战略奖金两种类型，以满足不同的激励需求。经营奖金直接与当期的经营成果相关，依据各组织当期的业绩及其对企业的贡献来分配。这种奖金旨在对团队和个人在特定业绩场景下的表现进行即时激励。

战略奖金则是为了支持公司的长远战略发展，这类奖金主要用于有助于企业未来持续获得商业成功的战略投入，例如，新技术投资、品牌首次出海、建立海外技术研究院和管理变革项目等。战略奖金帮助企业实现战略目标，并满足中长期的管理需求，从而推动企业向设定的长期目标稳步前进。战略奖金不受当年度经营结果的影响，不论年度经营好与差，都会发放。

经营奖金是大部分企业所说的年终奖，与年度经营目标和结果紧密挂钩，是下文讨论的重点。战略奖金与本书主题年度目标达成的关联度不大，将不再展开描述。

奖金发放的常见问题

奖金作为一种常规的激励手段，在激发组织活力中发挥着重要的作用。然而，如何合理设计和发放奖金却是一门学问。我们在访谈交流中发现，许多企业在设计和发放奖金时碰到很多问题，这些问题可能导致企业内部出现不公平现象，员工满意度下降以及影响年度目标的达成。

例如，江苏某新能源上市企业，2023 年 1 ～ 9 月仅完成了年度目标的50%，预测达成全年预算目标的可能性非常小，如果不能达成销售收入年度目标，那么企业将面临大幅亏损，这是企业上下都不能接受的。

于是老板决定在 9 月下旬就吹响 Q4 业绩冲锋号，号召公司全员上战场，奋战 3 个月，拿下年度目标。为此公司还举行了声势浩大的动员大会、授旗仪式和宣誓等活动。老板在开工会上也承诺，如果达成目标，将给大家发大红包、举行颁奖活动。

功夫不负有心人，10 月和 11 月就取得了很大的突破，到了关键性的12 月，虽然受到外部重大事件影响，但丝毫没有影响到大家冲刺的激情，大家仍然在努力工作。经过企业全员 3 个月的努力，最终刚好达成销售收入目标，利润目标还略有超出。通过这 3 个月的冲刺，大家打了一场翻身仗，全员士气高涨。同时大家也在期待老板的大红包。

然而，第二年 1 月过去了，没有动静。2 月、3 月还是如此。直到 4 月我见到老板时，60 多岁的他每天还在办公室里计算奖金，对此他自己也很着急，希望尽快将奖金发下去，但是迟迟拿不出合理的方案。而公司业绩却大受影响，2024 年 Q1 只完成了年度目标的 5%，因为员工的士气受到影响了，他们觉得自己的努力没有得到回报，老板没有兑现自己的承诺。后来老板在我们的帮助下，快速确定了奖金方案。

结合这个案例，归纳出如下两个问题。

1. 因为奖金方案有缺陷或考核机制不完善，企业不会发或不敢发奖金

首先，如果奖金方案设置不合理，可能会降低员工对奖金的期待，进而削弱他们的工作积极性。其次，**缺乏科学的绩效考核机制会使奖金发放显得主观和随意，导致计算出的员工奖金之间存在较大差异，这让员工感受到不公平，从而影响他们的工作动力。最后，如果员工在奖金制度的设计与执行过程中缺乏参与和反馈的机会，他们可能会对奖金发放持不满和不信任的态度。**

由于没有明确的奖金方案，奖金可能承担了额外的管理诉求。奖金生成与管理机制不应该承担过多的其他管理要求，特别是非绩效因素的管理要求，应该由其他非激励要素去承担。

由于上述导致企业“不会发奖金”的原因，企业在年底面对奖金发放的决定时，常常处于进退两难的境地。如果选择不发放奖金，可能会导致员工的积极性下降；而选择发放奖金虽然能激励员工提升绩效，但同时也可能加剧内部的矛盾和不满，给企业带来新的管理挑战。

2. 因为经营不达预期，企业不愿意发奖金

企业在奖金发放方面的另一大难题是“不愿意发”，特别是在未达成预期目标或遇到不可控的风险时，这通常源于企业在年初未能设定明确的奖金规则或缺失年度目标。由于缺乏清晰的目标管理和前瞻性的奖金规

划，员工在年初对于自己的工作重点和努力方向不明确，也不知道自己的工作表现对可能获得的奖金有多大影响。在这种情况下，尽管员工对奖金有期望，但到年底时，如果企业经营不达标或受到不可预见风险的影响，企业可能就会选择不发放奖金。

这种缺乏早期规划的管理方式不仅影响年度目标的达成率，还可能导致员工做很多低效的工作，这些工作既不产生实际价值，也没有贡献收益，从而影响员工的收入和工作动力。此外，当缺少明确的奖金规则且最终决定不发放奖金时，往往会引起员工的强烈不满和对奖金制度的质疑，进一步加剧企业内部的矛盾和不安。

综上所述，奖金发放的常见问题对于组织和员工都有重大影响。为有效解决不会发或不敢发和不愿意发奖金的问题，管理者应重视建立科学的绩效评价体系，明确奖金分配的规则，建立有效的沟通与反馈机制，确保奖金发放的公平性和有效性。

不同的企业，不同的发展阶段，奖金方案都会有很大差异，华为的奖金方案也不是一成不变的。本书关于奖金的篇幅主要参考华为在其高速发展期的奖金方案逻辑，审视如何通过奖金方案促成年度目标的达成。读者在阅读时须多关注奖金方案的底层逻辑，少照抄奖金实施方法。底层管理逻辑是可以借鉴参考的，但具体实施方法是要根据不同企业、不同时期而变化的，须谨慎照搬。

奖金分配机制

常见的年终奖分配机制包括“奖金授予制”和“获取分享制”，它们背后蕴藏的价值观和激励机制存在明显差异。本节将分析这两种分配方式的特点，对比分析哪种方式更有利于激发员工的工作动力和创造力，实现共赢的结果。

1．奖金授予制存在的问题

（1）权力集中，导致奖金分配不公，容易造成员工围着老板转。

奖金主要由老板或部门主管掌控和发放，这种做法可能导致员工过度迎合上级，而忽视客户的需求。这种“眼睛对着老板，屁股对着客户”的现象反映了工作导向的不合理。此外，总奖金由老板在年底一次性决定，使得奖金分配缺乏目标导向和公平性。

（2）奖金发放的时间和金额充满不确定性。

奖金发放的不稳定性和不确定性往往与企业的经营状况和老板的个人决定有关。如果企业盈利不佳，奖金可能会被减少甚至取消。在这种方式下，员工很难将奖金与自身贡献相关联，只会对企业或部门感受到失望和不公，进而影响员工的工作主动性和积极性，因为他们的预期回报无法得到保障。

（3）奖金与团队或个人绩效脱钩。

在许多情况下，个人奖金可能是固定的，如年终第十三薪或固定金额奖金，这种方式缺乏与部门业绩和个人绩效挂钩的激励机制，奖金变成了工资。因此，无法有效激发员工的工作动力和进步欲望，也不利于推动团队目标的实现，这在一定程度上削弱了奖金制度对于个人进步和团队成就的激励作用。

因此，华为没有使用奖金授予制，因为这会让组织失去战斗力，员工缺乏工作激情，经营目标的达成存在不确定性。

2．获取分享制的概念和特点

获取分享制是企业的一种奖金分配机制，其核心在于将公司的经营结果与员工的奖金直接挂钩，以此激励员工共同努力，实现员工奖金与公司业绩的同步增长。这种制度通过强调个人与团队业绩的直接影响，确保了奖金的公平性。

获取分享制，可以让每个员工都明白在企业奋斗的方向，自己的幸福只能靠自己来创造。奖金源于企业上下一起努力创造的成果，老板的奖金都是员工发的，这激发了员工对企业整体业绩的责任感。

在华为，每年1月中旬都会召开企业一年一度最隆重的市场大会，任正非会去现场讲话，很多时候在开场时，任正非都会感谢一线将士在过去一年的努力，给任正非和企业赢得了奖金。

获取分享制的精髓就在于，每位员工都觉得是在给自己奋斗，自己努力就会得到回报。为了便于进一步地理解获取分享制，我们总结了获取分享制的三个特点：

（1）整体利益与个体利益的一体化。

获取分享制强调通过共同努力实现的业绩，将直接影响到每位员工的奖金。这种方法不但提升了员工对企业整体目标的责任感，而且通过“企业好、部门好，才有个人好”的原则，增强了团队协作和个人对业绩的贡献感，从而促进了企业和员工的共同成长。

（2）奖金的可预期性与变动性。

奖金的发放与个人及团队的具体业绩紧密相关，业绩好的个人或团队可以获得更多的奖金，而业绩差的奖金较少。这种明确的关联性增强了奖金的公平性与激励性，同时，员工能够从年初就清楚地知道自己的努力将如何转化为奖金，这激发了他们工作的动力和投入。

（3）奖金的灵活性和差异化。

获取分享制下的个人奖金不是固定不变的，而是根据每位员工的具体绩效和贡献进行调整的。这使得奖金制度更加灵活和公平，激励每位员工重视自己的工作输出，积极努力，追求更高的业绩目标。这种差异化的奖励机制有效地提高了员工的个人绩效及整体团队的表现。奖金分配打破平均分配和向高绩效者倾斜，充分发挥奖金的激励和牵引作用。奖金分配应尽可能向一线将士倾斜，以加强企业价值创造的能力。

3. 获取分享制的驱动机制

获取分享制是一种奖金分配方式，其驱动机制从企业、部门和个人三个视角自上而下和自下而上双向驱动，通过激励和激发各方的积极性和动力，实现年度经营目标的达成。

（1）企业视角：企业经营好，才有钱分。

获取分享制的驱动机制首先强调企业的经营状况和盈利能力对奖金分配的重要性，只有企业经营好，创造了丰厚的利润，才有足够的资金用于奖金发放，从而激励员工的工作积极性和创造力，全体员工都要有这方面的意识。

企业层面不怕给员工多分钱，就怕员工在企业赚不到钱。企业应该理解员工对奖金的期待，不应吝啬于奖金的发放，企业应该更加关注如何通过奖金方案的应用来提升整体的盈利能力，确保企业能够持续盈利，从而为员工提供长期的奖金机制。企业需要意识到，只有当员工感到满意和受到公平的奖励时，他们的积极性才能被激发，这也是企业持续发展的基石。

员工不仅要在今年多分钱，还要在未来持续多分钱。这要求企业在奖金分配中要考虑长远的规划和持续性。企业应该建立稳定的奖金制度，确保员工不仅在当前年度能够获得合理的奖金，而且能够在未来年度中持续获得合理的奖金回报，以此激发员工的长期工作动力和投入，并增强员工对企业的归属感。

（2）部门视角：企业好，才有部门的事。

获取分享制使部门认识到企业的业绩对部门发展的重要性，只有企业经营好，才有更多的业务和客户，进而为部门成员创造更多的奖金发放机会。部门应以企业的整体利益为导向，努力提升部门业绩，积极为企业创造价值，从而为奖金分配创造良好的条件。

“蛋糕”越大，分配越多，要从部门的角度鼓励做大“蛋糕”。这要求部门建立公平透明的绩效考核机制。通过绩效考核，部门可以准确评估员工的工作贡献和业绩表现，根据个人的贡献来分配相应的奖金，鼓励员工努力工作，提高工作效率和产出，共同提升部门和企业的业绩，创造更大的“蛋糕”，自己才能分到更多。

人少好分钱，人多不一定好干活，这是人效比的底层逻辑，前面已经提到，3 个人干 5 个人的活，拿 4 个人的钱。这体现了部门在人才选拔、人才发展和人才使用上的重要性。部门应注重选拔高素质、能力强的员工，并进行合理的人才管理，通过激发人才的工作潜力，形成高效的团队。人员精简而高效的团队更有助于工作效率的提升和奖金的合理分配，确保员工能够获得与其工作表现相匹配的奖金回报。

（3）个人视角：企业好，部门好，才有个人好。

个人需要意识到企业和部门的成功与个人的发展息息相关，只有当企业和部门取得良好的业绩和发展时，自己才能够获得更多的机会和回报。因此，个人应积极参与企业和部门的目标制定和业务计划，为实现共同目标做出贡献。

火车跑得快，全靠车头带，部门主管的作用至关重要。个人的努力和贡献直接影响奖金的获取，鼓励个人发挥自己的能力和潜力，承担更多的责任与挑战，成为团队的核心与领导者，带动整个团队实现更好的绩效，从而获得更多的奖金回报。

华为对个人的激励导向强调个人的努力和贡献应得到公正与合理的回报。通过建立公平的奖励机制，确保员工的努力和贡献得到公正的评价与奖励，激发个人的工作热情和积极性，增强员工的工作满意度和幸福感。

综上所述，获取分享制的驱动机制通过企业、部门和个人视角的相互作用，形成了一种积极的奖金分配模式。这种模式既强调企业和部门的整体业绩与发展，又注重个人的努力和贡献，促进企业和员工的共同成长。

奖金包的总体方案

1. 奖金包的总体思路

（1）总体逻辑是先有企业奖金包，再有组织奖金包，最后才是个人奖金包，如图 7-6 所示。

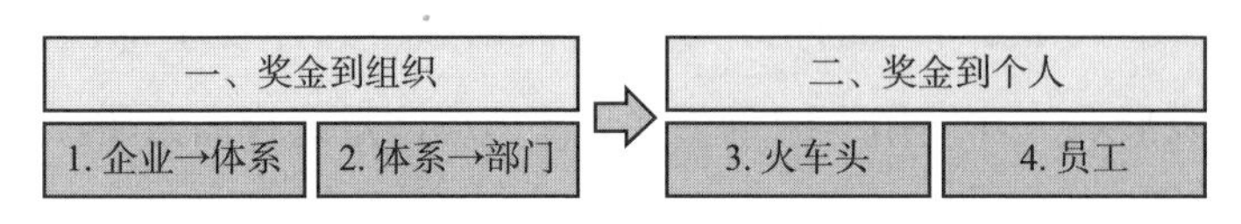

图7-6 奖金包的逻辑关系

首先，企业层面有整体奖金包，例如华为 20 万员工的整体奖金包首先会被分到各个体系，比如销售体系、研发体系、供应链体系、财经体系和人力资源体系等。

在整体奖金包被分到各个体系（通常是一层组织）之后，再由各体系自行往下分到各二层和三层组织。例如销售服务体系奖金包需要被分到全球每个地区部和 100 多个代表处。产品解决方案体系奖金包需要被分到每个产品线。

奖金包分到了每个部门之后，每个部门再分给每位员工。而员工又分为两种群体，一种是部门主管，一种是部门员工。

部门主管在华为叫作“火车头”，上层组织会给每个“火车头”设计一个奖金方案。例如 ×× 代表处总奖金包为 2 000 万元，那么首先会为代表处的主管（在华为叫代表，即总经理）设计一个“火车头”奖金方案，如果评议出来是 100 万元，那总奖金包剩下的 1 900 万元就是用来分给代表处的其他员工的。

（2）一线作战部门是奖金产生的源头，因为他们给客户创造了价值。

企业的奖金到底是谁发的呢，其实是客户。因为我们给客户提供了产品和服务，帮助客户创造了价值，所以客户给予了我们回报。而一线作战部门是直接服务于客户的组织，是奖金的实质来源，因为这些部门直接与客户打交道，通过销售产品或服务为企业创造销售收入。换句话说，所有企业的资金，包括用于激励员工的奖金，都源于客户的付款。这种观点强调了一线作战部门在企业经济活动中的核心作用，它们不仅是销售收入的直接创造者，也是奖金最直接的赚取者。

（3）一线作战部门赚取奖金分，公司根据预算目标计算奖金值，两者兑换。

奖金分和奖金值之间有一种复杂的兑换关系。为了便于理解，我们以一个代表处为示例。如图 7-7 所示，假设海外某代表处上年度实现销售收入 10 亿美元，贡献利润 2.8 亿美元，经营性现金流 2 亿美元，为企业上交了一份非常完美的成绩单，根据规则计算，该代表处总共获得的奖金分为 2 亿分。

类别	无线产品	接入产品	企业产品	合计
销售收入（亿美元）	5	1	4	10
贡献利润（亿美元）	1.5	0.2	1.1	2.8
经营性现金流（亿美元）	0.9	0.3	0.8	2
奖金分小计（亿分）	1	0.3	0.7	2

图7-7　奖金分生成逻辑

假设根据全球各代表处的汇总统计，总共 100 多个代表处上年度赚取了 200 亿的奖金分。

同时根据公司管理报告统计，可以支配给上年度的总奖金包为 300 亿元，即企业层面的奖金值为 300 亿元。那么总奖金值与总奖金分是什么兑换关系呢？兑换关系如图 7-8 所示。

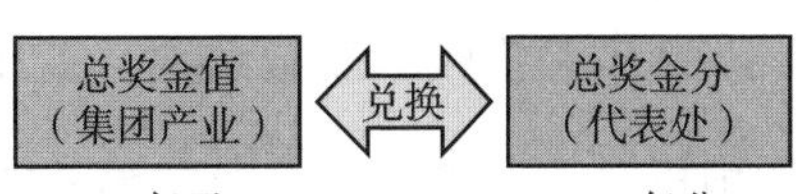

图7-8　总奖金值与总奖金分的兑换关系

那么 1 个奖金分到底值多少钱呢？1 个奖金分 = 总奖金值 / 总奖金分 = 300 亿元 /200 亿分 = 1.5 元。

那意味着该代表处总共赚取的2亿奖金分可以拿到多少钱呢？没错，就是2亿分 ×1.5元=3亿元。

那是不是这3亿元就全部分给该代表处的员工了呢？当然不是，因为他们销售的产品来自研发部门的技术创新和产品开发，交付的资源来自地区部的派遣，人才是由人力资源部门招聘的，核算与报告是由财经共享中心完成的。如果没有中后台的强大支撑，他们不会取得这么好的成绩，因此奖金也需要分配给这些中后台部门。

根据以上的示例可以看出，这个奖金方案的关键逻辑在于使用一个基于绩效的奖金分配体系，旨在公平地反映每个部门对企业整体业绩的贡献，该体系既认可一线作战部门的直接组织绩效，也承认中后台部门对前线业绩的支持作用。这种分配方式不仅激励了销售和业绩增长，也保证了对那些提供支持的部门的认可和奖励。

2．影响奖金生成的关键因素

在第1章里讲了“经营金三角”，即销售收入、利润和现金流，它们相互影响，共同构成企业财务稳健和经营健康的基础。以上三个因素，再加上各区域的艰苦系数，共同构成了一线作战部门奖金生成的要素，它们直接决定有没有奖金和奖金的多少，确保年度目标在激励上形成管理闭环。奖金的计算公式如下。

奖金＝销售收入奖金＋利润奖金＋现金流奖金

（1）销售收入奖金分。

销售收入奖金分＝销售收入奖金系数 × 销售收入

其中销售收入奖金系数＝上年销售收入奖金分/上年销售收入。这里的销售收入，不是传统财务意义的销售收入，不是来自管理报告，而是来自考核报告，管理报告和考核报告在一些指标上有较大差异，比如新产品或战略产品在初期的销售是非常困难的，产品问题层出不穷，一线人员不熟悉也不知道如何销售，导致一线人员也不愿意主动去销售，为解决此问题，华为非常巧妙地设计了考核报告，奖金方案对准的也是考核报告，而不是管理报告。如图 7-9 所示。

新产品	财务报告	管理报告	考核报告
销售收入	100 元	100 元	***500 元***
贡献利润	20 元	20 元	20 元

图7-9　销售收入奖金分生成逻辑

在代表处，如果销售 100 元的常规老产品，在财务报告、管理报告和考核报告中销售收入均计为 100 元。如果销售 100 元的新产品（见图 7-9），在财务报告和管理报告中销售收入仍计为 100 元，但在考核报告中销售收入计为 500 元。这就意味着销售新产品用 5 倍的杠杆放大了业绩，奖金的统计基准也变成了 500 元。这极大地激发了一线人员销售新产品的积极性，代表处管理层也会主动投入最优质的资源去销售新产品，因为销售新产品虽然很难，但是可以获得更多的奖金。

依靠这种激励方式，华为很多产品在初期就可以快速占领市场，产品市场占有率提升很快。

（2）贡献利润奖金分。

贡献利润奖金分 = 贡献利润奖金系数 × 贡献利润

其中贡献利润奖金系数 = 上年贡献利润奖金分 / 上年贡献利润。

（3）经营性现金流奖金分。

经营性现金流奖金分 = 经营性现金流奖金系数 × 经营性现金流

其中经营性现金流奖金系数 = 上年经营性现金流奖金分 / 上年经营性现金流。

（4）艰苦系数。

不同国家有不同的艰苦系数，艰苦系数应导向去艰苦国家奋斗。越是艰苦的国家，艰苦系数越高，同等情况下拿到的奖金也越多。

3．代表处产品线的奖金分生成逻辑

为了便于理解上述的奖金分生成四要素（销售收入、贡献利润、经营性现金流和艰苦系数），我们以海外 ×× 代表处的无线产品线奖金分计算逻辑为例，来看这些要素是如何影响奖金分的。

假设 ×× 代表处在年底时，无线产品线完成销售收入 50 000 万元，贡献利润 20 000 万元，经营性现金流 10 000 万元，如图 7-10 所示。

无线产品线	目标实际完成值（万元）	奖金系数	初始奖金分（万分）	奖金权重	加权后的奖金分（万分）	艰苦系数	最终奖金分（万分）
销售收入	50 000	12%	6 000	50%	3 000	1.2	3 600
贡献利润	20 000	10%	2 000	40%	800	1.2	960
经营性现金流	10 000	5%	500	10%	50	1.2	60
合计	—	—	—	100%	—	—	4 620

图7-10　产品线奖金分生成逻辑

接下来我们来看奖金系数，不同要素的奖金系数取决于产品成熟度、技术迭代速度、盈利能力、竞争态势等，这里有很大的学问，也是产品经营的关键。如图 7-10 所示，根据过往年度的经验值得出，如销售收入的奖金系数为 12%，贡献利润的奖金系数为 10%，经营性现金流的奖金系数为 5%。那么可以通过目标实际完成值乘以相应的奖金系数，得出无线产品线三大因素的初始奖金分。例如，无线产品线的销售收入初始奖金分 = 目标完成值 50 000 万元 × 奖金系数 12%=6 000 万分。

针对不同的产品，企业有不同的经营策略，但如何有效地牵引代表

处，主要就靠权重的设置。各项因素的权重取决于产品的战略定位、盈利能力及管理导向，每个产品都要导向差异化经营。

无线产品线作为公司的成熟产品线，导向更大规模和更多利润，而对经营性现金流管理要求不高，所以无线产品线就会加大销售收入和贡献利润的权重，例如，图 7-10 中二者权重分别为 50% 和 40%，这种权重设置导向无线产品线在代表处做大规模，规模越大，获得的奖金分就越多。而经营性现金流对无线产品线没有那么重要，就只设置了 10% 的权重。因此，销售收入加权后的奖金分 = 初始奖金分 6 000 万分 × 权重 50%，计算结果为 3 000 万分。

哪些产品要做大规模，哪些产品要多贡献利润，哪些产品要创造更多的现金流，不同产品有不同的定位，这就是产品的组合经营。如果没有这样的产品经营思维，企业的各项经营指标就会不平衡，经营完全不可控。在华为，奖金机制是一个牵引产品的不同经营策略的重要手段，确保孵化期、发展期和成熟期的产品都能齐头并进。

随后，将加权后的奖金分乘以代表处的艰苦系数，如表 7-10 中的 1.2 倍。例如，销售收入的最终奖金分等于加权后的奖金分 3 000 万分乘以艰苦系数 1.2 倍，计算结果为 3 600 万分。

再同时计算销售收入、贡献利润、经营性现金流的最终奖金分，××代表处无线产品线的最终奖金分 =3 600 万分 +960 万分 +60 万分 =4 620 万分。

以上就是代表处奖金分的计算逻辑，计算的颗粒度是产品，因为产品是连接企业与客户的桥梁。不同产品、不同产品阶段都有不同的管理诉求，所以奖金分也有不同的产品导向。同时，以销售收入、利润和现金流的经营金三角作为奖金因素，根据不同的管理诉求调节不同的参数，再结合艰苦系数导向区域差异化管理。这些参数的背后都有明确的管理动因，牵引一线做好组合管理和目标管理，确保全年都有好的收成。

管理组织的人，就是管理人性，也就是管理欲望。奖金改变行为，改变的方式就是调节这些奖金因素。

影响奖金的每一个因素的数值和权重都被赋予了很深的管理意图，它们是真正的指挥棒，牵引一线组织理解并执行企业的战略目标、经营思想和作战意图。这些都不是靠企业发布管理文件、召开会议或老板拍桌子去解决的，而是基于对人性的洞察去设计的，一线一定会深刻理解这些经营规则，在既定的规则下竭尽全力去做好成绩，做大“蛋糕”。**这样的奖金方案，才真正是导向一线全力创造价值，力出一孔做大“蛋糕”；导向冲锋，利出一孔挣奖金。**

4．代表处奖金分的生成逻辑

前面的举例已经生成了无线产品线的奖金分，那么如何生成整个代表处的奖金分呢，很简单，把代表处所有产品线的奖金分加起来就是代表处的总奖金分。因此代表处需要区分不同的销售产品，按照不同的产品统计奖金分。

如图 7-11 所示，假设无线产品贡献 3 500 万分，接入产品贡献 2 000 万分，企业产品贡献 2 500 万分，代表处最终总奖金分为 8 000 万分。

类别	无线产品	接入产品	企业产品	合计
销售收入分（万分）	2 000	1 000	1 500	4 500
贡献利润分（万分）	1 000	600	600	2 200
经营性现金流分（万分）	500	400	400	1 300
小计（万分）	3 500	2 000	2 500	8 000

图7-11　代表处奖金分生成逻辑

基于产品的经营数据，在完成年度全面预算时就已经确定下来。因此当代表处的年度全面预算案定稿时，代表处的人力资源部就能结合经营数据自行计算奖金分，也就大体知道代表处可以拿多少奖金。这就是我们提倡的“在干活之前就知道，干多少活，可以拿多少钱”。规则清晰透明，提前告知，代表处就会聚焦客户，聚焦经营结果，争取做大“蛋糕”，分更多的钱。

5．企业奖金值的生成逻辑

企业奖金值的生成方式比较简单，如图 7-12 所示，在年初形成企业全面预算案时就会锁定“奖励期权计划（TUP）/ 奖金税前值”，再按照历史基线数据的比例来计算企业的总奖金包。

例如，假设 ICT 产业的“TUP/ 奖金税前值”是 1 000 亿元，历史基线数据显示的比例是 30%，就意味着总奖金包是 300 亿元。

在确定企业级奖金包后，各组织的奖金包将根据过去几年的历史基线数据匹配相应的比例，比如研发组织将获得总奖金包的 40%，即 300 亿元 ×40%=120 亿元，这就是研发组织的总奖金包。计算其他组织奖金包的逻辑是类似的。

集团合并报告
销售收入
－销售成本
销售毛利（率）
－期间费用（销、管、研）
其他业务收支
营业利润（率）
－净财务费用
TUP/ 奖金税前值（如：1 000 亿元）
−TUP
－奖金包
税前利润（率）
－企业所得税
净利润（率）

图7-12　企业奖金值生成逻辑

因为本书的聚焦点是目标管理体系，承载目标管理体系的主体是组织，而不是个人，所以奖金部分跟绩效管理部分一样，将不讨论个人奖金方案。

小 结

在这个竞争激烈的时代，企业的薪酬制度不仅是一种物质分配，还是一种战略选择。慷慨的年终奖不仅是对员工辛勤劳动的回报，更是一种激发潜能、引领变革、培养忠诚度的力量。任正非将这种力量视为推动公司发展的引擎，它以奖金为纽带，将员工的个人命运与企业的未来紧密相连，倡导的是一种“苦中求乐，劳中取得”的哲学。华为的薪酬哲学，体现了企业对价值创造者的深刻认知与尊重——奖金是成就感的象征，是辛勤汗水的凝结，是对未来承诺的坚持。

在构建年终奖金体系时，企业应将目光投向长远，用心衡量每一份努力，公正地评价每一次付出，让每一位奋斗者感受到他们的努力是被看见的，是被珍视的。年终奖不应仅仅是数字游戏，而应成为企业文化的体现，成为激发员工“多挣钱、多成长、多获荣誉”的动力源泉。我们应记住，一个优秀的企业，其最终目标从来不是让员工“多干活少拿钱”，而是让每一个辛勤付出的员工因企业而充实，因成就而喜悦。正如任正非所言：“钱分好了，管理的一大半问题就解决了。”薪酬分配的公正性和合理性是管理的基石，是企业向卓越迈进的不竭动力。

基于目标的人力规划

人力规划旨在通过对人力资源需求进行全面分析和预测，确定合理的人力资源数量、结构和质量，以满足组织当前和未来的发展需求。同时，与现有人力资源的供应进行对比，从而制定适当的招聘、培训、发展和留住员工的策略。这是一项战略性的管理活动，其核心在于通过薪酬包牵引组织的自我管理与约束，为业务增长和效率提升提供有力的支持。

进行年度业务和人力规划时，制定人头预算是至关重要的环节，主要目的在于确保组织的人力资源与业务目标相匹配。这一过程帮助预测和调整人力需求，以满足未来项目和业务扩展的需要，从而优化成本效益并提高运营效率。通过制定人头预算，组织能够避免人力资源过剩或短缺，确保有足够的员工支持新的市场机会和应对市场变化。此外，合理的人头预算也有助于员工的职业发展和提高员工的工作满意度，增强组织的竞争力和适应市场的能力。

我们通过图 7-13 来解析人头预算的制定过程和管控策略。

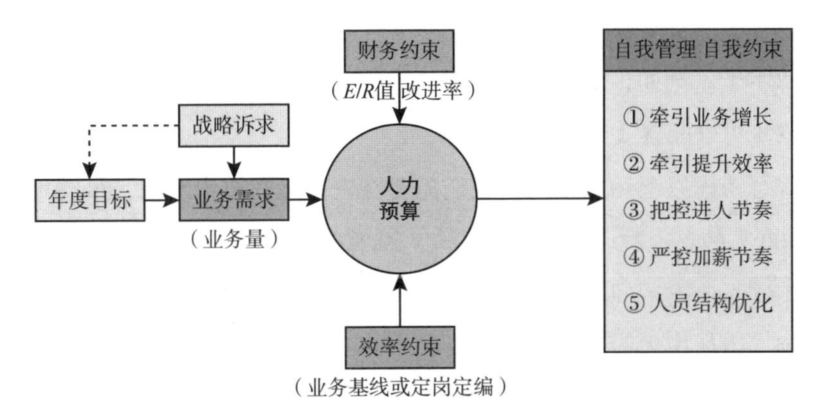

图7-13 人头预算和执行全景图

人头预算的制定过程

1. 业务需求：根据业务量测算

人头预算的制定始于业务量的测算。通过战略规划、战略解码和战略举措，将战略诉求转化为年度目标，再根据年度目标中的业务量确定可能需要的人力资源数量。例如，公司今年的业务目标为 100 亿元，匹配这个目标可能需要 2 000 人，而现有人员 1 500 人，因此需要净增加 500 人。这是通过业务需求匹配的人头预算。

2. 财务约束：根据*E*/*R*值改进率测算

工资性薪酬包是基于人头的预算总包，在预算时不得超过总薪酬包，这是前提条件。其中“E/R 值改进率”是主要约束条件，根据“E/R 值改进率”来计算工资性薪酬包，以此倒推今年可以配置多少人。例如，今年实现销售收入 100 亿元，E/R 值改进率为 10%，按照改进后的工资性薪酬包来测算，总人数需要控制在 2 200 人以内。

3．效率约束：根据业务基线或定岗定编测算

通过人均销售收入、人均贡献利润等人均效率指标，得出人头预算。人均效率基线是指在特定时间内，企业在正常运营状态下所能达到的业务或绩效水平。例如，通过人均销售收入的效率基线约束，实现 100 亿元的销售收入可以配置 2 100 人。

综合考虑以上约束条件，我们需要在三者之间取得平衡，最终可能确定 2 000 人的总人数。这就是上述人力预算的逻辑。

不同企业有不同的人力预算逻辑，我们建议不同部门根据定位和职责的不同，应使用不同的方法来计算，多维度交叉验证，以确定一个合理的人力预算基准。

按不同体系、不同职类、不同职级来规划人力

人力预算是指在年度业务规划时，按照不同体系、职类和职级进行的人力规划，以确保人力结构的合理性。在这个过程中，进人的时间点、进人频率和人均费率的关联是关键，通过计算平均值，我们能够更好地评估人力规划对薪酬包的影响。图 7-14 是某公司研发体系硬件开发工程师的人力规划表。

以图 7-14 中 17 级职员的数据为例，在 Q2 新进了 1 位员工，在 Q4 又新进一位员工，其年度净增人数合计为 2 人，而年度平均净增人数为 0.75 人。计算公式为：年度平均净增人数 =（Q2 净增人数 ×7.5 个月 +Q4 净增人数 ×1.5 个月）/12 个月（这里月份数在季度里面取平均值计算，所以 Q2 进来的职员算 7.5 个月，Q4 进来的职员算 1.5 个月），这意味着企业今年需要为这两位 17 级职员支付 0.75 个职员的薪酬包。进一步计算出年度平均人数为 1.75 人（年度平均人数 = 年度平均净增人数 + 上年期末人数），

这意味着企业今年需要为 17 级职员支付共计 1.75 个职员的薪酬包。

岗位职级	上年期末人数	净增人数				净增小计	年度平均净增人数	年度平均人数
		Q1 净增	Q2 净增	Q3 净增	Q4 净增			
13 级						0	0	0
14 级	1		1		1	2	0.75	1.75
15 级	1			1		1	0.375	1.375
16 级	2	1				1	0.875	2.875
17 级	1		1		1	2	0.75	1.75
18 级	1	1				1	0.875	1.875
19 级	1					0	0	1
20 级						0	0	0
21 级						0	0	0
合计	7	2	2	1	2	7	3.625	10.625

图7-14 人力规划表

年度平均净增人数和年度平均人数对薪酬包的影响是人力预算中的重要考量因素。通过将全年划分为 Q1、Q2、Q3、Q4 四个季度，将不同时期进来的人员对应到相应的季度中，可以更精准地计算出年度平均净增人数，即薪酬包净增人数。

人力规划的过程管控策略

年初完成人力预算的制定以后，在年度执行过程中并不是一成不变的，需要根据经营情况进行动态调整。如果经营情况超出预期，那么就需要加大投入，抓住机会窗，这一点相信大部分企业都会做得很好。

但在经营情况不如预期时，进行严格的人力资本管控至关重要，这主要是为了降低运营成本。特别是在销售收入减少或市场压力较大时，削减人力成本是减轻财务压力的直接办法。同时，合理调整人力预算可以提升工作效率，确保将资源集中在关键岗位和高效员工上，维持企业的运营效率。此外，重新配置员工到更关键的业务领域，是应对不利经营状况的有效策略。具体在实施中包括如下举措。

1．以工资性薪酬包作为调控的主要约束条件

设定工资性薪酬包是一种策略，通过它可以将人力成本与公司的业务增长和效率提升紧密绑定。首先，需要根据公司的长远战略和年度业务目标来设定工资性薪酬包预算。在这个框架下，可以根据部门的绩效和业务贡献来灵活调整工资性薪酬包，从而激励部门或团队达成更高的业绩目标。其次，通过定期的市场薪酬调研，确保员工总体薪酬在行业中具有竞争力，这有助于吸引和保留关键人才。

2．把控进人节奏

招聘节奏需要与企业的业务周期和项目需求同步。企业应建立一个动态的招聘计划，既要避免人手短缺影响业务执行，也要避免过度招聘带来成本负担。这可以通过设立内部招聘门槛、通过数据分析预测业务需求来实现。例如，利用过往数据分析业务高峰期，提前准备人力资源，同时，在人力资源需求低谷期适当控制招聘速度，以保持人力资源的平衡。

在教育培训行业，每年暑期招生是各大教育培训机构的年度最大战役，在这场战役中，流量和转化流量的销售顾问是两个关键要素，主流教育培训机构可能需要在1～2个月内招聘数千名销售顾问，人员到位的及时性和人员的质量是决定暑期战役成败的关键。因此对这类机构而言，如何把控进人的节奏非常重要。

3．严控调薪节奏

企业的调薪计划主要与市场挂钩，关注同等情况下企业的薪酬是否具有市场竞争力，但同时也应与企业的财务状况相匹配。如果企业经营形势很好，同时企业薪酬水平与市场薪酬水平有一定差距，那么可以启动调薪工作。相反，就需要审视调薪节奏和幅度，不要给企业的经营造成负担。

4．人员结构优化

人员结构优化需围绕企业战略进行，通过绩效管理和能力评估识别关键角色和关键人才，同时淘汰表现不佳的员工。定期的培训和发展计划可以帮助员工提升技能，以适应企业的战略转型。企业应通过科学的人才发展和配置，提高组织效率和适应市场变化的能力。

总之，有效的人力规划管控措施需要在理解市场环境、公司战略、财务状况和内部员工动态的基础上进行科学管理。这不仅涉及合理配置和优化人力资源，还包括通过一系列系统的人力资源管理策略来支持企业的可持续发展。

人力规划是企业战略实施的重要环节，合理的人力预算需要充分考虑业务需求、财务约束和效率约束等因素，并进行有效的管控。通过以牵引业务增长和提升效率为核心目的来做人力规划，把控进人节奏和调薪节奏，同时优化人员结构，企业能够更加高效地利用人力资本，实现长期稳健的发展。

结 语

企业的经营要像追求利润一样追求增长，这是本书强调的核心观念。一家企业要想持续增长，首先，需要在精神上敢想敢干，对目标保持敬畏感，渴望战斗、渴望胜利，敢于克服一切困难达成目标，为企业全员树立目标结果导向的文化，一种以结果为中心、以目标为驱动的企业精神。

其次，需要建立基于目标的闭环管理体系，从目标制定、目标分解、目标过程管理、目标评价 / 绩效管理到目标结果应用，用完善的机制确保每个组织和个人都在目标的驱动下不懈努力。在进行目标制定时，完成目标是底线要求，用远大的目标牵引组织和个人勇挑重担，敢冲敢闯，敢于啃硬骨头，不给自己留后路。在进行目标分解时，掌握目标分解的艺术，让销售组织和研发组织之间紧密协同和互锁，形成“胜则举杯相庆，败则拼死相救”的组织氛围。在进行目标过程管理时，将“2会（经营分析会+销售周例会）+1报（经营分析报告）”作为抓手，采取倒逼、严逼的手段，严密监控过程中的所有业务活动，确保动作到位，结果如预期。在进行目标评价 / 绩效管理时，按照“数弹壳”的方式，看开了多少枪，打了多少发子弹，命中多少，确保不让为企业做贡献的人吃亏。在进行目标结果应用时，按照“多劳多得、少劳少得、不劳不得”的获取分享制，导向冲锋，力出一孔做大“蛋糕”，利出一孔挣奖金。这套机制的建立确保目标管理是“说到做到”，而不是喊口号。

最后，每个企业所处行业不一样，发展阶段不一样，企业家的经营风格不一样，对应的经营模式也不一样，因此，不需要太注重本书的具体实施方法，因为别人的方法不一定适合当下的你。但请多理解本书讲解的经营逻辑、经营思路和经营策略，这是本书的精华。其中目标分解、滚动预测、薪酬规划、奖金方案等内容的逻辑结构很复杂，需要反复理解消化。操盘经营不是一件容易的事情，希望本书能给你的工作提供帮助，助力企业实现长期有效的增长。

最新版

“日本经营之圣”稻盛和夫经营学系列

任正非、张瑞敏、孙正义、俞敏洪、陈春花、杨国安　联袂推荐

序号	书号	书名	作者
1	978-7-111-63557-4	干法	[日]稻盛和夫
2	978-7-111-59009-5	干法（口袋版）	[日]稻盛和夫
3	978-7-111-59953-1	干法（图解版）	[日]稻盛和夫
4	978-7-111-49824-7	干法（精装）	[日]稻盛和夫
5	978-7-111-47025-0	领导者的资质	[日]稻盛和夫
6	978-7-111-63438-6	领导者的资质（口袋版）	[日]稻盛和夫
7	978-7-111-50219-7	阿米巴经营（实战篇）	[日]森田直行
8	978-7-111-48914-6	调动员工积极性的七个关键	[日]稻盛和夫
9	978-7-111-54638-2	敬天爱人：从零开始的挑战	[日]稻盛和夫
10	978-7-111-54296-4	匠人匠心：愚直的坚持	[日]稻盛和夫 山中伸弥
11	978-7-111-57212-1	稻盛和夫谈经营：创造高收益与商业拓展	[日]稻盛和夫
12	978-7-111-57213-8	稻盛和夫谈经营：人才培养与企业传承	[日]稻盛和夫
13	978-7-111-59093-4	稻盛和夫经营学	[日]稻盛和夫
14	978-7-111-63157-6	稻盛和夫经营学（口袋版）	[日]稻盛和夫
15	978-7-111-59636-3	稻盛和夫哲学精要	[日]稻盛和夫
16	978-7-111-59303-4	稻盛哲学为什么激励人：擅用脑科学，带出好团队	[日]岩崎一郎
17	978-7-111-51021-5	拯救人类的哲学	[日]稻盛和夫 梅原猛
18	978-7-111-64261-9	六项精进实践	[日]村田忠嗣
19	978-7-111-61685-6	经营十二条实践	[日]村田忠嗣
20	978-7-111-67962-2	会计七原则实践	[日]村田忠嗣
21	978-7-111-66654-7	信任员工：用爱经营，构筑信赖的伙伴关系	[日]宫田博文
22	978-7-111-63999-2	与万物共生：低碳社会的发展观	[日]稻盛和夫
23	978-7-111-66076-7	与自然和谐：低碳社会的环境观	[日]稻盛和夫
24	978-7-111-70571-0	稻盛和夫如是说	[日]稻盛和夫
25	978-7-111-71820-8	哲学之刀：稻盛和夫笔下的“新日本 新经营”	[日]稻盛和夫